第一大股東控制權轉移的財務後果研究

李小華 編著

財經錢線

前言

　　長期以來資本市場承載著資金融通、資源優化配置和產權仲介的功能，其中，為上市公司股東的股份增減持提供條件，並實施制度監管是資本市場產權仲介功能的具體體現，而控制權轉移是資本市場產權交易的一種特殊形式。從理論上講，資本市場參與各方實行股權轉移，調整股權結構，實現權力的相互制衡。這既是資本收縮與擴展的重要手段，是參與當事人在市場經濟條件下權衡利弊之後的一個結果，也是促進生產要素優化配置、實現國家產業結構調整與升級、保證上市公司實現高效治理的重要手段。

　　國有股份在經濟體制中占主體地位和中國資本市場長期實行的准入管制制度是導致中國上市公司出現「股權集中」這一現象的關鍵驅動因素。為此，通過實施股權分置改革來消除股權集中現象成為當時政府部門的當務之急。截至2011年年底，股權分置改革產生的限售股基本解禁完畢，困擾中國資本市場發展的同股不同權不同價問題及「大小非」問題得到徹底解決，中國資本市場實現了真正意義上的全流通。全流通所創造的市場條件將有助於第一大股東代表全體股東的利益參與並滲透到公司管理各環節中，對管理過程進行有效的監督，但是全流通環境下產生了如控制權轉移等新的公司治理問題。本書以股權分置改革後的全流通市場為背景，以控制權理論、大股東治理理論、控制權轉移理論和財務後果理論等基礎理論為依據，以第一大股東控制權轉移事件為切入點，擬從總體上對控制權轉移的社會福利影響進行分析，同時選擇對受控制權轉移事件影響最大的管理層、中小股東和上市公司本身等幾個具體的對象在上市公司控制權轉移前後的行為決策和財務利益變化進行分析，較為系統、深入地研究第一大股東控制權轉移的財務後果及治理問題。這一探索性研究既符合資本市場的實際，也在理論上拓展和豐富了公司治理研究的範圍。為政府部門制定政策、制度，實施監管提供了一定的理論依據；同時，在一定程度上對管理層的自身管理和發展、中小股東的投資決策、上市公司的價值管理等提供指導借鑑。

本書以第一大股東控制權轉移的財務後果為研究對象，在以往文獻研究的基礎上，綜合運用文獻分析法、規範分析與實證分析結合的方法、定性分析與定量分析結合的方法、事件研究法、因子分析法等分析方法，結合全流通的市場背景，運用計量分析工具對第一大股東控制權轉移的現狀，對社會總福利、管理層、中小股東、上市公司的財務後果進行系統而深入的研究。

　　以上述研究目標為引導，本書內容安排如下：

　　第一章為緒論。根據全流通市場背景下第一大股東控制權轉移的理論與實務問題，提出本書的研究背景、研究目標、研究價值、內容框架、擬採用的研究方法等基本內容。

　　第二章為國內外研究現狀。主要從第一大股東控制權轉移的動機、第一大股東控制權轉移對管理層、中小股東的影響，對上市公司市場反應的影響，對上市公司財務績效的影響等幾個方面對國內外研究現狀進行回顧。

　　第三章為第一大股東控制權轉移的理論基礎。主要論述控制權理論、大股東治理理論、委託代理理論、控制權轉移理論和財務後果理論等基礎理論，為本書的研究作理論鋪墊。

　　第四章為第一大股東控制權轉移的概念框架。主要區分了第一大股東與控股股東的概念，控股權與控制權的概念，闡釋了第一大股東控制權轉移的內涵，控制權轉移的方式及特徵，第一大股東控制權轉移的財務後果等概念框架，為本書研究作出了概念界定和研究範圍限定。

　　第五章為第一大股東控制權轉移現狀。主要描述大股東控制權轉移的法規限制與第一大股東控制權轉移的基本情況，為後面的章節作出實務描述。

　　第六章為第一大股東控制權轉移對社會總福利影響的理論分析。本章以福利經濟學的社會總剩餘和帕累托最優概念兩大工具分析第一大股東控制權轉移事件對產品市場和證券市場的影響，描述第一大股東控制權轉移的社會福利影響。同時，本章進一步通過數理分析，從資源配置效率和產品定價的變化角度來具體判斷第一大股東變更、企業控制權轉移對資源配置和實體經濟的社會福利的影響。

　　第七章為第一大股東控制權轉移對管理層的財務後果。第一大股東控制權轉移往往伴隨管理層的變更，繼任的管理層往往來自新的第一大股東。而作為公司信息的掌握者之一，面對控制權轉移可能引起的管理層變更，管理層可能通過採取減少當期研發費用、利用會計政策進行盈餘管理、增加固定資產投資等手段，提高自己的薪酬，增加管理層更換成本。本章在新的市場環境下對該問題進行了實證分析，探析控制權轉移對管理層行為的影響。

　　第八章為第一大股東控制權轉移對中小股東的財務後果。通過對控制權私

利的計算來考察控制權轉移過程中是否存在控制權私利，通過對控制權私利的影響因素等問題的研究來闡釋第一大股東控制權轉移對中小股東的財務後果。

第九章為第一大股東控制權轉移對上市公司的財務影響。主要採用事件研究法實證研究了第一大股東控制權轉移的市場反應，採用因子分析法實證研究了第一大股東控制權轉移對公司財務績效的影響。

第十章為研究結論、政策建議、創新之處及研究展望。

亞洲大多數上市公司存在股權集中現象，第一大股東在公司治理中發揮著重要作用，理論界、實務界和政府監管者都十分關注對第一大股東控制權轉移過程中存在的諸多問題的研究。然而，市場環境的變化、樣本的選擇、研究視角的不同使該問題的研究結論和政策建議大相徑庭。本書力求貼近資本市場現實，廣泛選擇樣本使結論既能推動理論發展，又能解決資本市場發展的現實問題。由於水準有限，文中疏漏或不足在所難免，懇請專家學者、同行和讀者指教並提出寶貴意見，以便本專著進一步修改與完善。

李小華

目　錄

1　緒論／1

　1.1　研究背景與價值／1

　　　1.1.1　研究背景／1

　　　1.1.2　研究價值／5

　1.3　研究框架／7

　　　1.3.1　研究內容／7

　　　1.3.2　研究思路／8

　1.4　研究方法／9

2　中國外研究現狀／11

　2.1　國外研究現狀／11

　　　2.1.1　控制權轉移的動機研究／11

　　　2.1.2　控制權轉移對管理層的影響及管理層行為研究／12

　　2.1.3　控制權轉移對中小股東的影響研究／14

　　2.1.4　控制權轉移對上市公司市場反應及財務績效的影響研究／15

　2.2　中國研究現狀／16

　　2.2.1　控制權轉移的動機研究／16

　　2.2.2　控制權轉移對管理層的影響及管理層行為研究／17

　　2.2.3　控制權轉移對中小股東的影響研究／17

        2.2.4 控制權轉移對上市公司市場反應及財務績效的影響研究 / 18

3 第一大股東控制權轉移的理論基礎 / 21
　3.1 公司控制權理論 / 21
　　3.1.1 公司控制權的概念、來源及內涵 / 21
　　3.1.2 公司控制權的功能 / 24
　　3.1.3 公司控制權的特徵 / 25
　　3.1.4 公司控制權的類型 / 26
　3.2 第一大股東治理理論 / 26
　　3.2.1 第一大股東治理與交易成本 / 26
　　3.2.2 第一大股東治理與管理層代理問題 / 27
　　3.2.3 第一大股東治理與控制權收益 / 34
　3.3 委託代理理論 / 37
　3.4 控制權轉移理論 / 38
　　3.4.1 產權理論與控制權轉移 / 38
　　3.4.2 控制權轉移的動因 / 39
　　3.4.3 控制權轉移的效率 / 40
　3.5 控制權轉移的財務後果理論 / 41
　　3.5.1 財務後果的內涵 / 41
　　3.5.2 財務後果的分類 / 45
　　3.5.3 財務後果與財務目標 / 45
　　3.5.4 財務後果與經濟後果 / 46
　　3.5.5 財務後果與信號傳遞 / 46
　3.6 本章小結 / 47

4 第一大股東控制權轉移的概念框架 / 49
　4.1 第一大股東控制權轉移的內涵與方式 / 49

  4.1.1　第一大股東控制權轉移的內涵 / 49

  4.1.2　第一大股東控制權轉移的方式 / 51

 4.2　全流通後第一大股東控制權轉移方式的特徵 / 53

  4.2.1　方式多樣化 / 53

  4.2.2　以有償轉讓為主，無償轉讓為輔 / 53

  4.2.3　以證券市場進行股權交易為主，非市場交易方式為輔 / 55

 4.3　第一大股東控制權轉移的財務後果 / 55

  4.3.1　第一大股東控制權轉移的財務後果的內涵 / 55

  4.3.2　第一大股東控制權轉移的財務後果的表現形式 / 57

 4.4　本章小結 / 58

5　第一大股東控制權轉移現狀 / 60

 5.1　股權分置改革後法律、法規、規章制度對大股東股權交易的約束性規定 / 60

  5.1.1　股權分置改革後監管部門頒布的規範大股東減持的部分法律法規及管理制度 / 60

  5.1.2　股權分置改革後監管部門頒布的規範大股東減持的部分規定 / 62

  5.1.3　股權分置改革後監管部門頒布的規範大股東減持規定的意義 / 65

 5.2　全流通後第一大股東控制權轉移現狀 / 66

  5.2.1　股權分置改革後 A 股市場持股 5% 以上股東減持現狀 / 66

  5.2.2　全流通後第一大股東轉移控制權的基本情況 / 67

 5.3　本章小結 / 70

6　第一大股東控制權轉移對社會總福利影響的理論分析 / 72

 6.1　第一大股東控制權轉移對產品市場和證券市場的影響機理 / 72

6.2 第一大股東控制權轉移對社會福利影響的數理分析 / 75

6.3 本章小結 / 77

7 第一大股東控制權轉移對管理層的財務後果 / 79

7.1 第一大股東控制權轉移與管理層變更 / 79

7.1.1 控制權轉移與管理層變更的理論回顧 / 79

7.1.2 全流通後第一大股東控制權轉移的上市公司管理層變更情況 / 80

7.1.3 管理層更換後繼任者情況分析 / 81

7.2 第一大股東控制權轉移對管理層行為的影響 / 82

7.3 本章小結 / 84

8 第一大股東控制權轉移對中小股東的財務後果 / 86

8.1 第一大股東控制權轉移對中小股東利益的影響 / 86

8.2 中小股東利益侵害的計量模型 / 88

8.2.1 大額股權交易溢價法 / 88

8.2.2 差別投票權溢價法 / 89

8.2.3 控制權交易價格和小額股權交易價格差額衡量法 / 89

8.2.4 累計超額收益衡量法 / 90

8.2.5 大股東派出董事比例法 / 90

8.3 第一大股東控制權轉移交易溢價分析 / 91

8.4 第一大股東控制權轉移利益侵害影響因素的實證分析 / 94

8.4.1 研究假設、變量選擇與樣本確定 / 94

8.4.2 模型構建 / 96

8.4.3 研究結果分析 / 97

8.5 本章小結 / 99

9　第一大股東控制權轉移對上市公司的財務後果 / 100

9.1　第一大股東控制權轉移的市場反應研究 / 100

9.1.1　實證方法與樣本選擇 / 100

9.1.2　實證結果及分析 / 102

9.2　第一大股東控制權轉移與上市公司財務績效 / 107

9.2.1　實證方法與樣本選擇 / 107

9.2.2　構建綜合評價因子分析模型 / 110

9.2.3　實證結果及分析 / 111

9.3　本章小結 / 117

10　研究結論、政策建議、創新之處及研究展望 / 118

10.1　主要結論 / 118

10.2　對控制權轉移所涉利益相關者的建議 / 121

10.2.1　針對第一大股東的建議 / 121

10.2.2　針對證券市場監管者的建議 / 122

10.2.3　針對公司管理層的建議 / 124

10.2.4　針對中小股東的建議 / 124

10.3　本書的創新之處 / 125

10.4　研究局限及進一步研究的設想 / 126

10.4.1　研究不足 / 126

10.4.2　研究展望 / 127

主要參考文獻 / 128

附錄 / 150

1 緒論

1.1 研究背景與價值

1.1.1 研究背景

上市公司控制權轉移是資本市場上客觀存在的一種行為，可分為內部轉移控制權和對外轉移控制權兩類。上市公司內部轉移控制權是指公司內部掌握決策管理權的管理層因人事變動引起的決策管理權轉移現象；上市公司對外轉移控制權指股東之間通過轉讓股份，導致決策管理權的變更，從而引起上市公司控制權轉移的現象。上市公司第一大股東變更屬於企業控制權對外轉移的範疇。自 1993 年 9 月寶安公司收購延中實業發生的第一起控制權轉移事件以來，企業控制權轉移事件在中國資本市場上越演越烈。在中國高度集中的股權結構下，大股東治理對上市公司和利益相關者具有重要影響，針對中國上市公司控制權市場發展歷程的相關研究也表明，中國上市公司控制權轉移與中國特色的資本市場制度和政策環境緊密相關。

中國資本市場發展經歷了三個重要的階段。第一個階段是從資本市場初步建立開始到股權分置改革前的股權割裂時期為止，由於制度的安排和國有企業改革的需要，這一時期資本市場上存在流通股與非流通股，股權割裂導致流通股股東和非流通股股東在利益機制方面存在差異。第二個階段是股權分置改革完成的 2006 年至 2011 年年底，本書稱其為後股權分置改革時期。在這一階段，股權分置改革雖已完成，但為了降低股權分置改革對資本市場的衝擊，又作了股權分置改革前的非流通股分批進入市場流通的制度安排，即股權分置改革限售股。股權分置改革限售股的大量存在導致了嚴重的「大小非」問題，使資本市場並未真正進入全流通。第三階段是 2012 年股權分置改革限售股本解禁完畢之後的全流通時代。2012 年後，股權分置改革限售股解禁已達 98%

左右，股權分置問題和「大小非」問題對資本市場的影響基本消除，中國資本市場真正進入全流通時代。因此，2012年股權分置改革限售股基本解禁完畢後，中國資本市場才真正進入全流通時代，制度和市場環境發生了重大變化。在該階段，上市公司第一大股東變更有何特點，控制權轉移對利益相關者、上市公司產生什麼影響，導致什麼後果，都值得研究者去思考與關注。選擇研究中國資本市場上市公司第一大股東變更、控制權轉移在全流通市場背景下的特點及財務後果，對完善公司治理、有效監管控制權市場、保護相關者利益等方面都具有十分重要的意義。

1.1.1.1 在中國資本市場全流通環境下，監督和引導大股東治理要求完善和發展公司治理相關理論

對第一大股東變更、轉移控制權的關注始於對公司控制權的研究。公司控制權是新制度經濟學中企業產權理論的重要內容之一，也是公司治理理論研究的基礎，產權理論確定了企業的委託人與代理人，公司治理理論就開始研究市場監管者、委託人對代理人進行激勵和控制的最優制度安排。所以，公司治理理論主要解決市場的主要參與者之間（如股東與管理者、大小股東）在利益函數不一致時，如何通過制度安排實現各方權力的制衡，進而保證各方利益的相對平衡。這種制度安排既包含了各主要參與者的責任和權利分佈，也包含了公司決策事務時應遵循的程序與規則。上市公司發揮作用的治理機制可分為內部治理機制與外部治理機制。內部治理機制包括大股東、董事會、監事會及管理層等的相互監督與制衡，外部治理機制包括控制權的爭奪、敵意接管、成熟的經理人市場等。

早期公司治理的研究主要集中在 Berle 和 Means（1932）提出的股權高度分散下如何解決股東與經理層之間利益衝突的問題。所有權與經營權的分離導致公司股東與管理層的目標函數不一致。在分散股權結構的公司裡，公司治理的目標是降低代理成本，使所有者不干預公司的日常經營，同時又保證管理層能以股東的利益和公司的利潤最大化為目標。20世紀80年代以來，大量理論與實證研究發現，在全球資本市場上股權安排大量存在某種形式的股權集中和占主導地位的大股東現象。不但在歐洲、日本和亞洲的許多新興市場經濟國家股權集中度普遍較高，就連一直以股權分散著稱的美國也大量存在股權集中現象（La Porta，1999；Claessen，等，2000；Faccio & Lang，2002；Holderness，2009）。從現有文獻研究來看，股權集中現象的出現既有投資者法律保護較弱等法律方面的原因，也有獲取控制權私有收益等經濟方面的原因。中國市場經濟起步較晚，發展時間短，國家對產權的保護還處於法制建設的完善期，再加

上中國資本市場發展初期，在股權分置以及國有股份要在經濟體制中占主體地位的觀念的影響下，形成了中國上市公司集中化的股權結構。股權高度集中、投資者法律保護較弱、畸形的股本結構等導致大股東治理、大股東代理問題成為中國上市公司治理的重要問題。

股權分置改革前，許多學者對中國的大股東治理及代理問題進行了深入研究。唐宗明和蔣位（2002）研究認為中國上市公司大股東採用多種手段侵害小股東利益；餘明桂等（2006）研究發現中國控股股東通過盈餘管理來攫取控制權收益；李增泉等（2003）認為上市公司的股權安排對大股東的資金占用行為具有重要影響；劉峰等（2004）認為大股東利用控制權實現利益輸送，侵害小股東利益。這些文獻從中國資本市場的特徵入手，深入分析了大股東採用巨額資金占用和擔保、關聯交易等方式侵害中小股東利益的現象，豐富和發展了公司治理理論。

隨著中國股權分置改革的完成，中國資本市場發展進入後股權分置改革時期，股權分置改革形成了大量的限售股。因此，該階段的資本市場還沒有達到真正意義上的全流通，針對大股東治理和大股東代理問題的研究主要集中在「大小非」解禁及減持的影響因素和產生的相關後果、治理措施等。

截至2011年年底，股權分置改革限售股基本解禁完畢，中國資本市場迎來了真正意義上的全流通，為第一大股東在二級市場進行股權交易清除了制度障礙，同時，政府管制、國有背景控股股東占比大等特徵在中國資本市場表現仍然明顯。該市場環境下中國上市公司大股東治理呈現哪些特徵，控制權市場有哪些變化，對管理層、中小股東、潛在投資者、上市公司的行為決策和利益會產生怎麼樣的影響和後果，這些都需要我們去深入研究。

1.1.1.2 解決全流通後第一大股東變更、控制權轉移過程中出現的問題需尋求新的理論支撐

股份分置改革完成後，上市公司股權集中現象並未得到根本性緩解，第一大股東占較高的股份比例仍然是中國資本市場的主要特徵，同時，資本市場出現了另一現象——大股東在資本市場上瘋狂減持，甚至不惜失去控制地位。據Choice數據庫相關統計數據顯示，2007年以來，中國資本市場重要股東出現淨減持股份現象，2012—2016年，大股東累計減持股份376.79億股，減持金額7,070.08億元，且在此期間150多家上市公司第一大股東在減持過程中失去了第一大股東地位，轉移了控制權。

在第一大股東大規模進行控制權轉移的同期，資本市場及市場監管者對此反應強烈。2015年，天澤信息、藍英裝備等多家公司第一大股東進行了大規

模減持，巧合的是，2015 年 6 月，滬深指數開啓了狂跌之旅。大股東的瘋狂減持行為也引起了證券監管者的高度重視。為了降低重要股東減持對資本市場的影響，2015 年 7 月 8 日，證監會發布「〔2015〕18 號公告」，要求自即日起 6 個月內，上市公司控股股東和持股 5%以上股東及董事、監事、高級管理人員不得通過二級市場減持本公司股份。2016 年 1 月 7 日，為維護市場穩定，證監會又通過發布《上市公司大股東、董監高減持股份的若干規定》，對上述人員減持股份的行為進行約束。但該規定並未能有效約束重要股東在二級市場減持股份的熱情，為了穩定投資者情緒，穩定資本市場，證監會於 2017 年 5 月 27 日發布了更為嚴格的減持新規——《上市公司股東、董監高減持股份的若干規定》，該規定重點對上市公司首次公開發行前發行股份、非公開發行股份、大宗交易方式受讓股份以及董監高辭職後的股份的減持進行了額外的限制規定。

從理論上講，擁有控制權的第一大股東進行股權結構調整、變更控制權等行為，這是第一大股東在權衡利弊後進行資本收縮與擴展的手段，一定程度的股權結構調整和第一大股東變更行為也有利於促進全社會生產要素的優化配置、實現國家產業結構的調整與升級、促進上市公司實現高效治理。但如果第一大股東熱衷於在資本市場減持股份、變更控制地位，將不利於資本市場的穩定與發展，不利於實現資本市場服務實體經濟的目標。針對中國資本市場出現的新現象，應豐富和完善相關理論對其進行解釋，並探尋解決措施。

現有文獻中較少有專門針對股權分置改革後的第一大股東變更、轉移控制權行為的系統研究，僅有的文獻主要集中於研究控制權轉移過程中的私有收益獲取、控制權轉移對上市公司股票價格和會計績效的影響方面。一些研究認為第一大股東具有天然的信息優勢、擁有控制公司管理及經營的能力，在控制權轉讓過程中，更易獲取控制權轉移溢價，損害中小股東利益。也有研究表明控制權轉移能為上市公司提供引入新的管理機制、改善公司治理結構的機會。全流通後，隨著資本市場信息披露制度的完善和監管部門管理的趨嚴，第一大股東變更、轉移控制權對社會總福利有何影響；控制權轉移對公司中小股東的決策行為和利益有何影響；控制權轉移是否伴隨管理層的變更，第一大股東還能不能通過選舉「自己人」為董事來影響董事會決策，使董事會成為自己的「利益代言人」；在高度集中的股權結構下，管理層會採取何種措施來應對第一大股東變更及由此帶來的控制權轉移問題；這些都需要本書用新的實證數據來予以判別。

相關文獻在借鑑西方的控制權市場理論基礎上研究了中國資本市場控制權

轉移後股票市場的短期反應、股東的長期回報以及上市公司的會計績效，研究認為控制權轉移後股票市場短期反應顯著為正，但對於股東長期回報和會計績效結論不統一。從積極的方面看，第一大股東減持有可能優化股權結構，使市場優化配置資源的能力更強，從而增強股東的長期回報和會計績效。從消極的方面看，企業控制權轉移可能獲取控制權私有收益，侵害中小投資者利益。如果控制權被頻繁轉移，或控制權轉移後公司股票被財務投資者持有、被大量毫無管理經驗的中小投資者持有，公司持續增長的能力可能受到嚴重的影響，股東長期回報和會計績效將會受到極大影響。

旨在統一大小股東利益函數、完善公司治理機制和維護資本市場長遠發展的股權分置改革完成後，第一大股東變更、轉移控制權的現象並未減少，這將不利於實體經濟的發展和資本市場的長期穩定。因此，本書需要結合新的市場環境，分析第一大股東控制權特徵，控制權轉移的行為特徵，第一大股東變更對利益相關者、上市公司的行為和利益的影響和結果，針對以上分析提出可行的措施，引導第一大股東規範、有序、高效轉移控制權，促進控制權轉移實現提升公司治理水準、優化資源配置、提高公司財務績效等功能。

1.1.2　研究價值

1.1.2.1　研究目標

在不同的公司治理結構下，上市公司控制權轉移會出現不同的特徵，而上市公司控制權轉移將影響公司治理、公司財務治理，進而影響上市公司利益相關者利益、資本市場上公司股價的運動方向和企業財務績效等。因此，控制權轉移問題一直是國內外學術界關注的重點。對於中國資本市場上的控制權轉移問題，現有文獻的研究邏輯主要有：①從治理理論到實證檢驗，即從傳統的公司治理理論入手，用中國資本市場上某一時間段的數據對理論進行實證檢驗，驗證理論的適應性，並對理論進行修正和完善。②從現象到理論，即從某一時間段中國資本市場上大股東控制權轉移的現象入手，分析其特徵、動機、後果等，探尋控制權轉移的效率問題，尋找相應的理論支撐並提出治理措施。

從時間節點來看，中國股權分置改革於2006年已基本完成，但為了維持市場穩定，降低大股東股份減持對市場的衝擊，又對股權分置改革大股東股份上市流通作了制度上的安排，設置了一定的限售期。截至2011年年末，因股權分置改革設置的大股東股份限售解禁比例達98%左右，基本解禁完畢，資本市場才從真正意義上消除了股權割裂。自此，中國資本市場的交易環境發生了根本性變化。本書基於這一制度背景的變化，在閱讀借鑑相關文獻的基礎上，

運用控制權理論、控制權轉移理論、產權理論、財務後果理論、代理理論、信息不對稱理論等基礎理論，運用規範研究和實證研究、定量分析研究和定性分析研究相結合的研究方法，探尋中國特色社會主義全流通市場背景下的大股東治理、以第一大股東減持為特徵的上市公司控制權轉移的行為特徵及財務影響、治理措施等相關問題。本書力求達到以下研究目標：①對股權分置改革和全流通在中國的適宜性進行評析；②對第一大股東控制權轉移對上市公司及利益相關者的財務後果進行理論評析和實證檢驗，分析第一大股東控制權轉移在中國的利弊；③為實體經濟、資本市場的健康發展提出合理化建議。

1.1.2.2 研究意義

股權分置改革前，對中國公司治理問題的理論和實證研究均是基於股權割裂的狀態數據和市場環境進行的，股權分置改革後一段時間，由於存在大量的股改限售股，研究結論可能存在偏頗。從 2012 年開始，中國資本市場實現了真正意義上的全流通，全流通所創造的市場條件將有助於第一大股東代表全體股東的利益參與並滲透到公司管理各環節，對管理過程進行有效的監督，但是全流通環境下產生了新的公司治理問題。對這些問題的研究需要一段考查時間及足夠的樣本。以前這方面的研究由於樣本問題，可能存在實證研究結論的不準確，現在進行此項研究的基礎數據和條件已經成熟。因此，本書的出版有助於全面、正確理解和把握全流通狀態下中國上市公司第一大股東對公司治理、企業成長性的影響。

本書在充分利用已有文獻研究的基礎上，運用博弈論的方法分析中國資本市場上的大股東治理機制，運用統計學方法分析第一大股東控制權轉移的特徵，運用規範與實證分析相結合的方法尋找第一大股東控制權轉移的內在利益邏輯，對於資本市場的建設和穩定發展、公司治理的完善都具有十分重要的意義。

本書依據產權理論與控制權理論，以第一大股東變更事件為切入點，將大股東治理與控制權轉移等相結合，研究第一大股東控制權轉移的特徵、財務後果及治理措施，既符合資本市場的實際，也在理論上豐富了公司治理研究的範圍。

上市公司控制權轉移過程涉及眾多利益相關者，本書選擇了對大股東、中小股東、管理層等核心利益相關者在上市公司控制權轉移前後的決策及財務利益變化進行分析，探討控制權轉移對利益相關者的財務後果。本書通過對第一大股東變更前後的上市公司股價變化、成交量變化、財務業績變化進行對比分析，探討了控制權轉移對上市公司的財務後果。拓展了控制權理論、控制權轉

移理論、利益相關者理論的研究，為政府部門制定政策、制度提供了一定的理論依據，為管理層的自身管理和發展、投資者的投資決策、大股東的行為決策和政府監管提供了有益的參考。

從第一大股東變更入手，將第一大股東控制權轉移與財務利益兩方面結合併加以研究，以財務管理、金融學、行為理論、經濟學等學科的基本理論為基礎，以實證結果為依據，系統分析第一大股東控制權轉移的特徵及產生的財務後果，提出政策建議，依據結果去控制行為，其分析結果具有一定實際意義，分析方法具有一定理論意義。

1.3 研究框架

1.3.1 研究內容

本書緊緊圍繞中國上市公司第一大股東變更、控制權轉移的財務後果進行研究，其內容共分四部分十章。第一部分為緒論，主要包括第一、第二章。第一章提出本書的研究背景、目標、價值、內容框架、方法等；第二章根據本書的研究內容對國內外相關文獻作簡要回顧。第二部分為第一大股東控制權轉移的理論基礎、相關概念、現狀，主要為後面章節提供理論與實務分析基礎，包括第三、第四、第五章。第三章為第一大股東控制權轉移財務後果的理論基礎，主要論述控制權理論、大股東治理理論、委託代理理論、控制權轉移理論與財務後果理論，為後面的章節作理論鋪墊；第四章為第一大股東控制權轉移的概念框架，包括第一大股東控制權轉移的內涵、方式、特徵、財務後果及基本概念；第五章為第一大股東控制權轉移現狀，主要描述大股東控制權轉移的法規限制與第一大股東控制權轉移的基本情況，為後面的章節作出實務描述。第三部分為第一大股東控制權轉移的財務後果分析，包括第六至第九章，內容為第一大股東控制權轉移對利益相關者的財務後果分析。第六章分析第一大股東控制權轉移對社會總福利的影響；第七章描述了第一大股東控制權轉移對公司管理層的財務後果；第八章分析了第一大股東控制權轉移對中小股東的財務後果；第九章實證研究了第一大股東控制權轉移對上市公司的財務後果。第四部分為結論、政策建議和展望，包括第十章。這是本書的出發點和落腳點，通過總結前幾部分，根據中國特色社會主義市場經濟的特徵，提出優化中國上市公司控制權轉移的制度安排和政策建議。

1.3.2 研究思路（見圖 1-1）

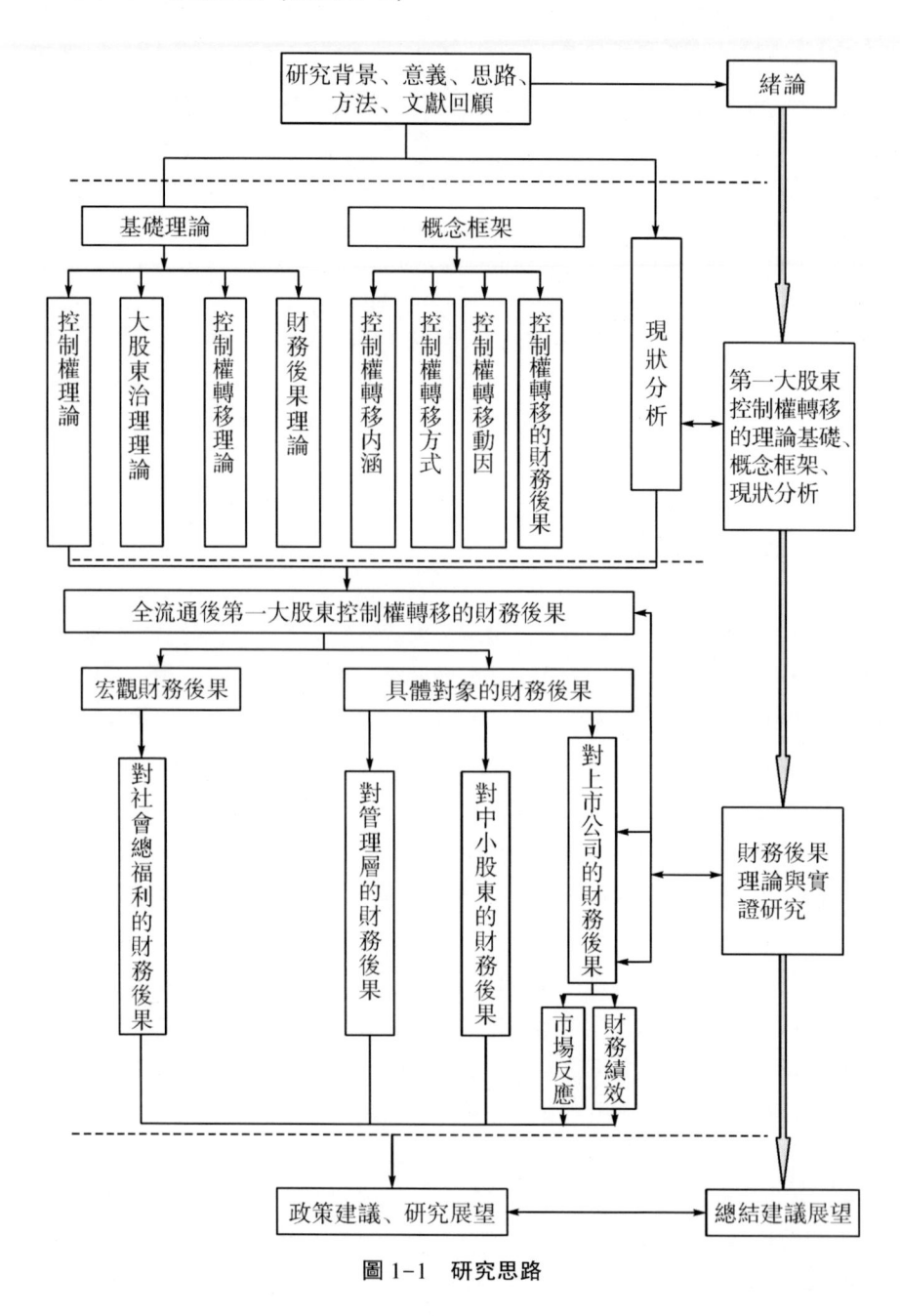

图 1-1 研究思路

1.4 研究方法

本書擬採用的研究方法有：

（1）文獻研究方法。文獻研究是現代科學研究的基礎性方法，主要指收集、鑑別、整理文獻，並通過對文獻的研究形成對事實的科學認識的方法，其步驟包括提出研究假設、研究設計、收集文獻、整理文獻和進行文獻綜述。本書從資本市場的現實問題出發，運用文獻研究方法，全面收集了國內外300餘篇與本書相關的文獻，對各文獻中探討的大股東治理、控制權轉移行為等方面的問題進行了系統研究，對各文獻中所使用的研究方法、數據等進行了歸類和整理，並在此基礎上確定了本書的選題及研究思路，通過數據的收集、方法的選擇，開展了對上市公司第一大股東控制權轉移的行為特徵及財務後果相關的理論與實證研究。

（2）規範分析法。規範分析法是經濟學研究中常被提及的概念，是20世紀60年代美國管理心理學家S. Pilnick提出的一種方法，規範分析法涉及已有的事物現象，對事物運行狀態做出是非曲直的主觀價值判斷，力求回答「事物的本質應該是什麼」。本書借鑑相關理論，對資本市場上存在的一些現象進行理論分析，研究現象背後的本質，如利用博弈論對大股東治理進行理論分析，借鑑福利經濟學分析工具對第一大股東控制權轉移的社會福利影響進行理論分析，借鑑經濟後果學說嘗試提出財務後果理論的內涵與外延，等等。

（3）實證分析法。實證分析法是社會科學研究中的重要方法，實證分析指對經濟現象、經濟行為或經濟活動及其發展趨勢進行客觀分析，得出一些規律性的結論。實證分析法力求回答「事物是什麼」。實證分析法需要運用一系列的分析工具，如個量分析與總量分析、均衡分析與非均衡分析、靜態分析與動態分析等。本書運用實證分析，擬採用兩種方法：一種是對於現實資料的收集、佔有和分析歸納，利用合適的統計與計量模型來分析全流通後第一大股東控制權轉移的特徵、獲取控制權私有收益狀況等，驗證上市公司第一大股東減持轉移控制權的動因及利用控制權、信息不對稱等獲取私有收益的狀況；另一種是通過對統計數據的收集和計量，測度出第一大股東減持轉移控制權的行為特徵及財務後果等。

（4）事件研究法。事件研究法是一種運用統計思想，針對某項經濟事件對資產價格造成影響的程度和持續時間進行度量以及檢驗的研究方法。對於那

些存在明確發生時間的經濟事件，在不同市場有效性的環境裡，這一信息可能在資產價格上被提前或者延遲反應，抑或是反應過度或反應不足。無論是哪一種信息傳導、解釋，並最終映射在資產價格上，都可以被事件研究法所捕獲。它的基本假設是：在理性的市場上，某個事件對企業的影響會在相對短暫的一段時間內反應在相應的資產價格的變動上。因此可以通過對公司價值變動的計量分析來評價事件的影響。對於上市公司而言，就是研究事件發生前後公司的股價或收益率、成交量是否發生了異常變動。本書利用該方法，度量和檢驗第一大股東控制權轉移事件在公告日前後對資產價格和成交量造成的影響，推論第一大股東控制權轉移對上市公司市場價值的影響。

（5）因子分析法。因子分析法是最初由英國心理學家 C. E. 斯皮爾曼在研究學生成績之間的相關性時提出的一種社會研究工具。因子分析法的基本目的是通過線性組合將原變量綜合成幾個主成分，用較少的綜合指標來代替原來較多的指標（變量），解釋原始變量之間的相關關係。本書將構建綜合財務指標，利用因子分析法分析第一大股東控制權轉移前後企業業績的變化，研究控制權轉移對上市公司的業績影響。

2 國內外研究現狀

自資本市場建立以來,大小股東之間的代理問題就成為理論界關注的焦點。理論研究注意到,在股權分置時代,大股東特別是作為控股股東的第一大股東持有的股份不能在市場上流通,出於自身利益最大化的理性選擇,在市場監管不力的條件下,第一大股東會選擇違規占用上市公司資金、非正常關聯交易、對上市公司債權債務蓄意安排、通過增發配股圈錢募資後高比例現金分紅等方式侵害中小股東及外部投資者利益,這一時期理論研究針對該類現象也提出了市場監管措施。隨著資本市場法律的完善和監管的趨嚴,非交易方式獲取私有收益的機制受到越來越多的限制,且成本越來越高。股權分置改革完成後,股權割裂的狀態得以解決,第一大股東的股份可以在市場上流通交易,理論研究又觀察到大股東可能會在二級市場上通過股權交易的方式實現控制權私有收益。本章主要從第一大股東控制權轉移的動機,第一大股東控制權轉移對管理層、中小股東的影響,對上市公司市場反應的影響,對上市公司財務績效的影響等幾個方面對國內外研究現狀進行梳理。

2.1 國外研究現狀

2.1.1 控制權轉移的動機研究

國外文獻主要集中在用併購理論來探尋控制權轉移的動因與效率問題,主要理論成果有併購協同效應論、控制權市場論、財富轉移論等。

併購協同效應論。協同效應最早由德國物理學家郝爾曼·哈肯提出,戰略管理學家安索夫於 1965 年最早將該理論引進到管理學領域。按協同效應的來源分類,併購協同效應論分為管理協同效應論、營運協同效應論、財務協同效應論。管理協同效應指高效的管理團隊可以收購管理低效的公司,使劣勢企業的非效率資本與高效的管理能力充分結合,達到協同效應。管理協同效應不僅

能夠帶來私人收益，也會促進社會福利，該理論主要從管理能力與資源的角度分析併購動因。營運協同效應指企業通過橫向、縱向和混合兼併，實現規模經濟，提高營運效益，該理論主要從企業經營的角度入手分析併購動因。財務協同效應指企業通過併購重組，增強債務擔保能力，實現現金內部流轉，節約稅收，減少資本需求，從而降低企業的資本成本，其主要從現金與投資角度分析併購動因。兩個主體進行企業控制權的轉移，存在的可能動機是取得管理、營運或財務上的協同，如果實現了併購協同效應，公司在控制權轉移後可以實現價值的提升，否則，控制權轉移將是無效率的。

控制權市場論。控制權市場論最早由 Manne 於 1965 年提出，又稱接管市場論，指獨立於企業以外的法人或個人通過收購原企業的股權或投票權，獲得原企業的控制權，通過控制權進而影響企業的經營管理。該理論認為控制權市場是股票市場的衍生物，通過在股票市場上對「廉價」股票的收購，達到接管某公司、清除不良管理層對企業影響的目的。由於代理問題的存在，管理層可能會因追逐個人利益而做出損害股東利益的行為，或者管理不善而導致公司市值低於應有價值。如果內部機制不能督促管理層行為，控制代理成本，企業就可能被資本市場上的其他投資者接管，一般而言，一旦接管成功，原有管理層會被邊緣化或被解雇。劉建民等（2015）認為控制權的轉移活動能有效規範企業管理層運作，為投資者提供有效保護。因此，控制權轉移的動因可能是管理不善導致企業估值偏低，收購者接管企業後實行管理層激勵或更換，提升公司價值。

財富轉移論。財富轉移論包括市場權力假說、壟斷利潤假說和財富再分配理論、掠奪者假說等觀點。市場權力假說和壟斷利潤假說的核心觀點認為，企業的併購動因在於減少競爭對手，增強企業的市場控制力，並且當企業通過併購使市場控制力達到一定程度時，企業可以得到壟斷利潤。財富再分配理論認為，相對於社會而言，併購重組活動本身並不創造價值，只能實現財富在不同主體間的轉移，其實質是通過該活動將利益相關者的財富進行重新分配，使參與重組的公司收益為正，即併購動因就是使參與重組的公司獲取正的收益。掠奪者假說認為收購行為是收購公司掠奪目標公司股東與員工等利益相關者財富的活動，收購的動因就是收購公司接管目標公司後能通過裁員等手段削減成本，增加短期利潤，然後將公司財富轉移到自己手中，達到掠奪公司財富的目的。

2.1.2 控制權轉移對管理層的影響及管理層行為研究

國外發達資本市場股權比較分散，且存在大量的管理層持股，控制權轉移

與管理層行為之間的關係，企業控制權轉移對管理層的薪酬、管理層地位的影響，都存在自身特點。對相關文獻進行研究，存在以下觀點：Demsetz（1985）對管理層持股與上市公司控制權轉移的關係進行了研究，結論認為，當管理層持股達到一定比例時，管理層會對併購等外部約束機制產生抵抗。市場價值低、業績差、股東長期回報率低的企業更容易發生接管的管理層防禦，且接管防禦使控制權轉移的代理成本增加，公司的經營管理將更加惡化，代理成本可能進一步增加（Gompers，等，2003；Cremers，等，2005；Masulis，等，2007）。Walkin（1984）研究認為管理層在併購中得到的利益越大，越不會產生抵抗行為。Cotter 和 Zenner（1994）對收購時的管理層決策與利益補償進行研究，發現管理層在併購中得到的利益越多，越不會對併購行為產生抵抗，收購越容易取得成功。

Walsh（1988）對美國55家控制權轉移的上市公司進行了考察，其中37%的公司管理層在控制權轉移後的兩年內被辭退。Shleifer 和 Vishny（1989）研究表明管理層可能為了滿足自己的私利而進行公司併購行為，在這種情況下，代理問題使得併購可能增加管理層薪酬，降低其被解雇的風險。Agrawal 和 Walking（1994）對企業控制權轉移過程中高管薪酬變化及管理層被解雇後再就業情況進行了研究，認為管理層在併購失業後很難再找到同樣高薪的工作，這使得管理層在併購時可能以較低的併購價換取自己的留任，或者併購後努力工作，保住自己的地位。Hartzell 等（2000）對發生在1995—1997年的美國公司的併購事件進行研究發現，目標併購公司的管理層在公司失去控制權後，首席執行官（CEO）的薪酬將會被降低。Lefanowisz 等（2000）對公司控制權轉移時管理層抵抗決策進行了調查研究，發現管理層會在被兼併後得到的補償與失去控制權地位後自身遭受的損失之間權衡是否採取抵抗措施。Datta 等（2001）通過對目標併購公司的管理者補償與收購股價之間的關係進行研究，發現管理者股權補償越高，公司的收購股價越低，說明控制權轉移後的補償能影響公司管理層在面對收購時的決策措施。Harford 等（2003）在研究管理層激勵對大股東利益影響及收購對公司管理層的影響時指出，企業被收購後控制權發生變更，被收購公司的董事會等原有管理層的職位很少能夠保留下來，管理層的經濟利益將會受到控制權轉移行為的影響。Moeller（2004）認為，控制權轉移可能導致目標公司管理者地位變更，如果發生控制權轉移的公司的管理層擁有較高的議價能力，為了降低受讓成本，買方存在向控制權轉移公司管理者承諾留任、加薪等福利，誘使管理者誤導賣方股東降價轉移控制權的行為。Burkart 和 Panunzi（2004）研究認為，控股股東存在與管理層合謀侵占中小股

東利益的行為，為獲取控制權私有收益，順利實施掏空行為，在控制權變更時，控股股東在獲取公司控制權後必然會更換公司的 CEO。Lehn 和 Zhao（2006）對美國 1990 至 1998 年的 714 個樣本公司研究發現，收購方高管如果損害公司價值，併購後一定時期間內更可能被解僱。Lel 和 Miller（2015）以併購法實施前後來檢驗控制權市場的約束作用，發現併購法實施後企業併購活動顯著增加，且績效差的 CEO 在併購活動後更容易被替換。Buhui Qiu 等（2014）利用美國 1994—2010 年的 2,198 個併購交易樣本，對企業 CEO 留任、解僱費和併購溢價相關關係進行實證分析後認為，企業管理層在控制權轉移的併購活動中有利用職權攫取私利的動機，這也印證了早期一些學者的研究結論（Harford，等，2007；Cheng，等，2009）。一些文獻關注了控制權轉移活動中管理層在研發、創新等方面的支出，來證實控制權轉移對管理層行為的影響。Bertrand（2009）研究認為併購對創新具有促進作用，併購對企業創新的影響為正，但額外支付的「尋租成本」增加了影響，併購後企業對創新投入的態度變得更加謹慎。Stiebale（2013）對德國企業的實證研究表明併購後企業的研發支出水準有顯著提升。

以上文獻反應出，控制權轉移往往會導致管理層的地位的變更或薪酬的變化，管理層在面臨公司的控制權可能發生轉移時，會權衡其近期利益與遠期利益，相應地採取犧牲公司利益來迎合控制權轉移或者抵抗公司控制權變更的行為，或者在控制權轉移活動中利用職權攫取私利。

2.1.3 控制權轉移對中小股東的影響研究

現有文獻考察控制權轉移對中小股東的影響主要是集中研究控制權轉移過程中的大股東獲取控制權私有收益的狀況，以此來判斷控制權轉移是否存在侵害中小股東利益的行為及治理措施。Grossman 和 Hart（1988）提出了控制權收益的理論，並將控制權收益分為控制權共享收益和控制權私有收益，管理層或收購者獨享了控制權私有收益，包括收購者可以實現的協同效應、管理層津貼，或將公司資源轉移到自己公司。Shleifer 和 Vishny（1997）研究認為，在股權集中的上市公司中，大股東有足夠的能力控制上市公司，當大股東缺乏其他利益相關者的監督時，由於大股東與其他利益相關者的利益函數並不完全一致，其將通過對上市公司的各種決策來獲取控制權私有收益，損害其他股東的利益。Facci（2002）發現大股東持股比例越高，發生掠奪的可能性越大。Savor（2009）研究發現 1978—2003 年樣本公司併購時股東獲取了正的累計超額收益率。Bhaumik 等（2012）認為公司控制權轉移時，常常存在大股東利用

股權交易獲取控制權私有收益的行為。除了認為控制權轉移會導致大股東、管理層掠奪中小股東利益外，也有文獻認為控制權市場是重要的公司外部治理機制，當公司所有者與管理層的代理衝突達到一定程度時，其將通過控制權轉移，變更公司管理層來解決代理衝突。同時，併購對中小股東法律弱保護的國家而言，具有更大的治理效應，推動控制權市場發展有利於減少管理層掏空行為（Alex edmans 等，2012），保護中小投資者利益。

2.1.4 控制權轉移對上市公司市場反應及財務績效的影響研究

當企業控制權轉移時，金融市場的股票價格、交易量可能會受到影響，企業的收入、利潤等也可能受到影響，進而對企業的市場價值產生影響，為股東帶來收益或損失。國內外學者很早就注意到該現象，並主要從兩個方面來研究控制權轉移對上市公司的財務影響：

一是通過市場法，即通過驗證股票市場上交易者對上市公司控制權轉移公告的反應來研究控制權轉移行為對股東財富的影響。相關文獻對控制權轉移後的市場反應進行了研究，總體來說，認為控制權轉移短期內能產生積極的市場反應，但從長期來講，股票價格受到多種因素的影響，很難用某一單獨事件來考察其對股價的長期影響。Hearly 和 Ruback（1992）對 1979—1983 年美國的工業行業前 50 大控制權轉移案例進行對比分析發現，上市公司控制權轉移提高了公司的市場價值，市場反應積極。Weston 等（1998）分析了 31 例大宗股權轉讓公告的市場反應，發現相關公司的股價出現了不同程度的上漲。Robert Brunner（2002）認為控制權轉移行為使目標公司股東獲得了溢價，而收購股東不一定會獲得正的收益。Savor 等（2009）選取 1,773 家樣本公司併購方與目標公司累計超額收購率為目標，研究結果表明，其中 1,050 家公司的併購方獲得的累計超額收益率為 -3.300%，目標公司獲得的累計超額收益率為 12.9%；723 家公司的併購方獲得的累計超額收益率為 0.30%，目標公司獲得的累計超額收益率為 21.6%，目標公司比併購方獲得的超額收益大。Chernykh 等（2011）以跨國併購事件為研究對象進行研究後發現，併購能為目標企業帶來正的累計超額收益率，且發達國家的目標企業能夠獲得兩倍於發展中國家企業的累計超額收益率。Mario Domingues Simões 等（2012）以阿根廷等國的企業併購後的市場反應為對象，以 5 天為事件研究窗口期，研究發現窗口期阿根廷和智利兩國企業併購導致控制權轉移後企業的超常回報顯著，而巴西企業在窗口期的超常回報不顯著。

二是通過會計績效指標變更法來研究控制權轉移對企業的業績影響，即驗

證反應企業業績的財務指標在控制權轉移前後一個時期的變化來判斷控制權轉移的影響。不同文獻以不同上市公司不同期間的數據為樣本，利用迴歸分析，得到的結論並不統一：①西方經典財務理論認為，企業控制權轉移能夠發揮管理糾偏功能，業績差的企業更易發生控制權轉移，且控制權轉移後因經營協同、管理協同和財務協同或節約交易成本等原因，可以提升企業業績。Healy 等（1992）用經營現金流量、總資產收益率來衡量企業併購績效，通過對相關併購案例的研究，發現併購提升了公司的業績，此外的許多文獻也認為控制權轉移能提升公司的會計業績（Jensen，等，1983；Kapplan，1989；Hearly，Ruback，1992；Robert，Bruner，2002；Santos，等，2008；Manuela，等，2016）。②另外的一些研究認為控制權轉移只是一種財富的再分配，不會改善企業的會計業績（Shleifer，Vishny，1989；Maria Goranova，等，2010；Sue-fung Wang，等，2014）。③也有研究認為控制權轉移短期能提升企業會計業績，長期對企業會計業績無影響。

2.2 中國研究現狀

2.2.1 控制權轉移的動機研究

中國文獻結合中國特殊的市場經濟環境，提出中國上市公司第一大股東轉移控制權動因的解釋，存在如下觀點：一是大股東出於再融資需求而出售現有股權。尋求資金回報是資本的本性，當股東存在其他的投資機會而難以通過其他手段籌措資金時，股東會選擇減持公司的股票來滿足更高收益的項目的籌資需求。二是規避公司面臨的市場、經營等風險。第一大股東擁有信息優勢，能較準確地收集或預測上市公司的生產經營信息，在他們判斷上市公司可能存在較高經營風險，而市場對該上市公司又估值過高時，將減持股份，規避風險（巴曙松，2008；朱茶芬，2010，2011）。三是公司的資產質量和盈利能力差，市場估值虛高（黃志忠，等，2009；朱茶芬，等，2010；曹國華，等，2011；陳維，吳世農，2013；張程睿，等，2016）。但也有文獻不贊同該觀點，認為控股股東持股成本低，在任何時候減持都可實現高額套利，減持股份，特別是轉移控制權不一定是因為估值過高（許可，郭燁，2011）。四是獲取控制權私有收益。Berle 和 Means（1932）提出了控制權結構理論後，控制權收益說成為文獻解釋大股東減持動因的重要依據。而在中國，持有該觀點的學者認為，在中國資本市場特殊的制度背景和股權結構狀況下，控股股東的控制權價值主

要源於控股股東對上市公司各種形式的「掏空」和上市公司本身的「殼」資源，控股股東將大量資金投資於上市公司，掌握控制權，很大程度上就是為了獲取公司的控制權收益，而通過操縱股價、獲取減持套現收益是獲取控制權私有收益的最重要的體現（陳耿，2009；吳育輝，等，2010；常進雄，2009；曹國華，等，2012）。五是國家行政干預和政策動機，由於中國經濟制度和證券市場制度的特殊性，政府對上市公司控制權轉移具有重要的影響，特別是國有股份占控制地位的上市企業，企業重組、第一大股東變更易受政府行政干預，由於政府管制導向下的機會主義動機，如替代破產或解決就業等（餘瑜，2013）、維護國有企業的主導地位、國企脫困或優化所有制結構（吳敬璉，1998；劉宇華，2017）、體制因素主導下的財富再分配等原因轉移第一大股東控制權。

2.2.2 控制權轉移對管理層的影響及管理層行為研究

中國資本市場管理層持股較少，在控制權轉移過程中管理層很少能夠對控制權轉移行為進行直接的抵抗，也很少有文獻專門對管理層是否抵抗公司控制權轉移的問題進行研究，但國有企業存在一定程度的內部人控制問題，管理層可能在企業控制權轉移時採取一些盈餘管理行為。何燎原和王平心（2005）對2000年發生控制權轉移的79家上市公司在控制權轉移前後的盈餘管理行為進行研究，發現控制權轉移當年管理層可能進行盈餘管理，調整企業收益。黃福廣等（2004）研究表明，國有控股企業的管理層存在過度投資行為，這表明管理層在日常經營中為控制權轉移設置了障礙。呂長江等（2007）以1993—2005年控制權轉移公司為樣本分析控制權轉移過程中的交易溢價與管理層行為的關係，發現管理者留任將影響控制權變更，國有上市公司控制權溢價越低，管理層留任機會越大，國有上市公司管理層比非國有上市公司管理層在控制權變更過程中謀取私利更為明顯。屠巧平（2010）以1998—2004年股權轉讓終止的公司為樣本，以控制權轉移成功公司為配對樣本，研究股權轉讓對上市公司管理層行為的影響，發現在控制權轉移過程中，股權激勵越大，控制權轉移的抵抗就越強，股權激勵與管理層抵抗控制權轉移成正比。

2.2.3 控制權轉移對中小股東的影響研究

中國文獻以不同時期中國滬深上市公司控制權轉移公司為樣本，考察大股東控制權轉移的控制權私有收益獲取及影響因素，由於研究樣本和研究方法存在差異，得出了不同的結論。韓德宗等（2004）以1998—2001年的控制權轉

移上市公司為樣本，實證發現中國上市公司控制權轉移期間的控制權溢價顯著高於世界平均水準，但從總體上看，控制權私有收益呈下降趨勢。鐘文娟（2008）以2003—2004年上市公司控制權轉移公司為樣本，研究發現控制權轉移後大股東顯性資金侵占下降，而隱性資金侵占卻明顯上升，並且大股東侵占使公司績效變差了，中小股東利益被侵害。石水準（2009）對2000—2004年上市公司控制權發生轉移的公司進行研究，發現控制權轉移後的管理層變更比例、控股股東在目標公司所占董事會席位與大股東利益侵占都顯著正相關；控制權轉移後的第一大股東持股比例與大股東利益侵占呈明顯的倒「U」形關係。舒紹敏（2009）以2003—2007年滬深兩市中發生的151宗控制權轉移事件為研究樣本，分析了控制權私有收益及影響控制權私有收益大小的相關因素，研究發現，股權分置改革顯著降低了控股股東對中小股東的利益侵占程度，股權制衡機制能夠有效抑制控股股東獲取控制權私有收益的行為。顏淑姬（2010）對上市公司民營企業控制權轉移進行研究發現控制權轉移過程中存在大股東侵害中小股東利益的現象。肖紹平等（2012）利用事件研究法對2006—2010年發生控制權轉移的上市公司超額收益率進行研究，發現控制權轉移前後累計超額收益率較為明顯，說明企業控制權轉移中存在侵害其他股東利益的現象。李香麗、孫紹榮（2015）對2013年上交所100個控制權轉移樣本進行研究證明存在內幕交易。王書林（2016）以1998—2014年發生控制權轉移的215家上市公司為樣本，計算控制權轉移過程中大股東的控制權私有收益水準，發現民營化企業在控制權轉移過程中的大股東的控制權私有收益水準高於國有企業，且民營控股企業與國有控股企業在私有收益的影響因素與影響強度方面也存在差異。陳文婷、李善民（2015）選取2001—2008年中國上市公司控制權轉移事件為樣本研究認為：對於劣質收購樣本，新的大股東不能改善公司治理和公司經營績效，大股東持股比例與利益侵占表現為「N」形關係，對於優質收購樣本，大股東持股比例與其利益侵占呈倒「N」形關係。

2.2.4　控制權轉移對上市公司市場反應及財務績效的影響研究

中國研究控制權轉移對上市公司市場反應的文獻較多　。鄒高峰（2004）、張維等（2004）以中國2000—2003年發生的第一大股東變更為樣本，對控制權轉移事件引起的股價波動進行實證分析，發現控制權轉移期間上市公司的股東都獲得了超額收益率。徐莉萍等（2005）以1996—2000年期間股權轉讓導致的第一大股東變更上市公司為樣本，採用事件研究法，對上市公司控制權轉移前後60日、三年期內的市場反應與經營績效進行研究，發現無論是短期還

是長期，股票市場對控制權轉移的評價都是正面的，上市公司控制權轉移後公司績效改進明顯，由於股權分置的限制，流通股東的收益要大於控股股東（非流通股東）的收益。藍發欽等（2007）認為當企業控制權發生轉移時，股價、股票交易量等一些反應市場交易特徵的指標會呈現異常波動。劉茂平（2008）對 2003—2006 年中國資本市場上發生的控制權轉移事件的市場反應進行了實證研究。王化成等（2009）運用事件研究法探析 2001—2005 年的控制權轉移事件發生前後的市場反應，發現控制權轉移事件公告日會引起市場的積極反應，公告日後股價會回調，這些現象是內幕交易或模仿內幕交易的跟風操作帶來的。肖紹平等（2012）對 2006—2010 年中國上市公司控制權轉移事件的市場反應進行了實證研究，結果表明市場對控制權轉移事件具有明顯的「先抑後揚再抑」的倒「N」形特徵，隨著市場的逐步完善，控制權轉移事件的市場炒作現象有所緩解。曹樹新等（2015）研究認為市場並不看好上市公司的控制權變更行為，上市公司控制權變更會為股東帶來負的累計超額收益率。

由此可見，國內外文獻主要利用事件研究法探尋控制權轉移事件的市場反應，得出的研究結論不太統一。股權分置改革完成後，中國資本市場的股份實現了全流通，市場有效性增強，第一大股東的控制權轉移事件是否會引起目標公司的股價、成交量等反應股票市場交易特徵的指標發生變動，其變動的程度如何，變動的方向如何，是資本市場參與者和市場監督者普遍關心的問題。中國股權分置改革完成，且因股權分置改革而形成的限售股已於 2012 年基本解禁完畢，資本市場真正意義的全流通已有 6 年多的時間，近年控制權轉移現象也日漸增多，這為本書探尋全流通背景下第一大股東控制權轉移的市場反應提供了較優質的基礎數據資料。

周曉蘇等（2006）以 1997—2001 年發生控制權轉移的公司為樣本，運用因子分析法對企業控制權轉移與企業績效的關係進行研究發現，控制權轉移短期能提升企業業績，而企業的長期盈利能力並未得到有效提升。於培友（2006）、朱慧琳和唐宗明（2009）、張媛春等（2011）研究也認為控制權變更不能有效提升企業的會計績效。相反，王劍敏等（2006）利用淨資產收益率和主營業務收益率兩個指標對滬深股市 2001—2003 年第一大股東發生變更的 126 家上市公司控制權轉移前後績效進行對比，發現控制權轉移能持續提高目標公司的財務績效。張慕瀕（2009）對股權分置改革中控制權轉移的績效進行研究，發現不同行業的股權集中度及變化對控制權轉移以後企業業績變化的作用存在差異，股權分置改革降低股權集中度有利於改善公司治理效率。崔慧

貞（2011）研究認為國有企業將控制權轉移給民營企業後，企業的會計績效有明顯提升。

　　由以上文獻可以看出，由於選擇樣本所處市場環境不同、採用的方法不同、選取的業績指標不同，關於控制權轉移對企業會計業績的影響有積極影響和消極影響兩種截然不同的結論。本書根據資本市場發展的新特點及出現的新證據，繼續對該問題進行跟蹤變得更加有意義。股權分置改革前，中國控制權市場受到諸多條件限制，發展不成熟，控制權轉移改善會計業績的效果發揮不明顯，甚至不能改善企業的會計業績。隨著股權分置改革的完成，以往的研究模型、研究方法和研究結論是否適合新的情況，這有待於本書通過全流通背景下控制權轉移呈現的新特點及新數據來進一步研究控制權轉移對企業財務績效的影響。

3 第一大股東控制權轉移的理論基礎

3.1 公司控制權理論

3.1.1 公司控制權的概念、來源及內涵

3.1.1.1 公司控制的概念

「控制」一詞在現代漢語中表達了一種主體可以對他的對象進行某種支配的觀念,在辭典中被解釋為兩個含義:一是「掌握,支配,使不越出一定範圍」,二是「把持」。從對公司控制的定義研究來看,學者傾向於將控制理解為第一種含義。伯利與米恩斯(1932)將「公司控制」定義為一小群股東實際上有權通過下列方法之一選擇董事會:①普通股的完全所有權;②多數控股權;③通過法律手段進行的控制;④少數控股權;⑤經營者控制。顏厥安(2003)認為:「從控制的內容上看,公司控制是指所行使的控制力作用於什麼事情或什麼事務」。張維迎(2001)指出:「控制是指對一個公司的經營者或方針政策具有決定性的影響力,這種影響力可以決定一個公司的董事會的選任,決定公司的財務和經營者管理活動,甚至使該公司成為某種特定目的的工具。」

有研究對上述公司控制的概念表述存在異議,他們認為公司控制是公司與控制兩個詞語的組合,該組合說明公司是控制行為的主體,控制是公司的一種行為,那麼公司控制至少應該包含兩個方面的內容,即公司內部的控制和公司與公司之間的控制。顏厥安(2003)、張維迎(2001)對公司控制的定義只說明了公司內部控制問題,完整的公司控制還應包括公司作為一個即存物與外部發生聯繫時產生的控制內容,即公司之間的控股關係產生的控制。

綜上所述,本書認為,「控制」是對資源的一種支配權,與「支配」的含義相近,「公司控制」是公司這一主體對內外部資源的一種支配行為,而公司

這一主體被誰掌握，誰就能最終決定資源的支配，形成公司控制權。

3.1.1.2 公司控制權的來源

一直以來，業界對企業控制權的來源問題充滿了爭議。從表象上看，公司控制權力源於法律法規的授權、公司章程等公司文件的規定或者契約的安排，但很顯然，公司控制權不是源於法律法規或者公司章程的授權、合同的安排。理論界對公司控制權源泉的探求主要是通過對控制權伴隨企業組織模式演進而變化的過程進行研究的。

早期相關文獻對企業的性質、邊界等問題進行了經典的論述（Coase, 1937; Alchian, Demsetz, 1972; Jensen, Meckling, 1976; Grossman, Hart, 1986），為公司控制權的來源提供了理論基礎。早期的完全契約理論和不完全契約理論觀點的持有者大都認同公司控制權來源於股東擁有的物質資本所有權。完全契約理論框架下的標準委託代理理論認為控制權來源於委託人對物質資本的所有權，不完全契約理論的 GHM 理論認為企業控制權來源於物質資產的剩餘控制權。Hart 和 Moore（1990）認為：「由於合同不完全，所有權是權力的來源……對物質資產的控制權能導致對人力資產的控制權。」

隨著人力資本在新經濟中的作用日益凸顯，資本雇傭勞動的觀點日益受到挑戰，對人力資本應擁有剩餘索取權的觀點逐漸受到重視。中國學者周其仁指出：「員工擁有對自己人力資本的剩餘控制權，按照哈特的剩餘索取權和剩餘控制權相對稱的要求，承認員工擁有剩餘控制權，那麼員工就應得到剩餘索取權」。

在批評新古典產權理論觀點基礎上發展起來的利益相關者理論也反對物質資本的出資者是企業的唯一最終所有者，強調企業的所有權和控制權應由出資者、債權人、職工、供應商、用戶等利益相關者共同分享。部分學者也認為內部職工在公司治理過程中發揮的監督管理者的作用要大於外部股東（Blair, 1999；楊瑞龍，1997，1998，2000）。因此，公司所有權和控制權應由全體利益相關者共同分享。但在實踐中，利益相關者本身就是一個模糊的概念，並且如何在利益相關者之間進行公司控制權的權力配置也是一個難題。

以上觀點的爭論使本書探尋公司控制權的來源問題變得非常複雜。如果物質資本不是控制權的唯一來源，利益相關者概念又不能準確界定，那麼，公司控制權的源泉到底是什麼呢？本書試著從剩餘的創造和風險兩個方面來進行解析。從剩餘的創造來看，企業是要素投入者投入要素進行生產的一個契約結合體，這些要素總的來說可以歸結為物質資本（資本與土地）和人力資本（勞動和企業家才能），那麼顯然企業的剩餘是由物質資本與人力資本共同創造

的，兩類資本的所有者共同獲得剩餘索取權符合邏輯。從風險來看，任何生產要素在企業生產過程即價值實現的過程中都面臨著風險，古典產權理論觀點認為物質資本是風險偏好者，人力資本是風險規避者，這也是物質資本所有者擁有剩餘的主要理論依據之一。從現有生產要素投入及生產過程來看，人力資本專業化程度越來越高，人力資本的專用性越來越強，相較於物質資本而言，其投入到企業並轉化為專有資產的速度可能會慢一些，但隨著人力資本在企業工作的時間的推移，其專用性越來越強，規避和化解風險的能力越來越弱。這不但在日本一些企業中表現比較明顯，在中國占主導地位的國有企業裡面也越來越普遍，特別是一些優秀的企業家，幾十年在一家企業從事經營管理工作，人力資本對企業的貢獻以及對企業的依存度越來越強。因此，本書認為物質資本與人力資本都應成為企業控制權的來源。但從中國控制權來源實踐來看，由於人力資本在現階段進行股權量化較為困難，即使有的企業對勞動、企業家才能進行了股權量化，但其持有股份較低，並未能達到控制企業的程度。所以，現階段，中國企業控制權主要由物質資本所有者掌握，物質資本所有者主要通過增減持股份及變更第一大股東地位，實現控制權的轉移。

3.1.1.3 公司控制權的內涵

從自伯利（Berle）和米恩斯（Means）開始對公司控制權問題予以關注和研究開始，有關公司控制權的概念就一直是理論界的爭論熱點。學者們從不同角度對公司控制權的內涵與外延進行定義（Fama和Jensen，1983；Hart和Moore，1990；張維迎，2001；梁洪學，2008），集中表現出兩種觀點。一是權利說，將公司控制權定義為決定公司經營決策的權利；另一種是權力說，將公司控制權定義為公司經營與決策的主導權力。殷召良從法學角度提出：「……控制權不是一種權利。因為在法律上權利應該有明確的規定，包括主體明確、內容明確和客體明確，權利產生於法律的明確規定或合法的契約的約定。……所以控制權是以所有權為根據的經營管理權。」由此可見，權力和權利的內涵探索是定義企業控制權內涵的關鍵因素。

關於權力的詞源，一種說法是源於拉丁語「Potere」，意為「體現主體某種意志的能力」；另一種說法是源於「Autorias」，意為「法令、意志以及權威」。《社會學辭典》以及社會學家將權力歸納為主體利用強制性社會力量駕馭客體，迫使客體對自己服從。法學家將權力定義為以「法」為後盾的主體對客體的強制力、支配力。可見，權力是因擁有權而帶來的一種支配力，強調的是主體與客體之間的一種強制與支配關係。

儘管現代社會學家對權利的概念進行了探討，但本書更認可權利是一個法

學概念。事實上，社會學家對權利概念的界定大多也是從法學角度出發的。張文顯（1993）認為：「權利是規定或隱含在法律規範中，實現於法律關係中的主體以相對自由的作為或不作為的方式獲得利益的一種手段。」可見，在法學理論中，權利是因擁有權而帶來的利益，是與義務對應的一種存在秩序。

現代企業理論將企業視為不同生產要素所有者之間契約的組合體，企業的本質是用權威代替市場對資源進行有效配置，公司的出資人將個人財產投入公司形成公司財產，但公司財產的所有權（即法人財產權）與出資者擁有的公司財產所有權（即出資人所有權，或稱股權）有著嚴格的區別。出資人所有權與公司法人財產權的相互依存與矛盾運動及演變，導致公司制企業的控制權與所有權也發生演變，股東以授權方式將公司經營決策的權力進行層層讓渡，並以法律法規和章程規定的投票權方式間接掌握著公司的決策控制。由此可見，從法律意義上講，公司的控制權來源於個人財產所有權，法律法規規定了個人財產所有權擁有的對公司的權利束，例如投票決定公司經營決策的權利。不完全契約理論繼承和發展了科斯的企業本質論，認為企業在用權威替代市場對資源進行有效配置時，企業內各利益群體通過契約規定各自的權利與義務，但人的有限理性導致契約的不完整，存在契約未規定的權利剩餘，而企業控制權就是組織內部利用權威關係配置權利剩餘的表現形式，是對企業內部的物質資產、人力資產以及其他一些資產的控制與配置，是一種命令與服從的關係。因此，本書認為，企業控制權是一種以權利為基礎的一系列權力束。

3.1.2 公司控制權的功能

公司控制權的功能是指公司控制權為控制權的擁有者實現特定目的而發揮的作用。科斯及其契約理論觀點持有者認為企業存在的目的是通過權威和科層管理有效配置資源，節約交易成本，當企業的科層管理成本等於節約的交易成本時，企業的規模效應最大。這種通過權威和科層管理進行資源有效配置主要是通過企業控制權來實現的。

根據契約理論，企業參與者的收益包含契約確定的收益和準租金收入。由於機會主義的存在，準租金有可能被機會主義的合作者在事後進行利益分配時所占用。企業控制權就是讓控制權的擁有者保護自己可能獲得的準租金，防止其被機會主義者敲竹槓而使自身利益受到侵害。

多種要素投入企業進行生產經營活動，特別是不同的人力資本匯聚公司分工合作進行生產，在這個過程中需要有人對經營方向、經營戰略以及公司發展等方面做出有效決策，同時為了決策的順利執行和企業內部生產、管理的有序

性，管理層級中居於領導地位的人在組織租金分配中也應占主導地位，只有這樣他才會有動力驅使自己盡可能地為組織目標和個人目標的共同實現做出好的決策。因此，公司控制權另一個功能就是保證組織租金的創造和分配有序進行，實現企業合理發展。

從公司治理實踐來看，在公司管理層級中居於領導地位的人可能是控股股東，也可能是管理層。而在中國國有股權占主導地位和高度集中的股權結構中，科層管理的領導者大多是第一大股東，即第一大股東獲取了企業的控制權，為了自身利益最大化，第一大股東會監督管理層可能存在的機會主義行為，節約交易成本，提高決策效率，創造控制權共享收益；而他在主導租金分配時，往往也會侵害其他相關者的利益，獲取控制權私有收益。

3.1.3 公司控制權的特徵

公司控制權是公司治理的核心，其具有以下特點：

第一，非對稱性。根據新制度經濟學家的觀點，企業是一種科層組織，其在進行資源配置的過程中，企業的資本和經營管理者控制、支配著一般的生產要素，企業控制權的擁有者（資本所有者和經營管理者）與一般生產要素掌握者之間存在指揮與服從關係，維繫這種指揮與服從關係的就是「權力」，這也是許多學者在對控制權進行定義時，常常使用「權力」「權威」「權利」說法的原因。在法學運用中，有權力去做某些事情的人，也有法律賦予的權利。因此，公司控制權作為配置公司資源的一種權力，同時具有權益性要求的權利特徵，其與一般的生產要素的不同點在於，控制權是由協調公司經濟運行的權力所帶來的權利。

第二，依賴性。公司控制權依賴於公司的所有權狀態依存。公司所有權狀態依存指不同的企業經營狀態對應不同的治理結構（張維迎，1994），誰擁有公司的剩餘控制權，誰就擁有公司的所有權，而公司剩餘控制權是控制權的關鍵內容，公司控制權具有對所有權狀態的依賴性。

第三，收益性。根據制度經濟學的觀點，公司控制權能夠為擁有者帶來一定的收益，同時，控制權的獲得需要付出一定成本，行使控制權也需要付出一定的成本，控制權的維護同樣需要付出一定的成本，客觀上也要求控制權的擁有者擁有控制權能獲得一定的收益。控制權的收益表現在貨幣收益和非貨幣收益兩個方面，包含控制權的共享收益和控制權私有收益（Grossman 和 Hart，1988）。

第四，可轉移性。控制權的可轉移性指控制權可以在不同的行為主體之間

移動，從而使公司資源配置者的狀況和力量發生變動。控制權的轉移源於資本所有者對自身投入企業資本的一種保護，企業控制權受到內外部治理機制的制約，當企業管理層以機會主義行為來謀求自身利益最大化而侵害資本所有者利益時，資本所有者將採用各種方式來剝奪管理層的控制權，這其中包括大股東的控制權爭奪，小股東的「用腳投票」等行為。控制權的可轉移性為委託代理機制下制約管理層行為提供了制度保障。

3.1.4 公司控制權的類型

控制權理論研究者按照不同的研究目的、分類方法將公司控制權分為不同的類別。Hart 和 Moon 將公司看作是一系列契約的結合，以是否事先明確控制權的內容為標準，將公司控制權分為特定控制權和剩餘控制權。特定控制權指能在事前通過契約加以確定的在不同情況下如何行使的控制權；剩餘控制權指在事前沒有在契約中明確界定如何使用的權力，是決定資產在最終契約所限定的特殊用途外如何被使用的權力。Aghion 和 Tirole 將控制權分為形式控制權和實際控制權。形式控制權指理論上由誰做出決策，一般源於所有權，如股份公司的股東大會具有對公司重大事項的決策權。但具有形式控制權的人未必是實際控制權的主體；實際控制權指實際做出決策的權力，實際控制權來源於對信息的掌握。

3.2 第一大股東治理理論

3.2.1 第一大股東治理與交易成本

交易行為是伴隨經濟的發展和社會分工的出現而出現的，古希臘思想家亞里士多德是較早對「交易」概念加以界定、對功能和類型進行分析的學者。康芒斯將「交易」分為買賣的交易、管理的交易和限額的交易，威廉姆森認為交易特性的主要維度是資產的專用性、不確定性程度和交易的頻率，不同的交易特性會產生交易的不同形式的契約行為和規制結構，也會產生不同的交易費用。在此基礎上，他對組織制度問題與交易費用節約問題進行了探討，指出由於人的有限理性和交易的不確定性，任何交易的契約都是不完全的，為了減少機會主義危及契約有效執行的行為，就必須選擇能最小化交易費用的治理結構保證契約關係的持續良性發展。經過研究，威廉姆森認為企業作為一種治理結構，比其他治理結構居於更強的適應性效率，能夠實現上述目標。

根據現代企業契約理論的觀點，企業是一系列利益相關者通過契約締結而成的聯合體，契約的締約方通過顯性和隱性的契約將擁有的資源投入企業中進行優化配置並實現自身的利益最大化。第一大股東作為公司最大的物質資源投入者，是法律規定的擁有公司最大控股權的「締約方」。在中國上市公司股權較為集中、股權制衡力度弱的特殊市場環境下，根據《中華人民共和國公司法》等法律、法規和規章制度的規定，第一大股東在公司治理制度中發揮著重要的作用，這必將對公司的交易費用產生重大影響。

第一大股東與市場型交易費用。康芒斯將交易費用分為市場型交易費用、管理型交易費用和政治型交易費用。市場型交易費用包含交易締約的談判費用、簽約費用以及履約費用。公司的各生產要素持有者在締結契約的過程中，存在為尋求合作生產要素持有者的搜尋成本和維護合作關係的談判成本等交易費用，投入公司資源的生產要素持有者越多，公司股權越分散，這一類型的交易費用越大；相反，存在擁有大額股份的第一大股東，有利於降低這一類型的交易費用。

第一大股東與管理型交易費用。管理型交易費用包含組織設計費用和組織運行費用。在一般情況下，股權結構對組織設計費用影響不大，而組織運行費用中的信息費用、信息管理費用、委託代理費用與股權結構的關係則較為複雜。例如，擁有第一大股東治理的、集中股權結構的企業有利於高效制定決策、有動力和能力監督管理層而有利於緩解第一類代理問題等。但是，文獻研究也認為在股權高度集中的公司，大股東，特別是第一大股東也可能會利用控制權獲取控制權私有收益而侵害其他利益相關者利益，增大公司的交易費用。諸如此類的問題也成為公司治理研究的重要方向之一，本書也是基於該類問題開展的研究。

第一大股東與政治型交易費用。政治型交易費用是集體行動提供公共產品所產生的費用，一般而言，股權結構差異與政治型交易費用多寡沒有直接聯繫，但是，目前世界上大多數國家的法律都對大股東、特別是第一大股東的市場交易行為進行了嚴格的監管與限制，這些監管與限制措施的實施成本最終會被企業承擔，這可能會增加市場型交易費用和管理型交易費用。

3.2.2 第一大股東治理與管理層代理問題

控制權與所有權的割裂導致的股東與管理層的代理問題是公司治理的核心問題之一。一般來講，資本市場上可能存在「1大N小」的集中型股權結構、「多大N小」的股權制衡型股權結構、「N中小」的分散型股權結構等多種形

式的股權結構，在不同股權結構下，股東對管理層的監督發揮的作用可能會有差異。下面本書將利用博弈論分析方法，分析不同類型股權結構下股東在參與公司治理和管理層監督中發揮的不同作用，闡明第一大股東控制在公司治理中發揮積極作用的機理。

3.2.2.1 在股權分散結構公司中的第一大股東治理行為分析

在現代企業中，股權高度分散意味著公司存在為數眾多的中小股東，公司所有權與控制權基本分離，單一股東或者有限的幾個股東聯合無法對管理層的代理行為實施有效的約束。對公司存在的委託代理問題，單個股東可能採取三種策略：與其他股東形成維權聯合陣營參與公司治理，遏制管理層的代理問題；「用腳投票」；對管理層的利益侵害視而不見，逆來順受。本書運用博弈論的思想對單個股東參與公司治理、遏制管理層代理行為進行分析：

假設一，單個股東持有公司股份為 β_i（i=1，2，3，…，N），對管理層監督做出的努力為 P_i（i=1，2，3，…，N），成本為 $C_i = f(P_i)$，且 C_i 為 P_i 的增函數。在現實的公司治理中，由於股份少，現金流量權不集中，單個中小股東很難對管理層行為進行監督，他們要對管理層形成有效的監督，必須得採取集體行動，因此他們對企業管理層監督所做出的成本為 $C_{中小股東} = f(\sum_{i=1}^{n} P_i)$，且有 $f(\sum_{i=1}^{n} P_i) \geq \sum_{i=1}^{n} f(P_i)$。

假設二：在其他條件不變的情況下，由於監督引起的股東財富變化額為 $\Delta V = V_{監督} - V_{不監督} = f(\sum_{i=1}^{n} P_i)$（$f(\sum_{i=1}^{n} P_i) > 0$），其中 ΔV 表示監督引起的股東財富增加值，$V_{監督}$ 表示在股東監督管理情況下的企業收益，$V_{不監督}$ 表示在股東不監督管理情況下企業的收益。理論上講，按照股東對企業享有的現金流量權，對於企業該部分增加收益的分配是按照其現金流量權，即股東所占企業股份進行分配，則單個股東分得的股利為 $\beta_i \dfrac{\Delta V}{\sum_{i=1}^{n} \beta_i}$（i=1，2，3，…，N）。

對於股東1而言，他假定其他大多數股東都加入了監督陣營，並且能形成有效監督，那麼他權衡自己的收益成本，選擇最優策略，這是個完全信息靜態博弈問題：

如果他選擇加入監督陣營，則收益為 $\Omega = \beta_1 \dfrac{\Delta V}{\sum_{i=1}^{n} \beta_i} - f(P_1)$。

如果他選擇不加入監督陣營，由於他假定其他股東已加入了監督，因此他

的收益為 $\Omega = \beta_1 \dfrac{\Delta V}{\sum_{i=1}^{n} \beta_i}$。很顯然，不加入監督陣營是此時的最優策略。

如果股東 1 假定大多數其他股東都未加入監督陣營，還未形成對管理層的有效監督，他選擇加入監督陣營的收益為 $\Omega = \beta_1 \dfrac{f(0)}{\sum_{i=1}^{n} \beta_i} - f(P_1) = -f(P_1)$，他選擇不加入監督陣營的收益為 0。很顯然，不加入監督陣營仍然是其最優策略。

由以上分析可以看出，在股權高度分散的結構下，股東沒有動力對管理層行為進行監督。在現實中，由於股東聯合對管理層進行監督需要支付更多的交易費用，股東更不願意主動對管理層進行監督。「搭便車」「用腳投票」才是其最優策略。

3.2.2.2　在股權集中結構公司中第一大股東治理行為博弈分析

（1）在擁有絕對控股股東的股權集中結構公司中大股東治理行為博弈分析

在這種股權結構下，存在一個控股股東和為數眾多的中小股東。這種控股股東分為兩種情況：一種是擁有公司 50% 以上股份，對公司擁有絕對控制權；另一種是持有股份的比例雖然不足 50%，但持股仍遠大於第二至第五大股東，能夠通過董事會成員的任免或其他手段對股東大會的決議產生重大影響。在兩權分離的現代企業中，控股股東在面對管理層可能存在的代理問題時採用的策略如下：一是所持公司股份多，相關法律法規對控股股東轉讓股份的限制多，股份轉讓渠道少，因此控股股東一般不能選擇「用腳投票」；二是控股股東所持股份占比大，承擔的公司相應經營損失就較多，因此控股股東一般也不會選擇沉默；三是控股股東在企業中擁有的股份足以影響管理者的決策行為，他有能力對管理層的經營行為進行監督、施加影響，按照股東財富最大化的目標去採取經營措施。本書運用博弈論的思想對控股股東和單個中小股東參與公司治理、遏制管理層侵害進行分析：

假設一：控股股東股份為 α，單個中小股東的股份為 β_i（i=1，2，3，…，N），中小股東股份總和為 $\sum_{i=1}^{n} \beta_i = 1 - \alpha$。管理者與股東存在委託代理關係，委託人股東出於自身利益的考慮，可能會對管理者行為進行監督。本書進一步假設控股股東對管理層的監督做出的努力為 $P_{控股股東}$，成本為 $C_{控股股東} = f(P_{控股股東})$，$C_{控股股東}$ 為 $P_{控股股東}$ 的增函數；單個中小股東對管理層監督做出的努力為 P_i（i=1，2，3，…，N），成本為 $C_i = f(P_i)$ 且 C_i 為 P_i 的增函數。

假設二：在現代企業中，股東對管理層的監督可以提高企業績效，增加股東財富效益。那麼本書假設其他條件不變的情況下，監督引起的股東財富變化額為 $\Delta V = V_{監督} - V_{不監督} = f(p_{控股股東}, \sum_{i=1}^{n} P_i)$，其中 ΔV 表示監督引起的股東財富增加值，$V_{監督}$ 表示在股東監督管理情況下的企業收益，$V_{不監督}$ 表示在股東不監督管理情況下企業的收益。理論上講，按照股東對企業享有的現金流量權，對於企業該部分增加收益的分配是按照其現金流量權，即股東所占企業股份進行分配的，則控股股東應該享有的收益為 $a \dfrac{\Delta V}{a + \sum_{i=1}^{n} \beta_i}$，單個中小股東收益為 $\beta_i \dfrac{\Delta V}{a + \sum_{i=1}^{n} \beta_i}$ （i = 1, 2, 3, …, N）。

在有控股股東的股權結構下，本書可以將其看成兩階段靜態博弈模型，由於控股股東在企業中的領袖作用，中小股東一般會先看控股股東選擇，再進行自己的選擇。對於控股股東而言，對管理層行為面臨兩種選擇，即監督或者不監督。

情況一：如果控股股東選擇監督，中小股東依然面臨兩種選擇，監督或者不監督。

如果控股股東選擇監督，單個中小股東選擇監督，他們的收益函數分別為：

$$\Omega_{控股股東} = \alpha \dfrac{f(P_{控股股東}, \sum_{i=1}^{n} P_i)}{\alpha + \sum_{i=1}^{n} \beta_i} - f(P_{控股股東})$$

$$\Omega_{中小股東1} = \beta_1 \dfrac{f(P_{控股股東}, \sum_{i=1}^{n} P_i)}{\alpha + \sum_{i=1}^{n} \beta_i} - f(P_1)$$

如果控股股東選擇監督，單個中小控股股東選擇不監督，他們的收益函數分別為：

$$\Omega_{控股股東} = \alpha \dfrac{f(P_{控股股東}, \sum_{i=1}^{n} P_i)}{\alpha + \sum_{i=1}^{n} \beta_i} - f(P_{控股股東})$$

$$\Omega_{中小股東1} = \beta_1 \frac{f(P_{控股股東}, \sum_{i=1}^{n} P_i)}{\alpha + \sum_{i=1}^{n} \beta_i}$$

很顯然，對於單個中小股東而言，在控股股東選擇監督管理者行為時，他選擇不監督的收益 $\beta_1 \dfrac{f(P_{控股股東}, \sum_{i=1}^{n} P_i)}{\alpha + \sum_{i=1}^{n} \beta_i}$ 要大於選擇監督的收益 $\beta_1 \dfrac{f(P_{控股股東}, \sum_{i=1}^{n} P_i)}{\alpha + \sum_{i=1}^{n} \beta_i} - f(P_1)$，理性的中小股東為了自身利益最大化，會選擇不監督。

情況二：如果控股股東選擇不監督，中小股東依然面臨兩種選擇，監督或者不監督。

如果控股股東選擇不監督，單個中小股東選擇監督，在這種股權結構下，不管是單個中小股東還是中小股東進行聯合，由於其所持股份有限，很難對管理層行為進行有效監督，因此他們的收益函數分別為：

$$\Omega_{控股股東} = \alpha \frac{f(\sum_{i=1}^{n} P_i)}{\alpha + \sum_{i=1}^{n} \beta_i} ; \quad \Omega_{中小股東1} = \beta_1 \frac{f(\sum_{i=1}^{n} P_i)}{\alpha + \sum_{i=1}^{n} \beta_i} - f(P_1)$$

如果控股股東選擇不監督，單個中小股東選擇不監督，他們的收益函數分別為：

$$\Omega_{控股股東} = \alpha \frac{f(\sum_{i=1}^{n} P_i)}{\alpha + \sum_{i=1}^{n} \beta_i} ; \quad \Omega_{中小股東1} = \beta_1 \frac{f(\sum_{i=1}^{n} P_i)}{\alpha + \sum_{i=1}^{n} \beta_i}$$

對於單個中小股東而言，在控股股東選擇不監督管理者行為時，他選擇不監督的收益 $\beta_1 \dfrac{f(\sum_{i=1}^{n} P_i)}{\alpha + \sum_{i=1}^{n} \beta_i}$ 要大於選擇監督的收益 $\beta_1 \dfrac{f(\sum_{i=1}^{n} P_i)}{\alpha + \sum_{i=1}^{n} \beta_i} - f(P_1)$，理性的中小股東為了自身利益最大化，會選擇不監督。

(2) 在擁有幾個相對控股股東的股權結構公司中的第一大股東治理行為分析。

在這種股權結構下，存在兩個以上的相對控股股東（所持股份在20%~

50%）和為數眾多的中小股東，相對控股股東中每一個股東持有股份的比例都不足50%，單獨都不能夠通過董事會成員的任免或其他手段足對股東大會的決議產生重大影響，但是兩個或者少數幾個相對控股股東聯合起來就有足夠的股份能夠通過董事會成員的任免或其他手段對股東大會的決議產生重大影響。在兩權分離的現代企業中，相對控股股東在面對管理層可能存在的代理問題時採用的策略如下：一是所持公司股份較多，相關法律法規對相對控股股東轉讓股份的限制多，股份轉讓渠道少，因此控股股東選擇「用腳投票」成本較高；二是控股股東所持股份占比較大，承擔的公司相應經營損失就較多，選擇沉默會產生較大損失；三是單個相對控股股東在企業中擁有的股份不足以影響管理者的決策行為，兩個或以上的相對控股股東聯合才能對管理層的經營行為進行監督、施加影響，按照股東財富最大化的目標去採取經營措施，這種聯合比單純的中小股東聯合監督管理層的交易費用要少得多。本書運用博弈論的思想對相對控股股東和單個中小股東股東參與公司治理、遏制管理層侵害進行分析：

假設一：相對控股股東為K個（2≤k≤10），單個控股股東股份為a_k，單個中小股東的股份為β_i（i＝1，2，3，…，N），中小股東股份總和為$\sum_{i=1}^{n}\beta_i = 1 - \sum_{k=1}^{10}\alpha_k$。管理者與股東存在委託代理關係，委託人股東出於自身利益的考慮，可能會對管理者行為進行監督。本書進一步假設單個控股股東對管理層的監督做出的努力為P_k，成本為$C_k = f(P_k)$，C_k為P_k的增函數；單個中小股東對管理層監督做出的努力為P_i（i＝1，2，3，…，N），成本為$C_i = f(P_i)$且C_i為P_i的增函數。

假設二：在現代企業中，股東通過對管理層的監督可以提高企業績效，增加股東財富效益。那麼本書假設其他條件不變的情況下，監督引起的股東財富變化額為$\Delta V = V_{監督} - V_{不監督} = f(\sum_{k=2}^{10}p_k, \sum_{i=1}^{n}P_i) > 0$，其中$\Delta V$表示監督引起的股東財富增加值，$V_{監督}$表示在股東監督管理情況下的企業收益，$V_{不監督}$表示在股東不監督管理情況下企業的收益。從理論上講，按照股東對企業享有的現金流量權，對企業該部分增加收益的分配是按照其現金流量權則股東所占企業股份進行分配的，即控股股東應該享有的股份為$\alpha_k \dfrac{f(\sum_{k=2}^{10}p_k, \sum_{i=1}^{n}P_i)}{\sum_{k=2}^{10}\alpha_k + \sum_{i=1}^{n}\beta_i}$，單個中小股東收益為$\beta_i \dfrac{\Delta V}{a + \sum_{i=1}^{n}\beta_i}$（i＝1，2，3，…，N）。

在該股權結構下，本書可以將其看成兩階段動態博弈模型，首先由相對控股股東根據和其他股東的聯合情況、交易費用等情況進行選擇，根據相對控股股東的選擇，中小股東再進行自己的選擇。

對於相對控股股東而言，對管理層行為面臨兩種選擇，即監督或者不監督。

如果相對控股股東選擇監督，$\Omega_{\alpha_1} = \alpha_1 \dfrac{f(\sum_{k=2}^{10} p_k, \sum_{i=1}^{n} P_i)}{\sum_{k=2}^{10} \alpha_k + \sum_{i=1}^{n} \beta_i} - f(P_1)$。由於單個中小股東很難對管理層行為進行監督，如果相對控股股東不對管理層進行監督，可能發生委託代理問題，股東利益可能受到侵害，$f(0)$ 可能為 0 或者負數，此時相對控股股東的收益函數為 $\Omega_{\alpha_1} = \alpha_1 \dfrac{f(0)}{\sum_{k=2}^{10} \alpha_k + \sum_{i=1}^{n} \beta_i}$，可能為 0 或者負數。因此，選擇監督將是相對控股股東的占優選擇。

對於中小股東而言，如果相對控股股東選擇監督，他選擇監督的收益為

$\Omega_{\beta_1} = \beta_1 \dfrac{f(\sum_{k=2}^{10} p_k, \sum_{i=1}^{n} P_i)}{\sum_{k=2}^{10} \alpha_k + \sum_{i=1}^{n} \beta_i} - f(P_{中小股東1})$，選擇不監督的收益為 $\Omega_{\beta_1} =$

$\beta_1 \dfrac{f(\sum_{k=2}^{10} p_k, \sum_{i=1}^{n} P_i)}{\sum_{k=2}^{10} \alpha_k + \sum_{i=1}^{n} \beta_i}$。如果相對控股股東選擇不監督，他選擇監督的收益為

$\Omega_{\beta_1} = \beta_1 \dfrac{f(0)}{\sum_{k=2}^{10} \alpha_k + \sum_{i=1}^{n} \beta_i} - f(P_{中小股東1})$（$f(0) \leq 0$），他選擇不監督的收益為 $\Omega_{\beta_1} =$

$\beta_1 \dfrac{f(0)}{\sum_{k=2}^{10} \alpha_k + \sum_{i=1}^{n} \beta_i}$（$f(0) \leq 0$）。因此此時其選擇不監督仍然是占優策略。

3.2.2.3 結果分析

從以上的博弈分析可以得出以下結論：①不管在何種股權結構下，中小股東參與公司治理的積極性都很小，存在治理「惰性」。一方面是中小股東股份少，參與公司治理成本高收益低，另一方面，中小股東在面臨權益侵害時，可以選擇「用腳投票」，降低風險。因此，中小股東不能對代理問題實施有效抑制。②第一大股東和大股東股份轉讓受到市場、法律等諸多限制，其有動力參

与公司治理，獲得公司成長帶來的好處，在面對管理層可能的委託代理問題時，他有積極性參與對管理層活動的監督，第一大股東或大股東擁有信息優勢、強勢的權力（因所持股份較多而得到的權力），在公司治理過程中，能夠對管理層行為進行監督和控制，降低代理成本，創造企業租金。③由於中小股東的「搭便車」行為，第一大股東或大股東在公司治理過程中付出了較多成本，客觀上要求獲取成本補償，但現行制度上對這種成本沒有專門補償渠道，第一大股東或大股東可能通過其他途徑尋求控制權收益。第一大股東或大股東被其他股東委託了本該由自身行使的權力，在公司治理過程中擁有信息優勢、強勢的權力，出於自身利益最大化的內在要求，在謀求代理成本補償的同時，常常對小股東或其他利益相關者進行利益侵害。

3.2.3 第一大股東治理與控制權收益

大量文獻研究表明，第一大股東對公司治理既有積極作用，也有消極影響。積極作用主要表現在：①在股權集中度高的公司裡，第一大股東持股比例大，能緩解兩權分離導致的所有者與經營者的代理問題和利益衝突，促使公司管理層的行為符合股東利益目標函數，保護投資者利益。在股權高度分散的上市公司，所有權與經營權的分離，導致管理者可能通過提高在職消費（Jensen 和 Meckling，1976）、為自己支付高額薪酬（Bebchuk，2006）、將自由現金流用於無效投資等（Jensen，1986）來侵害全體股東利益，如果股東對這些侵害行為進行監督，將存在單個股東對管理層的監督付出的成本遠高於所能享受的收益的情形，因此中小股東不願主動對管理層的侵害行為實施監督，存在實施監督時的「搭便車」行為（Grossman 和 Har，1988）。控股股東持股比例高，監督管理層可以獲取高於監督成本的收益，有動力對管理者實施監督（Shleifer 和 Vishny，1986），減少股權分散情況下的「搭便車」行為，提高監督效率（Grossman 和 Hart，1988）。②為上市公司提供有效支持，提高上市公司價值。在發展中國家，由於市場經濟的不完善和法制的不健全，往往存在中小股東的法律弱保護，第一大股東能在一定程度上代替法律和司法體制來保護中小股東（Shleifer 和 Vishny，1997）。大股東還可以在外部資本市場不發達時為所控制的公司提供資金支撐，為其獲取生產所需資金提供便利或在公司遭遇財務困境時幫助爭取銀行的支持，從而提升公司價值。③能降低交易成本，提高公司決策效率。在中國，擁有控制地位的第一大股東一般持股比例較高，能夠在現行公司法律框架下代表中小股東與外部利益相關者進行締約或談判，能夠面對市場的變化迅速做出決策，提高公司決策效率，提升公司價值。以上分

析表明，第一大股東在一定程度上解決了股東與經營者之間的委託代理問題，第一大股東治理也能夠提高決策效率，提升公司經營績效，這部分增加的價值理論上是可以由全體股東共享的，因此有研究將因第一大股東治理而產生的、由全體股東共享的收益稱為控制權共享收益（Public Benefit of Control）。

在公司治理中，第一大股東治理是把雙刃劍，股權的過度集中會影響證券市場部分功能的發揮，且在缺乏有效監督的情況下，出於理性與自利，第一大股東也會利用對公司的控制力、信息優勢等謀求自身價值的最大化，這往往會侵害中小股東和其他利益相關者的利益，有時甚至會影響公司的整體績效，造成消極影響。具體表現如下：①股權過度集中的第一大股東治理可能削弱證券市場對管理層的監督作用。資本市場上的收購行為在監督公司管理層方面發揮著重要作用，而在股權過度集中的股權結構下，第一大股東持股數量多，會減少公司在證券市場交易的股票數量，降低公司股票的流動性，使證券市場收購行為難以發揮作用，影響股票市場的有效性，最終削弱證券市場對管理者的監督作用。②掏空被控制公司，獲取控制權私有收益。股權集中度提高，企業控制權與現金流量權分離後，第一大股東缺乏監督，會為了追求控制權私有收益而實施侵害小股東利益的行為，特別是在產權弱保護和法治不健全的國家和地區，第一大股東的掏空行為較為普遍（La Porta，等，1999；Claessens，2000；Faccio 和 Lang，2002）。總之，公司的現金流量權與控制權分離後，隨著第一大股東持股比例上升，兩者的利益函數目標差異越大，中小股東的利益就越可能受到損害，為公司治理帶來消極影響。

對第一大股東治理帶來的積極和消極作用，學者們用控制權收益來進行衡量。Grossman 和 Hart（1988）首次提出了控制權收益的概念，並將控制權收益分為控制權私有收益（Private Benefits of Control）和控制權共享收益（Security Benefits of Control）。控制權共享收益被認為是企業資產聯合所產生的協同效應和大宗股權的監督激勵，是由第一大股東的治理作用帶來的公司價值的提升，並被全體股東共同享有。控制權私有收益指控制性股東所獨占的收益，控制性股東通過對控制權的行使而占用的全部價值之和，包括自我交易、對公司機會的利用、利用內幕交易等所獲得的全部收益、過度報酬和在職消費等。控制權私有收益被認為是第一大股東對其他股東和利益相關者的一種侵害（Fama 和 Jensen，1983；Grossman 和 Hart，1988；Shleiife 和 Vishny，1997；Johnson 和 Laporte，等，2000）。

部分文獻在研究第一大股東治理時，在控制權共享收益、控制權私有收益概念之外，又提出了超控制權私有收益的概念，並認為控制權共享收益和控制

權私有收益都具有合理性，控制權私有收益不是對中小股東和利益相關者的侵害，超控制權私有收益才是對中小股東和利益相關者的利益侵害（劉少波，2007；劉立燕，2012）。持有該觀點的文獻認為，第一大股東治理會產生一定的成本，包括控制權獲取成本和控制權維持成本等。控制權共享收益不是對治理成本的補償，因為中小股東不能提高決策效率，也並未對管理層實施監督，還獲得了控制權共享收益。因此第一大股東治理為公司帶來價值的提升所付出的成本在客觀上要尋求補償，控制權私有收益就是大股東監督的補償形式。而對於第一大股東利用非正常關聯交易、內幕交易等獲取的收益，該類文獻則將其定義為超控制權收益，並認為這才是第一大股東對其他股東和利益相關者的侵害。劉少波（2007）直接將控制權私有收益定性為控制權成本的合理補償，是控制權的風險溢價，並指出：控制權私有收益與大股東對小股東的侵害無關。李建標等（2008）認為將控制權價值來源界定於控制權共享收益和私有收益，忽略了控制權的保護性價值，控制權溢價反應的不一定是控制權私有收益，也許僅僅是控股股東為保護自己的正常收益而支付的成本。曾林陽（2008）認為控制權收益可能來自因控制權而減少的交易成本、壟斷力量的增強帶來的壟斷收益、企業集團的規模效應、隧道效應，前三種控制權收益並未侵害中小股東收益，是一種合理的控制權收益。在論證了控制權共享收益和控制權私有收益的合理性的同時，劉少波（2007）提出了超控制權收益的概念，並指出「超控制權收益是基於大股東利益最大化的動機、依託控制權的行為能力、與控制權成本補償無關而為大股東強制獲取的超過控制權收益的收益」，「超控制權收益是對公司存量財富的再分配」，是控股股東對中小股東及其他利益相關者的侵害。遊達明、沈屹東（2008）認為控股股東對中小股東的侵害不是控制權收益，而是超控制權收益，並且控股股東侵害的不僅是中小股東，還包括股權和債權等其他投資者。劉立燕（2012）認為超控制權收益的形成是由於控股股東濫用權力，利用各種不公允、不合理甚至不合法的關聯交易或者其他形式，從公司轉移資源的行為，這種行為就是被稱為的「隧道行為」，超控制權收益是一種不合理的控制權收益。

　　控制權私有收益合理論和超控制收益概念並未在文獻中被廣泛認同和使用，大多數文獻都認為第一大股東治理會為公司治理帶來積極和消極的影響。控制權共享收益是第一大股東治理帶來的代理成本降低和公司價值提升，是全體股東共同享有的收益；控制權私有收益是第一大股東治理過程中，基於自利行為和自我價值最大化，採取自我交易、非正常關聯交易、內幕交易等方式對其他股東和利益相關者實施利益侵害。

3.3　委託代理理論

　　Berle 和 Means 在 1932 年提出了所有權與經營權分離後，催生了 Chandle 於 1977 年提出的經理資本主義理論和 Jensen 和 Meckling 於 1976 年提出的委託代理理論兩大理論的產生。Jensen 和 Meckling（1976）從現代企業的契約特徵出發，考察現代企業中所有權和控制權的分離所引致的委託代理問題，提出了代理成本的概念。他們認為，委託代理關係是一種契約關係，由於委託代理雙方效用函數的不同，各自在追求效用最大化過程中，導致經營者與所有者利益偏離，從而產生了代理成本。代理成本包括：①構成契約的成本；②委託人監督代理人的成本；③保證代理人將做最優決策，否則代理人將支付賠償的成本；④剩餘虧損。Jensen（1986）又提出「自由現金流量假說」，認為以企業價值最大化為目標的管理層應把自由現金流量作為紅利分給股東，但由於代理問題的出現，經營者往往把現金投入盈利率低於市場平均利率的項目中，以增加自己的滿足程度，降低股東的收益，「自由現金流量」現已成為理論界對代理理論進行經驗檢驗的理論基礎。

　　然而，La Porta 等（1999）在對企業的研究中發現，現代企業股權集中現象較為普遍，當公司存在一個或少數幾個持股比例很大的股東時，大股東為了維護自身利益，有意或無意之間剝奪了中小股東對公司的管理和監督權，將公司控制權掌握在自己手中，並利用持股優勢對管理層進行監督，這在一定程度上解決了「搭便車」問題，但往往大股東與小股東利益也不一致，這就產生了大股東與中小股東間的委託代理問題。

　　股權集中度與公司代理成本究竟存在何種關係，目前尚無定論，有研究認為適度的股權（控制權）集中有利於加強對經理層的監督，緩解小股東在公司治理中「搭便車」的問題。但是，Shleifer 和 Vishny（1997）、Claessens 等（1999）、Laporta（2000）等研究指出，集中股權結構可能面臨大股東對小股東利益的侵害問題。後來一些研究也指出，當大股東掌握著公司控制權時，大股東和中小股東之間存在委託代理問題，大股東往往會發生「隧道挖掘」行為來獲取控制權私有收益，侵害中小股東的利益。基於以上情況，在大小股東的委託代理問題上，也就產生了兩種觀點：利益趨同觀和戰壕防守觀，從而股權結構會產生兩種不同的效應，即利益趨同效應和戰壕防守效應來影響公司價值。①利益趨同效應認為，隨著大股東持股比例的不斷增加，當達到控股股東

地位時，就有足夠的激勵去監督管理者，避免了在股權高度分散情況下的「搭便車」現象。此外，控股股東往往直接參與經營管理，解決了股東和管理層之間的信息不對稱，從而與公司及其他股東的利益趨向一致，較好地解決了傳統的委託代理問題。②戰壕防守效應則認為，控股股東持股比例和控股股東的投票權越大，在外部監管環境比較薄弱時，越會發生侵占資產、轉移公司資源、關聯交易等行為，導致公司及中小股東的利益受到侵害。可見，委託代理理論為本書研究大股東控制權轉移的財務後果提供了理論基礎。

3.4 控制權轉移理論

3.4.1 產權理論與控制權轉移

現代產權理論是在新制度經濟學的理論框架下，通過對產權的界定和合理配置，解決市場經濟中的外部性導致的社會福利損失問題。產權理論在不完全契約的基礎上進一步指出，所有權具有與任何不與先前的契約、慣例和法律相違背的方式對物資和資產的使用做出使用的權力（Hart，1987）。公司的所有者——股東在企業契約無約定的公司決策權範圍內實施控制權，在契約履行後獲取剩餘收益，即剩餘索取權。

對於現代企業而言，股東對企業的有效控制是通過將權力轉移給一個小集團來實現的，擁有控制權的小集團的主要功能是與公司其他利益群體進行談判，並對談判結果進行落實與監督，這不但可以提高決策的效率，還可以節約交易費用，最大化公司價值。由此可見，股東的所有權是股東擁有企業控制權的基礎，但在現代企業中，所有權與企業控制權又不會一一對應。為了規避和降低自身風險，在股權權益保護的制度設計上，股東將更換管理層資格和影響公司決策的權力牢牢抓在手中，並且有了在公開和非公開市場上出售股份的權利，這兩種制度直接導致了控制權的爭奪，其主要方式包括市場收購、股權收購和代理權爭奪等，控制權爭奪最激烈的方式就是控制權的轉移。

按產權理論的觀點，控制權的爭奪與轉移的效率是檢驗控制權轉移制度優劣及治理效果的判別標準。在控制權轉移過程中及轉移後，有幾個影響因素值得注意，一是原有大股東在控制權轉移過程中的控制權私利問題，原大股東在控制權轉移過程中是否利用控制權地位和交易規則增加交易成本，獲取私有收益，造成社會福利的損失和損害其他股東的利益；二是大股東的控制力，股東能在多大程度上對企業實施有效控制，監督經營層的行為，使其能夠實現公司

價值最大化，如果控制權轉以後，大股東控制力變弱，加重代理成本，無疑會導致社會福利的損失；三是新獲得了控制權的大股東能否將公司資源用於切實提高企業價值而不是滿足個人偏好，如果大股東獲取控制權的目的不是為了監督或提高公司業績的話，控制權轉移將會無效，大股東將會通過其他手段獲取額外的控制權私有收益來彌補自身的損失，而將其轉嫁到中小投資者身上，控制權轉移行為會導致公司價值損失。

3.4.2 控制權轉移的動因

前文中，國外文獻研究認為大股東控制權轉移的動因主要有協同效應論、控制權市場論、財富轉移論等。中國文獻研究認為大股東出於再融資需求，規避公司面臨的市場、經營等風險，公司的資產質量和盈利能力差、市場估值虛高，獲取控制權私有收益等目的，以及受國家行政干預和政策動機目的的影響，可能減持所持股份，轉移控制權。

理論上講，第一大股東在面臨新的投資機會又缺乏資金時，可能會出售擁有的上市公司股權獲取現金，但一方面，大多數上市公司的第一大股東是實業資本投資者，而非金融資本投資者，他們選擇成為上市公司控股股東，並非為了獲取短期財務回報，並且在其成為控股股東，獲取和維護公司控制權的過程中，付出了巨大的成本，一般情況下，不會出於再融資的需求而放棄已擁有的控制權。另一方面，由於信息獲取的原因，即使是第一大股東為了再融資而放棄上市公司控制權，本書也無法從公開的信息中獲知。因此，實踐中很少有第一大股東因為再融資需求而進行控制權轉移，也不會因一時股價的偏高而放棄公司控制權。

投資回報是上市公司資產質量與盈利能力的重要體現，第一大股東能夠通過信息優勢對上市公司的長期盈利能力進行預判，如果上市公司業績差、股東對企業盈利能力判定為悲觀，第一大股東將減持所持股份，甚至轉移上市公司控制權。

全流通後，第一大股東通過市場交易獲取收益破除了制度障礙，由於市場監管越來越嚴，法律法規越來越完善，第一大股東通過非正常關聯交易、大股東占款、超額發放現金股利等手段侵占上市公司利益的懲罰措施越來越嚴，侵占成本越來越高，通過減持股份、轉移控制權的手段來獲取控制權私有收益是一種理性的選擇。因此獲取控制權私有收益是全流通市場條件下第一大股東控制權轉移的重要動機。

此外，隨著中國市場經濟的不斷發展，證券市場與國際接軌的步伐越來

快，政府通過行政手段對市場的干預越來越少，但國家行政干預和政策動機在一定時期仍將長期存在，國有股份占控股地位的上市公司內部人控制現象也導致管理層為了功利主義動機而轉移企業控制權。中國中小板市場和創業板市場上的民營上市公司增多，上市公司企業控制權轉移過程中發揮協同效應提高企業效率、尋求公司發展的動機也逐步增大。

總之，全流通後中國市場環境、法律環境、政策環境發生了重要變化，第一大股東可能出於對公司發展判斷悲觀、獲取控制權私有收益、受國家行政干預、發揮併購協同效應、尋求公司發展機會等多種動機轉移企業控制權。

3.4.3 控制權轉移的效率

關於控制權轉移的效率研究主要集中於上市公司控制權轉移對上市公司業績的影響，存在兩種主要的觀點：一種觀點認為控制權轉移不能提高企業績效，另一種觀點認為控制權轉移能夠提高企業績效。早期國外關於控制權轉移效率的研究傾向於控制權轉移績效無效論，Herman 等（1988）的研究結果表明控制權轉移不能改善公司經營業績。在中國，部分研究文獻認為中國上市公司控制權轉移是為掠奪上市公司資源和獲取控制權私有收益，因此，控制權轉移之後，大股東利益侵占對企業績效產生了負向的作用，控制權轉移不能改善公司績效。陳信元等（1999）研究認為公司控制權轉移沒有給上市公司的股東帶來超額的回報。白雲霞等（2004）通過對控制權轉移、收購資產對控制權轉移後公司業績的貢獻和企業經營業績等研究後發現，公司控制權轉移後，如果考慮收購資產對業績的貢獻，公司的經營業績沒有得到明顯改善，如果不考慮收購資產對業績的貢獻，公司的經營業績變化則為負數。總之，控制權轉移並不能導致公司業績的改善。呂長江和宋大龍（2007）的實證結果表明，從長期來看，上市公司控制權轉移並沒有給企業績效帶來顯著的改善，奚俊芳等（2006）、肖紹平（2011）、倪君（2012）、石水準（2012）等通過研究都得出相同的結論。霍春輝、王書林（2013）研究認為國有控股上市公司通過控制權轉移實現的民營化只在短期內改善了企業績效，但並沒有真正提升企業的長期績效，國有控股上市公司的控制權轉移是無效率的。

部分文獻研究發現控制權轉移能夠帶來公司績效的改善。Healy 等（1992）發現控制權轉移能夠帶來公司經營業績的顯著提升。餘光和楊榮（2000）、張新（2003）、肖斌（2007）在早期對中國資本市場進行研究發現控制權轉移能提升公司業績。劉峰和涂國前（2013）等研究發現控制權轉移的短期市場反應顯著為正。唐英凱等（2013）認為，法律環境對控制權轉移效

率具有影響，好的法律環境能夠抑制控股股東實施侵害中小股東利益的自利行為而使控制權轉移效率更高，並且他們通過實證研究也證實中國上市公司的控制權轉移效率為正，股權分置改革改善了投資者保護法律環境，提高了控制權轉移效率。王菊仙和馬俊峰（2015）研究發現無論是短期窗口還是長期窗口，控制權轉移之後股東財富都有顯著增加，且實際控制人持股比例較高的公司，控制權轉移之後股東財富的增加明顯高於持股比例較低的公司。

事實上，單純從上市公司控制權轉移對公司財務績效的影響來判斷控制權轉移的效率是不夠全面的，得出的結論也有失偏頗。在中國集中的股權結構下，上市公司第一大股東實際掌握著公司的控制權，通過在股東大會上的投票權掌控著上市公司的董事會、管理層等決策層的人事安排，並通過董事會、管理層控制著公司的決策和日常經營。因此，第一大股東行為對上市公司公司管理層行為、生產經營會產生重要的影響。大量研究證明，中國特殊的股權結構導致了大股東治理和大小股東的代理問題，第一大股東的決策行為會對中小股東的決策產生重要影響和結果。同樣，第一大股東行為還會對政府監管、員工和其他利益相關者產生重要影響。由此可見，第一大股東控制權轉移是第一大股東在資本市場上進行產權交易的一項重大財務事件。該財務事件不可避免會對管理層、政府、員工等利益相關者產生重要影響，當然也會影響上市公司本身，其影響對象是廣泛的、影響的方式是多樣化的、導致的結果是全方位的。

3.5 控制權轉移的財務後果理論

3.5.1 財務後果的內涵

社會分工日趨細化，經濟全球化浪潮、信息化時代來臨等使社會經濟主體之間的聯繫越來越緊密，相互影響和作用越來越明顯，社會經濟主體在公司治理、公司財務治理和財務管理過程中，也必會受到內外部環境影響。當與企業有直接和間接聯繫的事件發生後，經信息的傳導，在財務運行規律的作用下，在財務內外部環境的影響下，該事件極有可能對企業的財務主體和利益相關者的財務治理行為以及從事財務管理活動、處理財務關係的行為造成一定的後果。如利率的變化對企業投資、融資管理可能產生的影響和後果，企業股權結構的變化可能引起企業公司治理、財權配置變更，或者引起企業具體的財務政策變化等。為了描述在特定財務環境下，與企業相關事件發生對企業財務主體及利益相關者的行為產生的影響及後果，研究其影響路徑，揭示其規律，並對

產生的後果進行科學治理，本書提出財務後果的概念，並將其定義為財務後果指在一定的財務環境中，與企業關聯的某一事件發生後對公司財務主體及利益相關者進行財務治理、從事財務活動、處理財務關係產生的影響及後果。

3.5.1.1 事物間聯繫的普遍性、客觀性是財務後果的形成根源

事物間聯繫的客觀性指在一定的環境中，事物之間存在著普遍聯繫，這種聯繫是客觀的，不以人的意志為轉移。邏輯上講，事物之間普遍存在因果關係、相關關係或函數關係三種關係中的一種。事物間聯繫的普遍性、客觀性是與企業具有直接和間接聯繫的事件發生後，影響財務主體、利益相關者的決策和行為，造成財務後果的根源。其原因在於：①市場經濟中不同的經濟主體之間是相互聯繫與影響的。事物或現象之間以及事物內部要素之間相互依存、相互影響、相互作用等相互關係在哲學上被稱為聯繫。唯物辯證法認為，聯繫是相互區別的具體事物、現象間的聯繫，聯繫是普遍存在、客觀存在、不以人的意志為轉移的，聯繫具有多樣性、條件性、不平衡性和可變性。在一定區域或一定行業內，不同經濟主體之間存在著聯繫，這種聯繫是客觀存在的，是具體的聯繫，不是抽象的聯繫。不同經濟主體之間的聯繫既可能是直接的，也可能是間接的；既存在偶然聯繫，也存在必然聯繫。隨著社會分工越來越細，經濟主體之間的聯繫越來越緊密，相互之間的影響程度越來越深。因此在一定的環境中，一個財務事件發生後，必定帶來相應的影響，導致一定的後果，這是一種客觀存在。當然，市場經濟中不同的經濟主體存在相互聯繫與影響並不意味著所有的經濟主體都存在相互聯繫與影響，這種聯繫和影響是一定條件下的聯繫。②企業是契約聯合體，一種契約關係的變化會產生連鎖反應。現代企業可以看作是一系列契約的聯合體，股東之間通過契約對企業進行投資，企業與管理層、員工之間通過薪酬與激勵契約進行約束。同理，企業與管理者、債權人、客戶、政府監管部門、稅收機構等之間都存在直接或間接的契約關係。企業中不同的契約主體分別都會追求自身利益最大化，每一個契約主體都會適時根據企業披露的信息對自身的利益影響進行預期，並進行決策調整。因此，當企業利益相關者中某一契約關係進行了調整與變更，將影響其他利益相關者的利益預期和決策，並最終影響其他利益相關者的利益實現，即企業相關的財務事件會對利益相關者產生財務後果。③信息在市場經濟中的作用使得某一財務事件傳遞的信息會導致結果。分工和專業化是社會經濟增長的主要動力，專業化提高了社會勞動生產率，分工擴大了生產的可能性邊界，推動了社會經濟的不斷發展。分工和專業化生產需要市場交易，信息技術的發展促進了市場經濟中交易客體不斷擴大、交易的時空範圍不斷拓展、交易的方式不斷更新。信息

在市場經濟中正發揮著越來越重要的作用，同時，企業在投資、籌資等財務決策，政府在市場監管、稅收徵收及政策調整，投資者在投資和資金回收決策，債權人在貸款投放與回收決策，管理層在管理決策等方面越來越依賴信息。但對於不同的市場主體而言，信息是不完整、不對稱的，市場上的某一事件發生後，通過信息的收集、存儲、加工和傳遞等過程，該事件有關的信息在利益相關者之間進行傳播，利益相關者接收信息後根據自身利益最大化原則對投資、籌資、監管、利益分配等決策進行調整，並導致一系列的結果，這就形成相應的財務後果。

3.5.1.2 財務本質論是財務後果的邏輯起點

財務本質是財務管理基本理論的重要組成部分，是研究財務問題的邏輯起點。中國學者有關財務本質的研究，早期觀點有貨幣收支活動論、貨幣關係論、分配關係論、資金運動論、價值運動論等。貨幣收支活動論源於20世紀40年代的蘇聯，此觀點認為財務是客觀存在於企業生產經營過程中的貨幣資金運動，該理論單純地把財務活動理解為貨幣資金活動，忽視了非貨幣性的財務運動，縮小了財務本質的內涵。貨幣關係論由蘇聯學者日夫加克提出，該理論認為企業、聯合公司和國民經濟各部門財務是一種特定的貨幣關係體系。貨幣關係論較貨幣收支活動論有一定突破，但將作為商品一般等價物的貨幣用來說明財務的本質，使財務的本質概念模糊了。分配關係論是20世紀80年代中國學者王廣明等提出的一種理論，該理論認為企業財務的實質是以社會主義企業為主體所進行的微觀價值分配活動，以及這種活動中形成或體現的經濟關係。資金運動論由中國學者邢宗江等提出，該觀點認為財務是企業或單位的資金運動及其所體現的經濟關係，企業或單位的資金運動被稱為財務活動，資金運動所體現的經濟關係被稱為財務關係。價值運動論出現在20世紀80年代末，是針對資金運動論提出來的，該觀點認為社會主義財務的本質是微觀經濟活動中價值運動的一種形式，它體現著社會主義經濟關係。

近年來，一些文獻在吸收、批判早期有關財務本質理論觀點基礎上，結合財務實踐活動，提出了本金投入收益論（郭復初，1997）、財權流論（伍中信，2006）、資本生產力論（劉博，等，2009）等。郭復初教授提出了投入收益論，他在將資金區分為本金和資金的基礎上提出：「財務是社會再生產過程中本金的投入與收益活動，並形成特定的經濟關係」，這種觀點突出了財務的經濟屬性，也規範了財務關係的範圍。伍中信以產權經濟學為切入點研究財務本質，他提出財務管理不是簡單的對資金運動的管理，而是借助資金運動的管理實現產權管理，是價值與權利的結合；財務的本質是財權，是財力與相應的

權力之和。劉博、干勝道認為財務的核心要素是資本，資本具有二重性，財務也有二重性，財務管理體現技術性，財務關係體現社會性，技術性與社會性都服務於為股東創造價值，即資本要產生生產力，他們認為財務的本質是資本的生產力。

財務本質研究回答了財務是什麼的問題，揭示了企事業單位客觀存在的資金及運動的內在規律。財務管理就是財務主體根據財務本質，按照資金及運動規律，對財務活動或行為進行管理，並協調各方利益，實現管理目標。在實際的財務活動中，由於環境的複雜性、變化性，財務主體對財務活動管理的主觀能動性，資金運動的客觀規律等的共同作用，財務主體對企業資金實施管理、協調各方利益，經過資本配置、財務關係安排、財權配置、價值創造與分配等行為又會對資金運動產生結果。因此，財務本質，即企業資金運動的規律制約著財務管理的結果，財務主體的財務管理活動又會反作用於企業的資金運動走向，對資金運動形成一個後果，財務本質為財務後果提供了邏輯起點。

3.5.1.3 財務後果由企業面臨的財務環境影響產生，可能契合企業財務目標，也可能偏離財務目標

根據系統論的觀點，環境是存在於系統之外，對系統有影響作用的一切系統總和。財務環境指存在於企業財務管理系統之外，對企業財務管理產生影響的企業內外部作用因素的總稱，是企業財務管理面臨的特定時空範圍。一般來講，財務環境包括內部環境和外部環境。楊淑娥（2008）指出，企業組織形式的確定、公司治理制度的安排和財務管理體制模式的選擇為企業財務運行機制奠定了良好的基礎和內生活力，創造了企業財務管理內部環境的主要方面；而企業的外部環境是存在於企業外部，對企業財務管理行為產生導向作用的經濟環境、社會環境、法律環境、稅收環境、金融環境、資本市場等。

財務主體在特定的財務環境下進行財務治理，從事財務活動，處理財務關係，根據企業面臨的財務環境選擇財務行為，實現財務目標。但不論是內部環境，還是外部環境，都不是一成不變的，變化是財務環境的基本特點。財務環境的變化，如企業投資者的變更、企業生產形式變化等微觀環境的變化，如經濟體制的變革、利率的變化等宏觀環境的變化，將影響財務主體的行為。具體來講，將影響財務主體在從事融資、投資、資本營運、分配等財務活動，處理與債權債務人、政府等利益相關者的關係時的行為，進而對財務主體和利益相關者產生一定的後果，這種後果可能契合財務目標，促進財務目標的實現，也可能偏離財務目標。

3.5.2 財務後果的分類

根據不同的分類方法和分類原則，本書對財務後果進行如下分類：

（1）按財務事件對利益相關者和公司的決策和財務利益的影響方式分類，將財務後果分為直接財務後果和間接財務後果。直接財務後果指財務事件的發生，對有直接財務利益關係的公司股東、管理層、監管機構、稅務部門、供應商、員工等利益相關者和公司的決策、財務利益產生的影響；間接財務後果指財務事件發生後，通過利益相關者、公司對其他沒有直接財務利益關係的個人和團體、組織產生的影響。例如，上市公司控制權轉移後，影響被轉移上市公司的市場規模、產品質量等，進而對具有競爭關係、相關關係等類型的公司的決策、價值、業績等造成的連鎖反應。

（2）按財務事件是否提升利益相關者和公司財務利益，將財務後果分為積極的財務後果和消極的財務後果。積極的財務後果指財務事件的發生能增加股東、管理層、員工、供應商等利益相關者的財務利益，提升公司的市場價值、社會影響和經營業績等，減少信息不對稱帶來的決策失誤。消極的財務後果指財務事件發生後降低了利益相關者的財務利益，或對公司市場價值、社會影響、經營業績產生了負面影響。

（3）按財務事件影響的對象，可將財務後果分為內部財務後果和外部財務後果。內部財務後果指財務事件對公司的現有股東、管理層、員工及公司本身產生的財務後果；外部財務後果指財務事件對公司的潛在投資者、與公司業務相關的其他企業、監管層、稅務部門或其他有競爭或合作關係的公司等產生的財務後果。

不同的財務後果分類方式有利於準確判斷出財務事件發生後影響的相關利益群體，以及影響決策和財務利益的程度、方式，找出應對的措施和解決的方案。

3.5.3 財務後果與財務目標

財務目標是企業財務基礎理論的重要內容，是企業從事財務活動、處理財務關係期望達到的目的和境界。目前中國學術界對財務管理的目標存在的主要觀點有利潤最大化、每股淨利最大化、每股經營活動現金淨流量最大化、自由現金流量最大化、股東財富最大化、利益相關者最大化等。于勝道（2014）認為：從財務活動的視角來講，財務目標應追求效率，即在資源約束條件下盡可能多地為股東創造財富；從財務關係的角度出發，財務目標應追求和諧，即

要兼顧股東之外利益相關者的合法利益。由以上對財務目標的理論研究及結論可以看出，財務目標是企業從事財務活動、處理財務關係的主旨和行動方向，是對財務管理的終極目的的一種抽象化、理論化的概括。財務後果是由於某一具體的、與企業有直接或間接關聯的事件發生後，財務主體在企業資金運動規律的支配下，在特定財務環境的影響下，做出的對公司治理、公司財務治理的制度和政策的改變，實施的財務管理活動、處理財務關係的具體行為，並產生的具體結果。由此可見，財務後果是財務事件發生後，引起的財務治理和財務管理的政策、措施實施後的具體結果。

3.5.4 財務後果與經濟後果

經濟後果學說是一種關於財務報告的產生和披露規範的假說，是與認為「會計準則是一種純客觀的技術規範」的技術說相對應的一種假說。Zeff（1978）將經濟後果定義為會計報告對投資者、企業、政府、工會、債權人等所產生的決策影響，他認為會計報告能影響相關人員做出決策，而不僅是簡單反應決策的結果，且這種影響往往伴隨財富的轉移和經濟利益的重新分配。會計政策之所以會影響經理人員的決策行為，產生經濟後果，主要是公司盈利常被用作制定企業各種契約的依據。Scott（1997）在其著作《財務會計理論》中將經濟後果定義為：不論證券市場理論的含義如何，會計政策的選擇會影響公司的價值。因此，會計準則的制定往往演化成各利益集團最大化自身利益而進行的一種政治博弈。

從定義上看，財務後果和經濟後果描述的都是兩種經濟現象或經濟行為相互依存的關係學說，不同的是，經濟後果描述的會計準則的選擇和財務報告（主要是三大會計報表及產生過程）的結果對利益相關者決策的影響和產生的相關利益結果。財務後果主要描述與企業相關的財務事件（如資產重組、控制權轉移、管理層變更等）披露後對利益相關者決策的影響以及由此導致的與該利益相關者有關的財務結果。

3.5.5 財務後果與信號傳遞

信號傳遞理論認為，由於信息的不對稱，公司通過利潤宣告、股利宣告、融資宣告向外部投資者或其他信息使用者傳遞公司內部信息。Pettit 指出管理當局可以將股利政策作為向市場傳遞其對公司未來收益預期的一種隱性手段。Ross 指出公司管理層擁有公司內幕信息，外部投資者只能通過管理層披露的信息來判斷公司價值，因此，管理層會把資本結構和股利政策等內部信息作為

一種信號傳遞給市場。信號傳遞理論研究主要朝兩個方面發展，一是文獻通過大量實證研究來證實股利具有信號傳遞作用，二是文獻主要著手構建信號傳遞模型。由此可見，信號傳遞理論只研究企業股利分配、融資信息兩個有關的財務事件對利益相關者的決策影響以及後果，而財務後果是在信息不對稱條件下，研究有關公司所發生的所有財務事件中有聯繫的具體現象之間的相互影響和依存關係。

3.6　本章小結

　　本章對支撐第一大股東控制權轉移的財務後果研究的理論從公司控制權理論、第一大股東治理理論、委託代理理論、控制權轉移理論、財務後果理論等幾個方面進行了較為深入的研究。①公司控制權理論認為公司控制權是以權利為基礎的一系列權力束，公司控制權的主要功能在於節約交易成本、創造和分配租金。從理論上講，物質資本與人力資本都應成為企業控制權的來源，但從中國現階段控制權來源實踐來看，企業控制權主要由物質資本所有者掌握，物質資本所有者主要通過增減持股份、變更第一大股東地位，實現控制權的轉移。公司控制權具有非對稱性、收益性、依賴性、可轉移性等特點。②第一大股東治理理論認為第一大股東在節約交易費用方面發揮著重要作用，一方面，第一大股東能制定高效決策、降低公司締約成本，對管理層實施有效監督，降低市場型交易費用和管理型交易費用，緩解第一類代理成本；另一方面，第一大股東也有動機利用控制權獲取控制權收益，侵害其他相關者利益，監管部門不得不加大監管力度，從而增加管理型交易費用和政治型交易費用。第一大股東治理對公司治理效率發揮著正反兩方面的作用，第一大股東治理有利於解決所有權與控制權相分離引致的代理問題，能有效實現相互監督，也能提高決策效率，提升公司價值；但股權過度集中的第一大股東治理可能削弱證券市場對管理層的監督作用，導致大股東獲取控制權私有收益而侵害相關者利益，使中小股東喪失監督積極性等，從而對公司治理造成負面影響。③在分散股權下，所有者和管理層利益函數不一致導致了兩者間的代理問題，但研究發現大多數國家存在股權集中現象，當公司存在一個或少數幾個持股比例很大的股東時，大股東利用股權優勢，有意或無意剝奪了中小股東對公司的管理和監督權，對管理層進行監督，這在一定程度上緩解了所有者和管理層之間的代理問題，但大小股東利益也不一致，這就產生了大股東與中小股東間的委託代理問題，委

託代理理論為本書提供了理論基礎。④全流通後中國市場環境、法律環境、政策環境發生了重要變化，第一大股東可能出於對公司未來發展判斷悲觀、獲取控制權私有收益、受國家行政干預、發揮併購協同效應、尋求公司發展機會等多種動機轉移企業控制權。⑤當與企業有直接和間接聯繫的事件發生後，經信息的傳導，在財務運行規律的作用下，在企業面臨財務內外部環境的影響下，該事件極有可能對企業的財務主體和利益相關者從事財務管理活動、處理財務關係的行為造成一定的後果。為了描述在特定財務環境下，與企業相關的事件發生對企業財務主體及利益相關者的行為產生的影響及後果，研究其影響路徑，揭示其規律，並對產生的後果進行科學治理，本書提出財務後果的概念，並將其定義為：財務後果指在一定的財務環境中，與企業關聯的某一事件發生後對公司財務主體及利益相關者進行財務治理、從事財務活動、處理財務關係產生的影響及後果。事物間聯繫的普遍性、客觀性是財務後果形成的根源，財務的本質是研究財務後果的邏輯起點，財務後果受企業面臨的財務環境的影響，可能契合企業財務目標，也可能偏離財務目標。在對財務後果的概念進行理論分析後，本書按不同的分類方法對財務後果進行了分類，探究了財務後果的外延。此外，本書認為財務後果不同於財務目標，它是實施財務管理活動後的一種具體結果。財務後果理論與經濟後果假說、信號傳遞理論既有區別也有聯繫。

4 第一大股東控制權轉移的概念框架

4.1 第一大股東控制權轉移的內涵與方式

4.1.1 第一大股東控制權轉移的內涵

4.1.1.1 第一大股東與控股股東

要準確把握第一大股東的概念，首先要瞭解相關法律法規和規章制度是如何界定大股東概念的。大股東是指擁有股票占比較大的股東，它表示該股東與其餘的股東相比，股票占比最大。在公司股權結構中，大股東是一個較為模糊的概念，散見於一些法律法規和制度中。《中華人民共和國證券法》（2014年修訂版）第八十六條規定：「投資者持有或者通過協議、其他安排與他人共同持有一個上市公司已發行的股份達到5%時，應當在該事實發生之日起3日內，向國務院證券監督管理機構、證券交易所作出書面報告，通知該上市公司，並予公告……」；《公開發行證券的公司信息披露內容與格式準則第一號——招股說明書》（證監發行字〔2006〕5號）第三十五條在對發行人信息披露時作出規定：「發行人應披露持有發行人5%以上股份的主要股東及實際控制人的基本情況」；上海證券交易所2017年5月27日發布的《上海證券交易所上市公司股東及董事、監事、高級管理人員減持股份實施細則》第二條規定：「大股東減持，即上市公司控股股東、持股5%以上的股東（以下統稱大股東），減持所持有的股份，但其減持通過集中競價交易取得的股份除外……」另從許多法律法規和規章制度中可以看出，持有公司股份比例占總股本5%以上的股東可以被認定為大股東，因此，本書將持有上市公司股份比例在5%及以上的股東稱為上市公司的大股東。所以，顧名思義，第一大股東就是持有公司發行在外股份數量大於其他任意單一股東持有本公司股份數量的大股東。

根據公司法律法規、公司制度等的規定和資本市場的相關規則，控股股東

是指能夠單獨或與一致行動人聯合對公司事務作出最終決策或影響最終決策結果的股東。一些文獻研究控制權問題時常常使用控股股東的概念，相關法律法規和規章制度也有對控股股東概念的界定。《中華人民共和國公司法》（簡稱《公司法》）（2014年修訂版）第二百十一七條釋義：「控股股東，是指其出資額佔有限責任公司資本總額百分之五十以上或者其持有的股份占股份有限公司股本總額百分之五十以上的股東；出資額或者持有股份的比例雖然不足百分之五十，但依其出資額或者持有的股份所享有的表決權已足以對股東會、股東大會的決議產生重大影響的股東。」《上市公司章程指引》（中國證券監督管理委員會公告〔2014〕47號）第一百九十二條對控股股東的含義解釋為：「持有的普通股（含表決權恢復的優先股）占公司股本總額50%以上的股東」或「股份的比例雖然不足50%，但按照持有的股份所享有的表決權，能夠對股東大會的決議產生重大影響的股東」。事實上，自2006年版《公司法》對控股股東進行定義之後，相關法規及規範性文件均與其保持了一致，即：控股股東指持有的股份占公司股本總額50%以上的股東（通常稱為絕對控股股東），或持有股份的比例雖然不足50%，但按照其持有上市公司的股份所享有的表決權已足以對股東大會的決議產生重大影響的股東（通常稱為相對控股股東）。

根據中國實際情況，本書在研究控制權轉移財務後果及相關問題時，對第一大股東和控股股東兩個概念不予區分，理由如下：如果第一大股東持股比例大於50%，其理所當然是上市公司的控股股東；如果第一大股東持有股份的比例不足50%，依據相關規定，其根據股份比例或約定投票權，只要能對股東大會的決議產生重大影響，仍是上市公司的控股股東。筆者查詢了中國資本市場上市公司的大股東相關信息，結果顯示，中國資本市場中上市公司股權結構普遍較為集中，第一大股東單獨或與一致行動人聯合足以對公司形成有效控制。

4.1.1.2 第一大股東控制權轉移的內涵

第一大股東控制權是和控股權密不可分卻又有所區別的一個概念。控股權是一個法律概念，徐曉松（1998）認為控股是指持有上市公司股份達到一定比例，足以支配和控制其經營的狀態，控股的主體可能是自然人投資者，也可能是法人投資者。從控制方式上講，可以是股份控制，也可以是合同控制或其他方式。根據伯利（Berle）和米恩斯（Means）的觀點，公司的控制權分為私人控制、多數股份控制、少數股份控制和經營者控制。由此可見，公司控制權的主體可能是公司的股東、股東大會，也可能是董事會或者管理層。按照法律對股東大會決議事項的多數股份票決原則，股東只能通過股東大會上的投票表決權來間接控制公司。股東能否擁有公司的控制權，主要取決於他所掌握的

股東大會的投票表決權是否決定公司大多數董事會的人選。在中國，上市公司股權集中現象較為普遍，這使大股東、特別是第一大股東擁有的股東大會投票權決定公司管理層人選成為可能。從中國公司治理實踐來看，大多數公司能通過股份控制的方式擁有公司控制權。

本書將第一大股東控制權等同於控股權，一是因為在中國現實的公司治理中，絕大多數公司的控制權表現為直接或間接擁有企業半數以上（或數額相對最大）的具有表決權的股份，並通過這種表決權來決定公司決策層人員，進而決定公司的經營方針、經營活動以及利潤分配等方面。二是因為即使第一大股東擁有最多股份但沒有掌握實際的控制權，外部信息使用者也無法從公司公開披露的信息中作出判斷。

基於以上分析，本書對第一大股東控制權轉移作出界定：第一大股東控制權轉移指上市公司原第一大股東將其所持有股份（含披露的一致行動人持股數）通過一定的方式（包括無償劃撥、司法裁定、司法拍賣、大宗交易、協議轉讓等）轉讓給新的持股主體，轉讓股份後不再是公司第一大股東，不能對公司實施控制的行為。

4.1.2 第一大股東控制權轉移的方式

綜合國際資本市場和中國資本市場的控制權轉移情況，第一大股東控制權轉移可能採用的方式包含：

第一，二級市場直接交易。其指股權賣出方直接在二級市場上賣出上市公司一定數量或比例的流通股份轉移控制權，或股權購買方直接在二級市場上收購上市公司一定數量或比例的流通股，進而成為上市公司大股東且獲取控制權的行為。二級市場直接交易方式轉移上市公司的控制權是成熟的資本市場上企業控制權轉移的通行做法。

第二，協議轉讓。其指股權交易雙方通過談判的方式確定股權轉讓的價格、數量、交割日以及雙方權利義務等內容，在股權交割日按期交割股權，實現控制權轉移的行為。在集中股權結構下，新的第一大股東要想取得上市公司的控制權，一般需與原第一大股東協商並簽署股權受讓協議，方可實現控制權轉移。協議轉讓的優點是可在一次性交易中更加直接和迅速地完成控制權的變更，使新的第一大股東能在較短時間和更大範圍內有效優化資源，盡快實現協同效應，提升企業價值。

第三，無償劃撥。其指政府或主管部門（在中國一般是各級國資委）將持有的國有性質的股份在國有投資主體之間進行劃撥，交易雙方不需支付股權

轉讓對價的行為。在存在國有股權的上市公司中，政府或主管部門為了改善公司業績，擴大公司規模或實現產業合併、重組等原因，通過行政手段將企業的股權無償轉讓給他方，從而實現控制權的轉移。無償劃撥的實質是一種政府主導的控制權轉移行為。

第四，經司法程序後轉移。司法程序指原有第一大股東因債權債務、婚姻狀況變更、繼承等原因，通過司法機關履行一定的司法程序後，將其股權轉移給他方，實現控制權轉移的行為。一般有以下幾種形式：①司法裁定、拍賣實現控制權轉移。當上市公司原來的大股東無法償還債權人債務時，債權人向法院申請對負有償債義務的股東持有的上市公司股權或資產進行裁定或拍賣來抵債，導致企業控制權的轉移。②法定繼承，指原自然人第一大股東身故，法定繼承人繼承股份後導致企業控制權轉移。③婚姻關係破裂析產，指原自然人第一大股東因婚姻關係破裂，對其持有上市公司股份進行司法分割後導致企業控制權轉移。

第五，委託管理。其指在中國股權轉移實行審批制的情況下，新股東在有關各級管理機構批文下來前提前介入上市公司管理、整合以及其他實質性重組工作的過渡階段。從本質上說，委託管理是在中國特殊的經濟體制下股權轉移的準備狀態，不是真正意義上的企業控制權轉移。

第六，股東非同比例增資。其指上市公司部分大股東或新投資者對上市公司進行註資或購買其非公開發行股票，引起公司原有股東持股比例的變化，進而導致企業控制權變更。例如，增資前原第一大股東持有上市公司30%股權，其他投資者對上市公司增資後持股占比35%，成為持股第一的大股東，原第一大股東未參與增資，持有股份比例被稀釋為20%，非同比例增資導致企業的控制權發生了轉移。非同比例增資不同於股權轉讓：第一，非同比例增減資是目標上市公司與原有股東或新的投資人發生關係，目標上市公司發行新股份，原有股東或新投資購買其發行的股份。股權轉讓是股東之間或者是投資人之間進行的股權交易，是公司的股東出讓股權，受讓方向出讓方支付股權對價款。第二，非同比例增資會影響上市公司的註冊資本，一般表現為註冊資本的增加。股權轉讓不會影響目標上市公司的註冊資本，不會引起上市公司註冊資本的變化。

4.2 全流通後第一大股東控制權轉移方式的特徵

4.2.1 方式多樣化

中國企業的控制權轉移方式與中國資本市場的發展歷程緊密相關。股權分置改革前，制度原因導致上市公司的股票被人為劃分為流通股和非流通股，擁有控制權的第一大股東持有的股票一般為非流通股，不能在二級市場上自由交易，此時第一大股東轉移控制權一般只能通過協議轉讓的方式或無償劃撥的方式進行。股權分置改革改變了中國股權割裂的狀況，所有股東持有的股份都可在二級市場上進行交易，擁有控制權的第一大股東可按照國際市場上慣用方式轉移企業控制權；同時，由於中國國有經濟占主導地位的特殊經濟體制和國有股權占公司股權比例較大的股權結構特點，擁有控制權的第一大股東有時可能在政府的主導下轉移企業控制權。由此，在全流通市場條件下，第一大股東可以通過以下方式進行控制權轉移：①直接在二級市場交易；②協議轉讓；③無償劃撥；④司法程序；⑤委託管理；⑥非同比例增資。

全流通後，第一大股東變更、轉移控制權的方式呈現多樣化趨勢，由於判別標準不統一，不同的數據庫統計出來的涉及第一大股東變更、轉移控制權的上市公司數量存在一定差異，這為樣本數據的收集和確定帶來很大難度，也在一定程度上影響了研究的準確性。本書通過查詢巨潮資訊網、中國證券報、上海證券報等官方指定上市公司信息披露媒體和國泰安 CSMAR 數據庫、Choice 數據庫、東方財富網等，並對數據進行綜合分析，結合研究目的，最終確定了 2012—2016 年期間發生了第一大股東變更、轉移公司控制權事件的 175 家上市公司為研究樣本（後面章節分析的數據也以此為依據，在此予以說明）。其中，通過集合競價、大宗交易、協議轉讓等方式轉移控制權的企業有 152 家，司法裁定和司法拍賣償債方式轉移控制權的企業有 8 家，國有資產無償劃撥方式轉移控制權的企業有 9 家，婚姻關係變更導致家庭財產分割、原有第一大股東去世後財產繼承導致控制權轉移的企業有 6 家。樣本企業第一大股東控制權轉移方式呈現多樣化趨勢。

4.2.2 以有償轉讓為主，無償轉讓為輔

從第一大股東轉讓股份、轉移控制權時是否需支付對價角度，可將企業控制權轉移分為有償轉讓和無償轉讓。集合競價、大宗交易、協議轉讓、司法裁

定、司法拍賣等方式轉讓股份、轉移控制權，屬於有償轉讓企業控制權；國有資產無償劃撥、婚姻關係變更析產、股份繼承等方式導致企業控制權轉移屬於無償轉讓企業控制權。本書考察了 2012—2016 年第一大股東控制權發生轉移的 175 家樣本企業，通過集合競價、大宗交易、協議轉讓等方式轉讓股份的企業有 152 家，通過司法裁定和司法拍賣償債方式轉讓股份的企業有 8 家，合計通過有償方式轉移控制權的上市公司共計 160 家，占樣本比例為 91.43%。通過國有資產無償劃撥方式轉移控制權的企業有 9 家，婚姻關係變更導致家庭財產分割、原有第一大股東去世後財產繼承導致控制權轉移的企業有 6 家。因此，以無償方式轉移控制權的上市公司共計 15 家，占樣本比例為 8.57%。見圖 4-1。

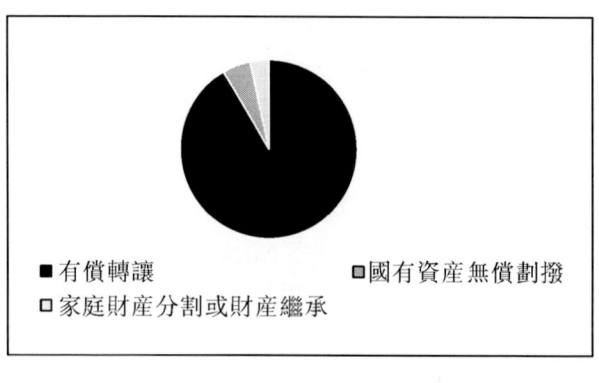

圖 4-1　2013—2016 年第一大股東控制權變更方式及比例

以上數據表明，中國目前的第一大股東控制權轉移主要以有償轉讓為主，無償劃撥為輔，下面將對此狀況進行理論分析。在市場經濟條件下，上市公司主要以利益最大化為決策依據，本書假設大股東投資決策按經濟價值最大化原則進行，企業現有價值為 V，原第一大股東預期企業未來新增價值為 V_1，新投資者預期企業未來新增價值為 V_2，企業控制權轉移價格為 P，在風險中性的情況下，原第一大股東的效用為 $f(x_1) = P - V - V_1$，新投資者的效用為 $f(x_2) = V_2 + V - P$，企業控制權能實現轉移的條件為 $f(x_1) \geq 0$、$f(x_2) \geq 0$、$P \geq V$，即 $V + V_1 \leq P \leq V + V_2$ 且 $P \geq V$。如果公司現有價值較大，原第一大股東對公司未來的預期好於新投資者，企業控制權一般不會轉移；如果公司現有價值較低，新投資者通過掌握的信息對公司未來的預期可能優於原第一大股東，此時，新投資者願意付出一定的成本獲取企業控制權，企業控制權發生轉移。根據企業控制權轉移條件，則有 V 大於 0，P 大於 0，即在經濟價值最大化決策原則下，只要企業控制權發生轉移，轉移價格一定大於 0，企業控制權無償轉

移方式一般不會發生。但是由於中國特殊的經濟體制，政府主導的企業的控制權轉移可能是為了實現某種非經濟利益目的，才導致無償轉讓的企業控制權轉移方式，而隨著市場經濟的發展，以非經濟利益的目的的企業控制權轉移活動將會越來越少。所以，全流通後企業控制權轉移的方式主要以有償轉讓方式為主，無償轉讓方式為輔。

4.2.3 證券市場進行股權交易為主，非市場交易為輔

第一大股東通過二級市場直接交易、協議轉讓、司法拍賣三種方式轉移控制權都是以市場交易為基礎的股權交易形式，而無償劃撥、委託管理和司法裁定、離婚股份離析、繼承等方式導致企業控制權轉移都不以市場交易為基礎。按是否通過市場交易對樣本企業控制權轉移進行分類，結果如下：採用股東減持、協議轉讓、司法拍賣等市場交易方式轉移控制權所涉上市公司共155家，占比88.57%；通過無償劃撥、司法裁定、離婚股份離析、繼承等非市場交易方式轉移企業控制權所涉上市公司20家，占比11.43%。全流通後第一大股東控制權轉移主要以市場交易方式為主，非市場交易方式為輔。在市場交易方式轉移控制權企業中，第一大股東主要通過協議轉讓、競價交易和大宗交易平臺等途徑進行減持，轉移控制權，其中協議轉讓104家，集合競價和大宗交易平臺減持轉讓48家，司法拍賣3家。探究其原因，可能主要是因為第一大股東減持的數量較大，不能直接一次性將股份賣給一般投資者，否則會引起公司股價的大起大落，對中小投資者利益造成損失，也會對自身利益產生不利影響。

4.3 第一大股東控制權轉移的財務後果

4.3.1 第一大股東控制權轉移的財務後果的內涵

股權結構是股份公司總股本中不同性質的股份所占的比例狀況，反應股東的構成情況。公司治理是一系列的制度安排，是由股東大會、董事會、管理層等組成的一種組織機構，該組織機構內部系統相互牽制和約束，形成有效的制衡機制，共同作用於規範企業相關者利益、實現企業價值最大化。公司的股權結構決定著公司治理模式的選擇，其作用機制主要體現在：一是股權結構決定著公司內部治理的構成。公司的股權結構是所有者構成的反應，公司股東大會的組成由股權結構決定，受法律和規則的影響，董事會、監事會、經營層的構成也由股權結構決定。公司內部治理是否完善主要是看股東大會、董事會、監

事會和經營層等組織機構的權力分配是否適當、職能是否完善、決策及執行流程是否順當。二是股權結構影響公司外部治理機制作用的發揮。如果股權結構畸形，過度分散或集中的股權結構都會使得控制權市場和經理人市場等外部治理機制難以發揮作用。三是股權結構決定公司治理的重點。分散股權結構公司治理的重點是規範經理人的行為，集中股權結構的治理重點在於限制大股東的權力，保護中小股東的利益。四是股權結構決定公司治理的模式。股權結構中不同所有者具有不同的風險偏好，會選擇不同的投資組合，並帶來上市公司及利益相關者的不同權利義務安排，形成公司治理的多樣化，也就是說公司治理模式的選擇在一定程度上由股權結構決定。

　　股權結構同樣決定著財務治理和財務管理，公司財務治理是公司治理的核心組成部分，是公司財權配置的一種制度安排，包括財務決策機制安排、財務監督機制安排和財務激勵機制安排。在不同的股權結構下，財權配置的主體存在差別。分散股權的財權配置主體傾向於公司的經營層，權利核心是董事會，主要以外部控制為主；集中股權結構的財權配置主體傾向於出資人（股東），該類型下財權配置的權力實際掌握在具有控制權地位的大股東手中，主要以內部監控為主。財務管理是一種運行機制，是公司經營者根據財務管理的原則，從事財務活動，處理財務關係的一項經濟管理工作，其目標是公司價值最大化。股權結構決定了財務治理模式，在特定的財務治理模式下，財務管理體制、財務的分層管理和具體的制度也會一併確定（楊淑娥，2008）。由此可見，公司股權結構標誌著公司的不同投資者享有公司的權利分佈，不同的權利分佈導致了不同的公司治理、公司財務治理模式和財務管理運行機制。就上市公司而言，在不同的股權結構條件下，公司治理、財務治理具有不同的治理效應，公司財務管理運行後會產生不同的效果，股權結構的變動會影響治理效應的結果。在中國高度集中的股權結構下，第一大股東在公司治理中的特殊地位和作用，使其在公司的財權配置、利潤分配、經營方針等方面具有決定性的作用。第一大股東變更、控制權轉移改變了公司的股權結構，將引起公司治理、公司財務治理的制度和政策變化，會改變公司財務管理的運行機制，這些改變必將對上市公司及利益相關者造成一定的後果，並可能將這種後果傳導到整個市場。

　　綜上，本書將第一大股東控制權轉移的財務後果定義為：在一定的財務環境下，第一大股東控制權轉移，引起財務主體和利益相關者在公司治理、公司財務治理的政策和制度變化，導致其在財務管理活動、處理財務關係的運行機制改變，並對整個市場、上市公司和利益相關者造成的影響和結果。第一大股

東控制權轉移的財務後果既指第一大股東控制權轉移對股東、管理者、企業等利益相關者和上市公司本身的決策過程的影響，也指第一大股東控制權轉移事件對整個市場、上市公司以及股東、管理者、企業等利益相關者造成的最終影響狀態，即結果。

4.3.2 第一大股東控制權轉移的財務後果的表現形式

4.3.2.1 對企業本身的影響

第一大股東控制權轉移事件對所涉上市公司本身的影響主要表現在外部影響和內部影響兩個方面。外部影響主要表現為公眾通過對控制權轉移事件所隱含信息，進而對公司未來現金流、未來公司價值進行綜合判斷，最終表現為資本市場上公司的股票價格走勢和成交量變化，即控制權轉移事件對公司股價的市場反應。內部影響主要表現為控制權轉移事件發生後公司治理、公司財務治理和公司財務管理等方面可能引起的變化，最終影響公司新增或減少的資產、所有者權益、利潤或淨現金流等的數量。

4.3.2.2 對管理層的影響

隨著現代企業制度的建立和公司所有權與經營權的分離，公司的管理層接受所有者對公司財產經營權的委託，全權負責公司的經營管理，形成委託代理關係。公司所有者通過一系列的決策、激勵和監督機制對管理層的經營管理行為進行評判，如果所有者對經營者的激勵和監督存在不相容現象，也會導致經營者的道德風險和逆向選擇。管理層出於自身利益最大化的考量，在控制權轉移過程中，可能迎合或者抵抗控制權轉移，在第一大股東控制權轉移事件發生後，利用掌握的信息優勢作出盈餘管理、財務詐欺、利潤操縱等有利於自身的行為，以爭取留任或獲得離職前的高額薪酬。所有者也會利用掌握的企業投票權，作出委派代表自己利益的管理層、原有管理層更換、薪酬激勵等一系列與管理層相關的激勵、懲罰與監督措施。

4.3.2.3 對潛在和現實投資者的影響

上市公司在股票市場上的價值取決於投資者在二級市場上交易的熱情，企業維護投資者關係的核心是企業披露的有關公司的財務信息，以及投資者如何解讀披露的財務信息，進而作出投資決策。第一大股東控制權轉移事件發生後，企業對外披露該事件，投資者和潛在投資者必將對該信息進行解讀之後作出投資、退出投資或觀望等決策，具體表現為增持公司股份、減持公司股份或觀望公司的市場表現。

4.3.2.4 對政府的影響

政府的嚴格監管是保障上市公司財務信息披露質量的重要措施之一。第一

大股東控制權轉移事件對政府導致的財務後果之一就是政府如何規範和監督上市公司對所發生的控制權轉移事件進行及時、真實、有效的披露，既保證外部信息使用者能及時掌握上市公司所發生的控制權轉移事件，也不會讓上市公司因財務信息披露過度而產生不必要的成本費用。控制權轉移事件對政府造成的財務後果還表現為其對政府稅收、會計準則制定及使用、宏觀經濟政策等方面的影響。

4.3.2.5 對員工等其他利益相關者的影響

第一大股東控制權轉移事件發生後所披露的信息是一種公共物品，該信息一經披露，不僅投資者、管理層、政府等使用者會獲取信息，而且企業的競爭對手、客戶、供應商、員工等其他利益相關者也可無代價地獲取信息。與控制權轉移事件有關的信息也會影響他們的投資、信貸、材料供應、信用政策等決策。

4.4　本章小結

本章重點構建第一大股東控制權轉移的概念框架，內容包括：第一大股東控制權轉移的內涵與方式，第一大股東控制權轉移的特徵，第一大股東控制權轉移的財務後果等。第一大股東控制權轉移指上市公司原第一大股東將其所持有股份（含披露的一致行動人持股數）通過一定的方式（包括無償劃撥、司法裁定、司法拍賣、大宗交易、協議轉讓等）轉讓給新的持股主體，轉讓股份後不再是公司第一大股東，不能對公司實施控制的行為。全流通後，第一大股東控制權轉移呈轉移方式多樣化、以有償轉移為主、通過市場交易方式轉移控制權的特點。股權結構決定著公司治理模式、公司財務治理模式和財務管理運行機制，在不同的股權結構條件下，公司治理、財務治理具有不同的治理效應，公司財務管理運行後會產生不同的效果，股權結構的變動會影響治理效應的結果。第一大股東變更、控制權轉移改變了公司的股權結構，將引起公司治理、公司財務治理的制度和政策變化，會改變公司財務管理的運行機制，這些改變必將對上市公司及利益相關者造成一定的後果，並可能將這種後果傳導到整個市場。據此，本書歸納了第一大股東控制權轉移財務後果的定義：在一定的財務環境下，第一大股東控制權轉移，引起財務主體和利益相關者在公司治理、公司財務治理的政策和制度變化，導致其財務管理活動、處理財務關係的運行機制改變，並對整個市場、上市公司和利益相關者造成的影響和結果。第

一大股東控制權轉移的財務後果既指第一大股東控制權轉移對股東、管理者、企業等利益相關者和上市公司本身的決策過程的影響，也指第一大股東控制權轉移事件對整個市場、上市公司以及股東、管理者、企業等利益相關者造成的最終影響狀態，即結果。

5 第一大股東控制權轉移現狀

5.1 股權分置改革後法律、法規、規章制度對大股東股權交易的約束性規定

5.1.1 股權分置改革後監管部門頒布的規範大股東減持的部分法律法規及管理制度

不管控制權轉移的具體表現方式如何，控制權轉移的實現總是通過原有股東減持股份，新股東獲得股份來實現的。股權分置改革前，中國資本市場上市公司的股份分為流通股與非流通股，當時的大股東一般是國有股東和法人股東，所持有股份大多屬於非流通股，不能在二級市場上進行交易，大股東要減持所持股份，只有通過協議轉讓的方式進行，且受到國家相關監管部門的嚴格監管。

2005年，中國啟動股權分置改革，非流通股份通過支付對價等方式實現股份全流通。至2006年年底，滬深兩市大多數公司基本完成了股權分置改革，大股東持有股份限售股解禁後逐漸可以在資本市場上進行股權交易。由於地位特殊，監管部門一直非常重視對大股東股權交易行為和控制權轉移行為的監管。證監會等監管機構針對大股東股權交易和利用減持股份進行控制權轉移行為，頒布了許多限制性法律法規和規章制度，以規範大股東減持的數量、時間以及大股東交易過程中的信息披露等，期望能夠實現市場信息的公開透明、資本市場的穩定發展和對中小投資者利益的有效保護。

股權分置改革後，監管部門出抬的大股東減持股份的約束性規定匯總情況見表5-1。

表 5-1　股權分置改革後監管部門出抬的大股東減持股份約束性規定統計表

文件名稱	文號	頒布日期	頒布單位	主要規範內容
《證券法》		1999 年頒布，2014 年 8 月第二次修訂	全國人大	第八十六條等條款對持股 5%以上大股東及董監高等股份限售期、減持數量、減持公告披露期等進行規範
《上市公司解除限售存量股份轉讓指導意見》	證監會公告（2008）15號。該文件於 2014 年 2 月廢止	2008 年 4 月 20 日	證監會	對大股東轉讓股份方式及信息披露作出了規範
《上市公司收購管理辦法》	證監會令（2014）108 號	2006 年 5 月頒布，2014 年第三次修改後頒布	證監會	對股權變動超過 5%的交易信息披露作出規範
《關於規範上市公司國有股東行為的若干意見》		2009 年 6 月 16 日	國資委	對國有股東減持國有股份的審批進行規範
《上市公司大股東、董監高減持股份的若干規定》	證監會公告（2015）18 號	2015 年 7 月 8 日	證監會	對大股東、董監高減持股份數量及信息披露時間進行規範
《上市公司大股東、董監高減持股份的若干規定》	證監會公告（2016）1 號	2016 年 1 月 7 日	證監會	對大股東、董監高減持股份數量及信息披露時間進行修訂
《上市公司大股東、董監高減持股份的若干規定》	證監會公告（2017）9 號	2017 年 5 月 27 日	證監會	對大股東、董監高減持股份數量及信息披露時間進行修訂
《關於進一步明確上市公司大股東通過大宗交易減持股份相關事項的通知》	上證函（2018）183 號	2018 年 2 月 14 日	上海證交所	對大股東通過大宗交易減持股份申報、交易監管進行規範

　　股權分置改革後，上市公司大股東可以通過大宗交易、在二級市場直接出售、協議轉讓、股份收購等方式減持股份，但根據以上法律法規和制度文件，大股東減持股份數量、時限和信息披露將受到嚴格限制。

5.1.2 股權分置改革後監管部門頒布的規範大股東減持的部分規定

5.1.2.1 關於大股東減持方式的規定

《上市公司解除限售存量股份轉讓指導意見》第三條規定：「持有解除限售存量股份的股東預計未來一個月內公開出售解除限售存量股份的數量超過該公司股份總數1%的，應當通過證券交易所大宗交易系統轉讓所持股份。」第五條規定：「上市公司的控股股東在該公司的年報、半年報公告前30日內不得轉讓解除限售存量股份。」

2016年1月，證監會發布了《上市公司大股東、董監高減持股份的若干規定》（證監會公告〔2016〕1號），引導上市公司控股股東、持股5%以上股東（以下並稱大股東）及董事、監事、高級管理人員規範、理性、有序減持。從後來的實踐來看，出現了一些新問題：一是大股東集中減持規範不夠完善，一些大股東通過非集中競價交易的方式，如大宗交易方式轉讓股份，再由受讓方通過集中競價交易的方式賣出，以「過橋減持」的方式規避集中競價交易的減持數量限制；二是上市公司非公開發行股份解禁後的減持數量沒有限制，導致短期內大量減持股份；三是對雖然不是大股東但持有首次公開發行前的股份和上市公司非公開發行的股份的股東，在鎖定期屆滿後大幅減持缺乏有針對性的制度規範；四是一些大股東、董監高利用信息優勢「精準減持」；五是董監高人為規避減持規則等「惡意減持」行為。基於此，證監會又對大股東減持作出了進一步規定。

2017年5月27日，證監會發布《上市公司股東、董監高減持股份的若干規定》第九條規定：「上市公司大股東通過證交所集中競價交易減持股份不得超過公司股份總數的1%。」

2017年5月27日，證監會發布《上市公司股東、董監高減持股份的若干規定》，其中第四條至第六規定：「大股東減持或者特定股東減持，採取集中競價交易方式的，在任意連續九十個自然日內，減持股份的總數不得超過公司股份總數的百分之一，股東通過集中競價減持上市公司非公開發行股份的，除遵守前款規定外，在股份限制轉讓期間屆滿後十二個月內，減持數量還不得超過其持有的該次非公開發行股份的百分之五十」「大股東減持或者特定股東減持，採取大宗交易方式的，在任意連續九十個自然日內，減持股份的總數不得超過公司股份總數的百分之二，前款交易的受讓方在受讓後六個月內，不得轉讓其受讓的股份，大宗交易買賣雙方應當在交易時明確其所買賣股份的性質、數量、種類、價格，並遵守本細則相關規定」「大股東減持或者特定股

東減持，採取協議轉讓方式的，單個受讓方的受讓比例不得低於公司股份總數的百分之五，轉讓價格下限比照大宗交易的規定執行，法律、行政法規、部門規章、規範性文件及本所業務規則等另有規定的除外。大股東減持採取協議轉讓方式，減持後不再具有大股東身分的，出讓方、受讓方在六個月內應當繼續遵守本細則第四條第一款減持比例的規定……」等等。

2018年2月14日，上交所公布了《上市公司股東、董監高減持股份的若干規定》和《上海證券交易所上市公司股東及董事、監事、高級管理人員減持股份實施細則》，有關大股東通過大宗交易方式減持股份的監管要求和業務操作：「（一）特定股份和特定股份以外股份進行大宗交易應當通過不同通道申報。上市公司大股東減持特定股份的，應當通過上交所大宗交易系統的『大宗特定股份減持申報接口』提交大宗減持申報數據；減持特定股份以外股份的，應當通過上交所大宗交易系統的普通申報接口提交大宗減持申報數據。」「（二）特定股份以外股份的大宗交易減持認定：大股東同時持有通過集中競價交易方式買入的股份和通過集中競價交易以外方式取得的股份，通過大宗交易普通通道減持的，在規定的減持比例範圍內，視為優先減持受控股份；在規定的減持比例範圍外，視為優先減持集中競價交易買入的股份。」「（四）其他事項：大股東通過大宗交易減持特定股份的，按照《減持細則》及上交所其他有關規定執行。租用參與者交易業務單元的相關機構通過大宗交易普通通道進行交易的，應當參照本通知的規定履行相關義務。」

5.1.2.2 關於大股東減持信息披露的相關規定

為了提高大股東股份交易的透明度，減少信息不對稱對中小投資者的利益損害，監管部門對大股東減持股份信息的公開披露出抬了一系列的相關規定，並進行了適時修訂。

《上市公司解除限售存量股份轉讓指導意見》第八條規定：「持有或控制上市公司5%以上股份的股東及其一致行動人減持股份的，應當按照證券交易所的規則及時、準確地履行信息披露義務。」《上市公司股權分置改革管理辦法》第三十九條規定：「持有、控制公司股份百分之五以上的原非流通股股東，通過證券交易所掛牌交易出售的股份數量，每達到該公司股份總數百分之一時，應當在該事實發生之日起兩個工作日內做出公告，公告期間無須停止出售股份」。

《中華人民共和國證券法》第八十六條規定：「通過證券交易所的證券交易，投資者持有或者通過協議、其他安排與他人共同持有一個上市公司已發行的股份達到百分之五時，應當在該事實發生之日起三日內，向國務院證券監督

管理機構、證券交易所作出書面報告，通知該上市公司，並予公告；在上述期限內，不得再行買賣該上市公司的股票。投資者持有或者通過協議、其他安排與他人共同持有一個上市公司已發行的股份達到百分之五後，其所持該上市公司已發行的股份比例每增加或者減少百分之五，應當依照前款規定進行報告和公告。在報告期限內和作出報告、公告後二日內，不得再行買賣該上市公司的股票。」

《上市公司收購管理辦法》第十三條規定：「通過證券交易所的證券交易，投資者及其一致行動人擁有權益的股份達到一個上市公司已發行股份的5%時，應當在該事實發生之日起3日內編製權益變動報告書，向中國證監會、證券交易所提交書面報告，抄報該上市公司所在地的中國證監會派出機構（以下簡稱派出機構），通知該上市公司；在上述期限內，不得再行買賣該上市公司的股票。前述投資者及其一致行動人擁有權益的股份達到一個上市公司已發行股份的5%後，通過證券交易所的證券交易，其擁有權益的股份占該上市公司已發行股份的比例每增加或者減少5%，應當依照前款規定進行報告和公告。在報告期限內和作出報告、公告後2日內，不得再行買賣該上市公司的股票。」

《關於督促上市公司股東認真執行減持解除限售存量股份的規定的通知》規定：「持有解除限售存量股份的股東預計未來一個月內公開出售解除限售存量股份的數量超過該公司股份總數1%的，應當通過證券交易所大宗交易系統轉讓所持股份；持有、控制公司股份5%以上的原非流通股股東，減持解除限售存量股份每達到公司股份總數1%的，應於該等事實發生日的兩個工作日內做出公告；上市公司股東在一個月內通過集中競價交易系統減持解除限售存量股份數量接近上市公司總股本的1%時，應及時通報上市公司及其帳戶所在會員單位。」

上交所2014年7月22日發布了《上市公司股東減持股份預披露事項（徵求意見稿）》，進一步對上市公司股東，特別是持股5%以上大股東減持股份的數量、期限、披露內容和事件等進行了規範和約束，如「上市公司控股股東（或第一大股東）、實際控制人及其一致行動人，或者持股5%以上的股東，若預計未來6個月內通過證券交易系統以集中競價交易或大宗交易方式單獨或者合併減持的股份，可能達到或超過上市公司發行股份的5%的，應當在首次減持前3個交易日，通知上市公司並預先披露其減持計劃」「相關股東未披露減持計劃的，任意連續6個月內減持股份不得達到或超過上市公司已發行股份的5%」，按照該規定，股東減持計劃實施可能導致上市公司控制權發生變更

的，應當在公告中進行必要的風險提示。同時在相關股東按照減持計劃減持股份，每達到上市公司股份總數的百分之一時應當在該事實發生之日起兩個交易日內進行公告，公告期間無須停止減持股份。

關於印發《關於規範上市公司國有股東行為的若干意見》的通知對國有股減持和控制權變更作出了規定：「國有股東擬通過證券交易系統出售超過規定比例股份的，……出售股份方案報經國有資產監督管理機構批准。國有股東轉讓全部或部分股份致使國家對該上市公司不再具有控股地位的，國有資產監督管理機構應當報經本級人民政府批准。」

2017年5月27日，證監會發布《上市公司股東、董監高減持股份的若干規定》第十三條規定：「上市公司大股東、董監高通過本所集中競價交易減持股份的，應當在首次賣出的十五個交易日前向本所報告減持計劃」，第十四條規定：「上市公司大股東、董監高減持股份，應當在股份減持計劃實施完畢後的二個交易日內予以公告」，等等。

5.1.3 股權分置改革後監管部門頒布的規範大股東減持規定的意義

不斷修訂和完善激勵和約束資本市場參與各方的制度，是監管部門的重要職責，也是維護市場穩定，保護資本市場參與各方利益的重要手段。股份減持制度是資本市場重大的基礎性制度，也是境外成熟市場通行的制度規則，對於維護市場秩序穩定，提振市場信心，保護投資者合法權益具有十分重要的意義。因此，監管部門在資本市場發展的各個時期，特別是股權分置改革以來，都非常重視對大股東減持制度的修訂和完善，並在以下方面彰顯了重要意義：

第一，產業資本的大規模減持，不但會令股市承壓，危害股市健康發展，也會給整個宏觀經濟帶來危害，使實體經濟面臨「失血」風險。對資本市場上的大股東和重要股東減持股份進行規範，有利於鼓勵和倡導投資者形成長期投資、價值投資的理念，進一步強調上市公司股東應當嚴格遵守相關股份鎖定期的要求，並切實履行其就限制股份減持所做出的相關承諾。

第二，股份轉讓是上市公司股東的基本權利，必須予以尊重和維護；同時，股份轉讓又直接涉及市場秩序穩定與其他投資者權益保障，必須進行規範，確保有序轉讓。進一步規範首次公開發行前發行的股份和上市公司非公開發行的股份的股東的減持行為，引導持有上市公司非公開發行股份的股東在股份鎖定期屆滿後規範、理性、有序減持。完善大宗交易制度，防範「過橋減持」。明確有關股東通過大宗交易減持股份時，出讓方、受讓方的減持數量和持股期限要求。既將治理目標瞄準為維護二級市場穩定，也關注資本市場的流

動性，考慮資本退出渠道的正常需求，有利於保障資本形成的基本功能作用的發揮，體現出中國資本市場既要保護中小投資者合法權益，也要保障股東轉讓股份的應有權利。

第三，健全大股東和重要股東的減持計劃的信息披露制度，明確減持的信息披露要求，進一步健全和完善上市公司大股東、董監高轉讓股份的事前、事中和事後報告、備案、披露制度，有利於強化上市公司董監高保持誠信，防範和避免其故意利用信息披露進行「精準式」減持。

第四，在減持制度的修訂和完善過程中，證監會嚴厲打擊違法違規減持行為，對於利用減持進行操縱市場、內幕交易等違法行為，加強稽查執法，加大行政處罰力度，嚴格追究違法違規主體的法律責任，充分體現出中國依法治國，建設社會主義法治國家的根本要求。

5.2 全流通後第一大股東控制權轉移現狀

5.2.1 股權分置改革後 A 股市場持股 5%以上股東減持現狀

股權分置改革已過十年，在這十年裡，中國資本市場存在一個怪相：不管實體經濟增長態勢如何，預期好不好，也不管大盤漲不漲，資本市場上的大股東總是存在小漲小減持，大漲大減持，且上市公司重要股東成為資本市場上減持的「急先鋒」。對於監管部門出抬的上述限制大股東減持的法律法規和規定，一些大股東在遵守的同時最大化地減持股份，更有甚者，部分大股東還違規減持。根據 Choice 數據庫資料顯示，2007—2016 年，中國 A 股市場重要股東（即 5%以上持股的大股東和公司的董監高等具有減持信息義務披露的股東）連續 10 年出現了淨減持。

股權分置改革制度的設想是為了改變中國資本市場股權割裂的狀況，打破流通股東與非流通股東之間的利益藩籬。而當時的制度設計者為了減小非流通股東擁有流通券後對市場造成的衝擊，規定了限售期，但是從實際狀況來看，限售期並未對大股東減持起到真正的「限制」作用。黃建歡等（2009）通過序貫博弈模型和同時決策靜態博弈模型發現限售股解禁後更可能出現的均衡博弈是（減持，減持）。俞紅海等（2010）研究認為股權分置改革後，「大小非」減持是股東在公司內外部因素影響下的最優決策行為，自 2006 年 9 月偉星集團持有的偉星股份限售股部分解禁後減持開始，隨著股權分置改革限售股解禁的不斷增加，「大小非」減持越來越普遍（蔡寧，等，2009；黃志忠，等，

2009；吳育輝，等，2010）。

從股權分置改革及限售股解禁流通的時間表看：到 2006 年年底，股權分置改革已基本完成民；2007—2009 年股權分置改革限售股解禁規模達到最大值；到 2011 年年底，股權分置改革產生的限售股絕大部分已解禁流通，應該說股權分置改革產生的限售股問題，或者說「大小非」減持在資本市場上的影響已基本消除。根據作者在 Choice 數據庫中收集資料顯示，「大小非」減持在資本市場上的影響已基本消除，但大股東減持的步伐並未減慢，2015 年更是達到了股權分置改革以來大股東減持的最高峰，減持金額高達 2,170.5 億元（見表 5-2）。

表 5-2　2012—2016 年中國 A 股市場大股東減持統計表

年度	大股東減持股數（單位：億股）	大股東減持市值（單位：億元）	減持股數環比增長率（％）
2011	50.76	771.61	
2012	16.07	444.16	-42.44
2013	68.14	1,111.66	150.28
2014	61.8	1,468.25	32.08
2015	164.11	2,170.5	47.83
2016	35.91	1,103.9	-49.14

數據來源：Choice 數據庫（www.eastmoney.com）。

5.2.2　全流通後第一大股東轉移控制權的基本情況

根據研究目標，本書將與實現研究目標意義不大的國有資產無償劃撥、離婚股份離析、繼承、司法裁定和司法拍賣五種方式轉移控制權的公司樣本數據剔除，最終保留了 2012—2016 年通過協議轉讓、大宗交易、集合競價等方式減持的 152 家上市公司作為樣本，用於研究第一大股東控制權轉移的財務後果。接下來，本節將對樣本企業的控制權轉移作統計分析，以明晰第一大股東控制權轉移的基本情況。

5.2.2.1　第一大股東控制權轉移的行業特徵分析

根據國民經濟行業分類與代碼（GB/4754-2011）的分類方法統計，2012—2016 年發生第一大股東控制權轉移的上市公司涉及行業 42 個。從數量上看，發生第一大股東控制權轉移數量最多的上市公司所涉行業是計算機、通信和其他電子設備製造業，涉及公司 21 家；其次為電氣機械及器材製造業，

涉及公司17家；廢棄資源綜合利用業、黑色金屬礦採選業、教育業、開採輔助活動業、林業、煤炭開採與洗選業、農林牧漁服務業、電氣機械及器材製造業、其他製造業、汽車製造業、生態保護與環境治理業、石油加工煉焦及核燃料加工業、水上運輸業、文化藝術業、儀表製造業、專業技術服務、綜合業等行業分別有1家上市公司涉及第一大股東轉移控制權。

第一大股東控制權轉移所涉上市公司的行業分佈如表5-3所示。

表5-3 第一大股東控制權轉移所涉上市公司主要行業分佈

序號	行業	所涉上市公司數量	占比（%）
1	倉儲業	2	1.32
2	電力、熱力生產和供應業	3	1.97
3	電器機械及器材製造業	17	11.18
4	房地產業	6	3.95
5	服裝紡織、服飾業	7	4.61
6	非金屬礦物製品業	5	3.29
7	廣電影視業	2	1.32
8	互聯網及相關服務業	2	1.32
9	化學原料及化學製品製造業	8	5.26
10	計算機、通信和其他電子設備	21	13.82
11	建築裝飾和其他建築業	3	1.97
12	酒、飲料和精製茶業	3	1.97
13	零售業、批發業	6	3.95
14	燃氣生產和供應業	2	1.32
15	軟件和信息技術服務	9	5.92
16	商務服務業	3	1.97
17	鐵路、船舶、航空航天和其他運輸設備製造業	3	1.97
18	通用設備製造業	4	2.63
19	橡膠和塑料製品業	2	1.32
20	醫藥製造業	9	5.92

表5-3(續)

序號	行業	所涉上市公司數量	占比（%）
21	有色金屬礦採選、有色金屬冶煉及延壓業	6	3.95
22	專用設備製造業	8	5.26
23	資本市場服務業	2	1.32
24	專業技術服務、綜合業等	19	12.50
合計		152	100

數據來源：巨潮資訊網、國泰安 CSMAR 數據庫。

5.2.2.2 第一大股東控制權轉移所涉股份性質分析

資本市場上市公司股東擁有的股份按性質可分為國家股（有權代表國家投資的部門或投資機構向公司投資形成的股份）、法人股（企業法人、具有法人資格的事業單位和社會團體以可支配資產投入上市公司形成的股份）、社會公眾股（流通 A 股）和外資股等。從 2012—2016 年 152 家上市公司第一大股東控制權轉移所涉股份的性質上看，法人持有股占 30 家，占比為 19.73%；其中國有法人股 3 家，占比 1.97%；其他法人股 27 家，占比 17.76%。流通 A 股及社會公眾股占 113 家，占比為 74.34%。外資股（境外法人股）9 家，占比為 5.93%。從以上數據可以看出，法人投資者、其他法人投資者和社會公眾股（流通 A 股）投資者占據了上市公司第一大股東控制權轉移股份的絕大部分比例。這可能是由於以下原因：一是資本逐利，其他法人股股東和自然人股東大多數屬於公司創始人，經過初期的創業、產品創新與管理創新等手段，公司發展壯大，最後通過資本運作公司得以上市，賺取了豐厚的利潤，而公司經營一定時期之後，進入了發展的瓶頸期，該類股東再無創業之初的熱情，萌生了獲利走人的想法；二是正常的資本退出，該類資金一般是創投資金，當初看好項目並投入資金，在後面的資本市場中由於各種原因，導致自己成為第一大股東，但該類股東本質上屬於金融資本，因此擇機退出是其資本的本性；三是作為第一大股東，掌握公司生產經營信息比其他股東要多，當公司發生了經營困難或者遭遇其他風險時，理性的選擇導致其出逃減少風險。

5.2.2.3 第一大股東控制權轉移所涉資本組織性質分析

從資本組織形式的不同對企業進行分類，可分為國有企業、集體企業、民營企業、外資企業等。2012—2016 年第一大股東控制權轉移所涉上市公司中，國有企業占 20 家，占比 13.16%；民營企業占 127 家，占比 83.55%；外資企

業占 5 家，占比 3.29%（見表 5-4）。由此可見，民營企業股權結構穩定性較差，更容易發生控制權的轉移；國有企業股權結構相對穩定，第一大股東較少轉移控制權。

表 5-4　第一大股東控制權轉移所涉上市公司性質統計表

上市公司性質	家數	百分比
國有企業	20	13.16%
民營企業	127	83.55%
外資企業	5	3.29%
合計	152	100%

數據來源：巨潮資訊網、國泰安 CSMAR 數據庫。

5.2.2.4　第一大股東控制權轉移時間分佈分析

從控制權轉移的時間上看，觀測樣本中，2012 年有 5 家，占比 3.29%；2013 年有 13 家，占比 8.55%；2014 年有 29 家，占比 19.08%；2015 年有 59 家，占比 38.82%；2016 年有 46 家，占比 30.26%。第一大股東控制權轉移發生的時間主要集中在 2014 年至 2016 年，特別是 2015 年大股東減持變更控制權數量最多，占比最大。該期間股權分置改革限售股已基本解禁完畢，因股權分置改革產生的「大小非」問題對第一大股東減持的影響基本消除，但大股東減持、第一大股東轉移控制權的現象仍較嚴重。

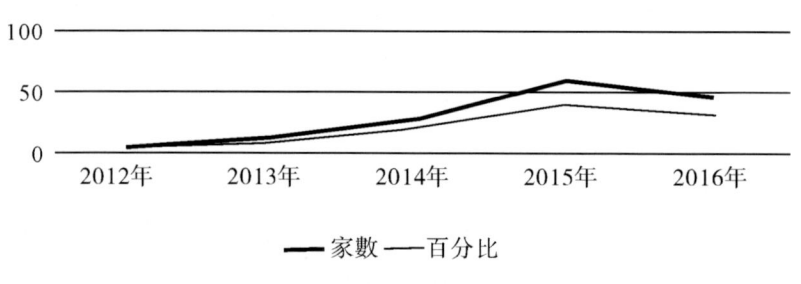

圖 5-1　第一大股東控制權轉移時間分佈及占比

5.3　本章小結

本章在系統梳理全流通後法律、規章制度對大股東股權交易的約束性規定基礎上，重點分析、探討了全流通後第一大股東控制權轉移的現狀；法律法規

等對大股東交易的約束性規定涉及大股東減持的方式、數量及信息披露要求等方面；全流通後第一大股東控制權轉移的現狀則重點分析了 2007 年以來 A 股市場持股 5% 以上大股東減持概況以及 2012—2016 年中國資本市場第一大股東減持股份和轉移控制權狀況。從整體上看，股權分置改革後，持股 5% 以上的大股東仍大量減持持有股份，部分第一大股東甚至轉移控制權，變更第一大股東地位，股權分置改革並未完全達到政府管理部門的政策預期。全流通後，股權分置改革限售股已基本解禁完畢，但大股東減持、第一大股東轉移控制權的現象仍較嚴重。從考察樣本行業來看，第一大股東控制權轉移數量最多的上市公司所涉行業是計算機、通信和其他電子設備製造業，其次為電氣機械及器材製造業；從控制權轉移所涉及的股份來看，法人投資者、其他法人投資者和社會公眾股（流通 A 股）投資者佔據了上市公司第一大股東控制權轉移股份的絕大部分比例；從樣本企業的公司性質來看，民營企業更易發生第一大股東控制權轉移；從控制權轉移的時間分析可以看出，股權分置改革限售股基本解禁完畢後，「大小非」問題對第一大股東減持的影響基本消除，但大股東減持、第一大股東轉移控制權的現象仍較嚴重。全流通後，第一大股東控制權轉移的基本狀況充分說明了本研究具有十分重要的理論與現實意義。

6 第一大股東控制權轉移對社會總福利影響的理論分析

6.1 第一大股東控制權轉移對產品市場和證券市場的影響機理

宏觀和微觀環境會對財務行為產生導向作用，而具體公司治理、財務治理的制度和政策的實施，財務管理活動的開展和財務關係的處理，又可經過一定的介質傳導並反作用於其存在的宏觀和微觀財務環境。從經濟學角度來看，第一大股東控制權發生轉移，企業股權結構變動，公司治理和公司財務治理的制度、政策等發生變化，財務管理運行機制等隨之變更，新的第一大股東對企業進行了併購、重組，企業的資源配置方式和效率發生改變，企業在規模、產品、銷售等方面發生變化，行業生產效率、市場勢力和企業價值等也發生了變化，進而影響到消費者、生產者、投資者，即對整個社會的福利造成影響。

一些文獻注意到了控制權市場與產品市場、資本市場的關係，主要集中研究了產品市場、資本市場、控制權市場在公司治理作用中的關係，即作為外部治理機制，控制權市場、產品市場和資本市場在公司治理、公司財務治理的交互關係是互補關係還是替代關係（Gompers，等，2003；Masulis，等，2007；Cremers，等，2008），但這些文獻並未進一步研究這些公司外部治理機制作用於公司治理、公司財務治理和財務管理後，對產品市場、資本市場的反作用，進而影響整個社會福利的情況。另一些文獻運用福利經濟學分析方法從併購行為對產品市場的影響角度，研究了併購行為對社會福利的影響（Williamson，1968；郭敏，等，2004；石強，2008；白雪潔，等，2017），該研究注意到了公司外部治理機制之間的相互作用關係，但基本是利用不同時期的市場數據對 Williamson 於 1968 年提出的社會福利權衡模型進行實證運用。

福利經濟學分析方法為分析控制權轉移對社會總福利的影響提供了很好的思路。從福利經濟學的角度來看，資源的配置、社會生產和分配既要講效率，也要講公平，即創造盡可能多的產品和服務，以滿足社會成員的需求，產品和服務要在社會成員中恰當分配。社會總剩餘和帕累托最優狀態是福利經濟學的重要的分析工具，本書受 Williamson 的社會福利權衡模型分析框架的啓發，運用福利經濟學分析工具，闡釋第一大股東控制權轉移對產品市場和證券市場的影響機理，進而分析第一大股東控制權轉移對社會總福利的影響。

一個事件的發生帶來社會總剩餘的變化是判斷其能否改善社會福利的重要標準。根據福利經濟學的分析框架，社會總福利一般用總剩餘來進行度量，總剩餘由生產者剩餘和消費者剩餘組成，即社會總剩餘＝生產者剩餘＋消費者剩餘。消費者總剩餘指消費者總支付意願與總支付價格的差額，生產者總剩餘指生產者實際獲得的總交易金額與願意接受的最低交易價格的差額。只要社會總剩餘增加，則可以看作社會福利得到改進。從產品市場的角度來看，第一大股東控制權發生轉移，資源配置效率發生變化，產品市場勢力、市場競爭狀態發生改變，產品市場上的生產者和消費者的生產者剩餘、消費者剩餘相應發生變化，進而影響社會總福利；從資本市場的角度來看，第一大股東控制權轉移通過影響資本市場參與者的收益，進而對社會總福利造成影響。

第一大股東控制權轉移對產品市場的資源配置效率的影響分析。從控制權爭奪角度看，在控制權轉移過程中，新第一大股東購買原有股東直接減持的股份或協議轉讓的股份等，獲得上市公司控制權，期望通過利用上市公司「殼」資源，發揮管理協同效應、規模經濟協同效應、財務協同效應，優化資源配置等手段提高上市公司的資源利用效率，獲取控制權共有收益或私有收益，實現資本的保值增值；從控制權轉移對代理問題的改善情況看，上市公司第一大股東變更時，公司管理層面臨被解雇的風險，即使不被解雇，也有被降低薪酬或者失去原有地位的可能，在各種壓力的迫使下，公司管理者會努力工作，降低成本，改善資源利用效率，提高上市公司業績，以保住自己的地位或維護自身的利益；從資源優化配置角度看，傳統的公司治理理論認為當企業經營不善時，股價會下跌，企業價值可能被市場低估而成為被收購的對象，企業控制權將會發生轉移，不稱職的管理者將被替換。然而在現實的資本市場上，許多資產質量高、獲利能力強的優質上市公司一樣會發生第一大股東控制權轉移事件，這可能存在優質上市公司也有被價值低估的現象，同樣的資源在不同的企業家的經營管理下會產生不同的效益，這類業績並不差的上市公司被更具有眼光的企業家發現了其更大價值和提高資源利用的空間，願意以高的溢價購買原

第一大股東的控制權，進行資源的整合利用，提高資源的配置效率。總之，第一大股東變更、轉移控制權打破了公司原有的股權結構，對公司的內部治理結構進行改變，如果該過程能如文所述，對公司資源進行有效利用，降低企業成本，提高企業的生產效率，那麼就會提高消費者剩餘或生產者剩餘，改善社會福利。否則，就會損害社會福利。

第一大股東控制權轉移對產品市場上市場勢力的影響分析。控制權轉移以後，新第一大股東可能對上市公司進行技術改進、優秀管理理念植入、產業整合或優質資產注入等，形成規模效應，做大市場規模，提高社會生產效率，也增加企業規模。假設先前的市場是充分競爭的市場，公司擴大生產規模後，利用市場影響，提高企業定價能力，形成市場壟斷，生產者利用壟斷地位進行壟斷定價，獲取生產者剩餘，就會剝奪消費者剩餘，影響社會福利；如果公司僅致力於管理和技術的進步以及社會生產效率的提高和社會平均產品成本的降低，未利用壟斷地位來進行壟斷定價，而是與消費者共享技術進步和效率提高的成果，則可能改善消費者剩餘，提高社會福利。假設先前的市場是壟斷市場，公司規模的擴大、市場影響的提升，會改變先前壟斷企業的市場份額和產品定價，形成競爭，改善消費者剩餘，提高社會福利。

福利經濟學分析的另一框架就是帕累托最優狀態，該思想認為，一項事件的發生使每個人的福利都增加了，或者一部分人的福利增加而不降低其他人的福利，就認為其是社會福利的改進；一項事件的發生使每一個人的福利都減少了，或者一部分人的福利增加而另一部分人的福利減少，就認為是社會福利的損失。該思想可用於對第一大股東控制權轉移對資本市場穩定發展的社會福利的改進情況進行分析，其機理為：一方面，在控制權轉移過程中，新的控制性股東通過支付股權對價（可能含有支付給原第一大股東的控制權溢價）、注入優質資產等代價獲得了上市公司的控制權，新的第一大股東掌握控制權後，不致力上市公司業績的改進，而在資本市場進行非正常關聯交易、股價操縱、內幕交易等掏空上市公司，這不但將影響資本市場的長期穩定發展，還會對實體經濟造成損害，對社會福利造成損失；另一方面，控制權轉移對優化上市公司資源配置的良好預期被資本市場參與者和潛在投資者所認同，在一個較長期限內對上市公司股價產生積極的市場反應，活躍了資本市場，使資本市場投資者總的盈利有較大提高，這將使這一期間的社會福利增加，如果該預期不被市場認同，投資者遭受虧損，社會福利將遭受損失。

6.2 第一大股東控制權轉移對社會福利影響的數理分析

為了進一步分析該問題，本書運用數理分析，從資源配置效率和產品定價的變化角度來具體判斷第一大股東變更、企業控制權轉移對資源配置和實體經濟的社會福利的影響。其原理為：假定企業的產品價格由兩個部分組成，一是產品成本，二是成本加成率，即企業可獲得的利潤。對應的企業獲利可以有兩種方式：一是提高生產效率，降低產品成本，在不損害消費者利益的前提下提高獲利能力；二是在產品成本降低時，利用市場壟斷優勢提高成本加成率，損害消費者利益，提高自身利益。因此，可通過對企業產品價格的變化原因及結果來判斷社會福利的變化狀況。判斷原則如下：①如果第一大股東控制權轉移後，資源配置效率得到優化，企業產品的生產效率得到提高，產品成本節約得以實現，企業產品定價不變或降低（降低幅度小於產品生產效率增長幅度），則可以判定企業在不損害消費者福利（或適度提高了消費者福利）的前提下提高了生產者福利，社會福利得到改進。②如果第一大股東控制權轉移以後，資源配置效率未得到優化，企業產品的生產效率不變，則產品成本節約未實現，此時如果企業產品價格提高，則可以判斷控制權轉移後形成了壟斷市場和壟斷價格，企業獲得了產品定價權，以提價方式掠奪消費者剩餘。③如果產品價格降低，則可能產品產能過剩，競爭激烈，任何企業在市場上均無定價權，控制權轉移未能實現資源有效配置，生產者剩餘被掠奪，兩種情況均造成了社會福利的損失。根據以上標準，本書需計算控制權轉移前後企業的產品定價的成本加成率和生產效率。

第一步：可以運用 DEAP 軟件計算 Malmquist 指數（Malmquist，1953；Cave 和 Christensen，1982），得到控制權轉移前後企業產品的生產效率，分別用 E_{-1} 和 E_1 表示。

第二步，利用產品價格成本加成定價法計算控制權轉移前後某一具體企業的產品定價，本書分別用 P_{-1} 和 P_1 表示。根據產品價格成本加成定價法，產品的價格＝單位完全成本×（1+成本加成率）。產品價格中完全成本取決於產品的生產效率，成本加成率取決於產品的市場勢力，即定價權。在此，本書需要估計成本加成率，借鑑 Loecker 和 Warzynski（2012）、白雪潔等（2007）的方法來估計成本加成率，假定勞動生產率是一個常數項，同時假設企業經營按能達到的最優勞動生產率進行生產，通過建立 Lagrange 方程，可以得到公司產品

的成本加成、產品投入可變要素產出彈性、產品生產所需要素投入占總產出份額間的關係式，從而估計成本加成率，計算產品價格。具體方法：假設企業 i 在 n 年利用固定要素 FX_{in}，可變要素 VF_{in}^k 在一定的勞動生產率 PT_{in} 下進行生產經營（K 表示企業生產所需的不同的可變要素，取值為 1，2，…，K），生產函數為 $Q_{in} = Q_{in}(VF_{in}^k, FX_{in}, PT_{in})$ [其中 $Q_{in}(.)$ 連續可導]，企業按能達到的最優勞動生產率進行生產。則有 Lagrange 函數：

$$L(VF_{in}^k, FX_{in}, PT_{in}) = \sum_{k=1}^{k} P_{in}^k VF_{in} + P_{fx} FX_{in} + \lambda_{in}[Q_{in} - Q_{in}(.)] \quad 式（1）$$

其中，P_{in}^k 為不同可變要素價格（K=1，2，…，K），P_{fx} 為固定要素價格，式（1）對 Q_{in} 求導，可得：$\dfrac{\partial L}{\partial Q_{in}} = \lambda_{in}$ 式（2）

由此可見 λ_{in} 可表示企業某一產量的邊際成本。本書再將式（1）對任意可變要素求導，將式（2）帶入導數，整理構造任意投入要素產出彈性模型，可得：

$$\frac{P_{in}}{\lambda_{in}} \frac{P_{in}^k VF_{in}}{P_{in} Q_{in}} = \frac{\partial Q_{in}(.)}{\partial VF_{in}^k} \frac{VF_{in}^k}{Q_{in}} \quad 式（3）$$

在式（3）中，$\dfrac{P_{in}}{\lambda_{in}}$ 表示企業某產品的成本加成率，可用 I 表示。對式（3）可變形表示為：

$$I = \frac{\partial Q_{in}(.)}{\partial VF_{in}^k Q_{in}} \frac{VF_{in}^k}{P_{in}^k VF_{in}}$$

由上式可知，只要知道某要素的產出彈性和該要素投入占產品總收益的比例，就可以得到產品的成本加成率。對於第一大股東控制權轉移前後企業的成本加成率，本書分別用 I_{-1}、I_1 表示。

根據計算結果，判斷第一大股東變更、企業控制權轉移對資源配置和實體經濟的社會福利的影響：①若控制權轉移前後企業的生產效率 E 和成本加成率 I 都不變，即 $E_{-1} = E_1$、$I_{-1} = I_1$，則 $P_{-1} = P_1$，說明企業控制權轉移未能提高社會生產率，未節約成本，也未形成壟斷價格，對消費者支付價格未造成影響，企業控制權轉移未改變生產者剩餘和消費者剩餘，對整體社會福利無影響；②若控制權轉移前後，企業的 E 不變，I 增加，即 $E_{-1} = E_1$、$I_{-1} < I_1$，此時 $P_{-1} < P_1$，說明企業控制權轉移未節約成本，但通過控制權轉移，形成規模效應，企業增強了市場勢力，提高了定價能力，甚至形成市場上的壟斷價格，生產者通過定價權對消費者剩餘進行掠奪，導致社會福利的損失；③若控制權轉

移前後，企業的 E 增加，I 不變，即 $E_{-1} < E_1$、$I_{-1} = I_1$，此時 $P_{-1} = P_1$，說明企業控制權轉移產生了協同效應、規模效應，提升了企業生產效率，實現了成本節約，但企業並未提升企業產品定價權，企業在不損害消費者剩餘的前提下，提高了生產者剩餘，實現了社會福利的改善，此時即使 $P_{-1} > P_1$，只要 $\dfrac{E_1 - E_{-1}}{E_{-1}} > \dfrac{P_1 - P_{-1}}{P_{-1}}$，意味著消費者剩餘和生產者剩餘仍都得到改進，社會總福利仍會得到改善；④若控制權轉移前後，企業的 E 增加，I 增加，即 $E_{-1} < E_1$、$I_{-1} < I_1$，此時 $P_{-1} < P_1$，說明控制權轉移後，企業形成了規模效應和協同效應，提高了勞動生產率，節約了成本，同時形成了壟斷市場，利用市場勢力獲得了產品定價權，通過成本節約和市場定價權獲得了更多的生產者剩餘，同時也對消費者剩餘進行了掠奪，導致社會總福利的損失。

通過以上分析看出，第一大股東控制權轉移對企業資源配置和實體經濟、資本市場的社會福利具有積極和消極兩個方面的重要影響。接下來本書還將選取管理層、股東等重要的利益相關者，對第一大股東控制權轉移的財務後果做深入的分析。

6.3　本章小結

財務環境對財務行為產生導向作用，而具體公司治理、財務治理的制度和政策的實施，財務管理活動的開展和財務關係的處理，又可經過一定的介質傳導並反作用於其存在的宏觀和微觀財務環境。從經濟學角度來看，第一大股東控制權發生轉移，企業股權結構變動，公司治理和公司財務治理的制度、政策等發生變化，財務管理運行機制等隨之變更，新的第一大股東對企業進行了併購、重組，企業的資源配置方式和效率發生改變，企業在規模、產品、銷售等方面發生變化，行業生產效率、市場勢力和企業價值等也發生了變化，進而影響到消費者、生產者、投資者，即對整個社會的福利造成影響。福利經濟學分析方法為分析控制權轉移對社會總福利的影響提供了很好的思路，本章基於 Williamson 的社會福利權衡模型分析框架的啟發，運用福利經濟學分析工具，闡釋第一大股東控制權轉移對產品市場和證券市場的影響機理，進而分析第一大股東控制權轉移對社會總福利的影響：從產品市場的角度來看，第一大股東控制權發生轉移，資源配置效率發生變化，產品市場勢力、市場競爭狀態發生改變，產品市場上的生產者和消費者的生產者剩餘、消費者剩餘相應發生變

化，進而影響社會總福利；從資本市場的角度來看，第一大股東控制權轉移通過影響資本市場參與者的收益，進而對社會總福利造成影響。通過分析，第一大股東控制權轉移既可能改進社會福利，也可能導致社會福利的損失。

7 第一大股東控制權轉移對管理層的財務後果

7.1 第一大股東控制權轉移與管理層變更

7.1.1 控制權轉移與管理層變更的理論回顧

現有文獻大多從第一大股東更換對公司治理的影響機制來解釋控制權轉移與管理層變更的關係。公司治理機制也被稱為公司治理結構與監管體系，文獻將公司治理機制分為內部治理機制和外部治理機制。公司內部管理層級被劃分為股東大會、董事會、監事會和經理層，所以內部治理機制也包含公司的大股東治理與監督（Shleifer & Vishny, 1986）、董事會治理與監督（Fama, 1980）、經理層治理與監督（Fama & Jensen, 1983）和監事會治理與監督。公司外部治理機制包括代理權競爭、外部接管、法律制度與市場監管等。在公司外部治理機制中，資本市場上的收購與重組是非常重要的外部公司治理機制（Grossman, Hart, 1980; Franks, Mayer, 1990, 1996）。在成熟的資本市場中，當公司經營不善時，搭便車的中小股東只能「用腳投票」，出售持有的股票，導致二級市場上的股價下跌，有意接管企業的投資者乘機收購股票，接管企業，改組管理層；對於無法直接監督管理層而又擁有較多股份的股東來說，有時「用腳投票」並非良策，他們會聯合起來，利用掌握的現金流權來爭奪公司代理權，這也會威脅到管理層的地位；公司的控制性大股東一般會採取「用手投票」，通過董事會投票權直接罷免管理層。由此可見，第一大股東變更後，管理層往往面臨被更換的風險，外部接管市場可以看作是公司內部治理機制無效時，資本市場對公司治理的一種自我矯正。Manne（1965）研究認為接管市場等外部機制能發揮矯正經理層低效的作用；Jesnen（1986）指出董事會失效

時敵意接管等外部控制機制發揮更大作用；Morck 等（1989）研究發現，當公司績效水準低於它所在產業平均水準時，董事會能評價管理層績效，但當整個產業不景氣時，董事會就不能準確判斷公司的低效到底是管理層的原因，還是因為其他原因，此時，控制權變更並引起管理層更換的外部機制就將發揮巨大作用。

7.1.2 全流通後第一大股東控制權轉移的上市公司管理層變更情況

根據本書的研究目的以及中國資本市場的實際情況，筆者以 2012—2016 年發生第一大股東變更、控制權轉移的滬深上市公司為樣本，以樣本公司在中國證券報、巨潮資訊網等證監會指定信息披露平臺上公開披露的信息為依據，收集其主要管理層的變動情況。本書依據以下原則做出了數據選擇：①以 2012—2016 年滬深股市發生的通過減持方式導致第一大股東控制權轉移的 152 家上市公司為研究對象，以其某一年或某一期間發生大股東減持並變更了第一大股東為一個觀察對象，對每一個觀察對象的管理層變動進行數據收集。②主要收集以下人員變動信息：一是董事長變動，指第一大股東變更後的當年及後一年內董事長不再擔任原有職務，重新選舉了新的董事長；二是總經理發生變動，指第一大股東變更當年及後一年內總經理人選發生變動。見表 7-1。

表 7-1　2012—2016 年第一大股東控制權變更後管理層變動情況

年份	第一大股東變更數（家）	第一大股東變更當年及後一年內公司主要管理者變動情況（家）			
		合計	其中：董事長、總經理都更換	其中：僅董事長更換	其中：僅總經理更換
2012	5	4	3	1	
2013	13	12	8	2	2
2014	29	22	15	2	5
2015	59	37	27	5	5
2016	46	28	15	10	3

數據來源：由巨潮資訊網、國泰安數據庫相關數據整理而來。

由以上數據可以看出。第一大股東控制權轉移當年或之後一年，有 103 家公司更換了高層管理人員，占比 75.18%。在更換了高層管理人員的公司中，有 68 家上市公司董事長和總經理都發生了變化，占比 66.2%；有 20 家公司的僅更換了董事長，占比 19.42%；有 15 家公司僅更換了總經理，占比 14.56%。在中國高度集中的股權結構下，第一大股東控制權轉移往往伴隨著公司管理層

的變更，這與大多數文獻研究的結論一致。

　　從股權性質看，在103家更換了管理層的企業中，法人投資者所涉企業14家，占30家法人投資者第一大股東轉移控制權企業的46.67%，其中國有法人1家，其他法人股13家。社會公眾股投資者所涉企業85家，占113家社會公眾股投資者第一大股東轉移控制權企業的75.22%。外資股（境外法人股）所涉企業4家，占9家外資股第一大股東轉移控制權企業的44.45%。從以上數據可以看出，社會公眾股所涉企業變更第一大股東後，更易更換管理層，而國有股占控股地位的公司控制權轉移和管理層更換都比較少。原因在於一是擁有國有股的股東的控制權轉移一般由政府主導，大多通過無償劃撥方式轉移控制權；二是國有股產權主體「缺位」，在國有股占控股地位的公司中容易造成內部人控制，這就意味著這些公司控制權轉移較少，高層更換的可能性較低；三是非國有法人股和公眾股多數是由各種法人企業和自然人持有，這些企業更能激勵、監督管理層，控制權轉移後也更容易引起管理層變動。

7.1.3　管理層更換後繼任者情況分析

　　管理層被更換後，繼任管理層的來源主要有兩個方面：一是實行內部選拔，提拔上市公司原有的員工；另一方面是外部聘任，即從經理人市場或其他企業引進管理層。有的文獻認為管理層應從內部聘任。Lazear 和 Rosen（1981）認為，繼任管理層的內部選拔比外部聘任有以下三大好處：一是上市公司原有員工比外部經理人更瞭解本公司的經營問題，可以盡快找出解決公司困境的辦法；二是上市公司在選擇時，獲取內部員工信息的成本要低於外部管理層，內部選拔可以節約聘用成本；三是公司通過選拔內部優秀員工作為管理層，可以發揮內部聘任機制的激勵作用，鼓勵下層經營管理者努力工作。Bonnier 和 Burner（1989）進一步指出，管理層更換後從外部聘用管理層可能使公司原有的經營政策缺乏持續性，並且可能會向市場傳遞公司經營業績惡化的信號。也有文獻指出應從外部聘任管理層。Furatd 和 Rozeff（1987）認為，在公司內部維持一個經理人市場成本較大，當公司規模縮小時，隨著內部經理人市場的重要性下降，適應該公司經營存在相當難度，外部聘任比內部選拔經理層有更多的優勢。從中國實踐來看，管理層更換後，繼任者也有不同的來源，樣本公司管理層更換後繼任者來源情況見表7-2。

表 7-2　樣本公司管理層更換後繼任的管理層來源統計表

年份	第一大股東變更涉及上市公司家數	第一大股東變更當年及後一年內主要管理者更換涉及上市公司家數	繼任者情況	
			繼任者由新第一大股東派任的公司家數	外部聘任職業經理人的公司家數
2012	5	4	1	3
2013	13	12	5	7
2014	29	22	4	18
2015	59	37	10	27
2016	46	28	9	19

數據來源：由巨潮資訊網、國泰安數據庫相關數據整理而來。

　　從表 7-2 可以看出，第一大股東控制權轉移後，在更換了管理層的企業中，管理層繼任者全部來自新的第一大股東選任或聘任外部職業經理人，沒有從公司原有人員中提拔或選任新的管理層。五年中，繼任者直接由新的第一大股東派任的上市公司共 29 家，占被更換管理者的上市公司家數比重為 28.16%；繼任者由上市公司通過職業經理人市場聘任的上市公司家數為 74 家，占被更換管理者的上市公司家數比重為 71.84%。

　　西方財務學的主流觀點傾向於管理層更換後從原有的管理層選拔董事長或總經理，認為董事長和總經理的內部聘任要優於外部聘任。如果從集團利益出發，管理層一般不要隨股東的變更而更換，即使要更換董事長、總經理，一般也建議內部聘任，但這一觀點是基於在西方成熟的經理人市場，整個管理層除了與上市公司簽訂的契約關係外，與股東不會有直接的經濟利益關係的前提下得出的結論。中國真正的經理人市場還未完全建立，全流通後，儘管第一大股東持股比例比股權分置改革前有所降低，但仍普遍存在一股獨大的現象，第一大股東難免會利用擁有的控制權優勢影響管理層的任免，將管理層變為自己的代言人。因此，在原第一大股東將控制權轉移給新的控制方之後，新的控制方就會利用股權優勢更換管理層，並主導了新任管理層的選拔，從外部聘任或直接派任管理層。

7.2　第一大股東控制權轉移對管理層行為的影響

　　Manne 在提出控制權市場時，認為控制權市場的運行可以產生三個方面的

效果：①懲戒管理層，提高管理績效；②幫助股東實現控制權私有收益；③保護投資者利益。其中懲戒管理層，提高管理效率是控制權市場治理效率的重要體現。上一節的分析充分說明，在中國資本市場上，企業控制權一旦轉移，管理層就有被替換的可能。有文獻也證實，第一大股東股權比例越高，變更後管理層被替換的可能性越大（張慕瀕，2005），即使管理層不被替換，由於代理問題的存在，第一大股東變更也會對外部投資者與原管理層的財富產生不同的影響，兩者的利益函數不一致。公司管理層作為最重要的公司內部人之一，掌握著公司經營、管理和控制權變更等內部信息，當企業的管理層預見到企業控制權即將轉移，並意識到自己可能被更換時，極有可能根據自身利益最大化做出決策（呂長江，等，2007）。Dechow 等（1991）研究發現對未來職業生涯信心不足將導致 CEO 在離任當年減少研發費用，以增加盈餘管理，獲取更多薪酬；Gibbon 等（1992）研究表明 CEO 在離任當年會增加固定資產投資。中國相關文獻對公司管理層更換的研究主要集中在管理層更換的原因及更換後對企業績效的影響，得出的結論主要集中於企業業績、投資效率、控制權轉移特徵、控股股東變更等原因可能影響公司管理層變更，管理層變更對企業績效一般會產生積極影響。也有研究表明管理層變更與企業績效相關性不大（朱紅軍，2002；張俊生，2005；張宏亮，等，2010；岑維，等，2015；劉峰，2016）。在中國資本市場上，管理層持股較少，對於企業控制權轉移，管理層很少能夠利用手中的股權來採取直接的抵禦措施，這並不意味著管理層在控制權轉移過程中，面對自身利益的變化無所作為，但很少有中國文獻對在企業控制權轉移時，管理層意識到將可能被替換時的行為特徵進行專門研究。

無論是通過協議轉讓、集合競價還是大宗交易，原第一大股東都不可能在短期內實現控制權的轉移，作為除大股東外同樣擁有信息優勢的公司管理層，如果意識到企業控制權轉移後自己將會被替換，可能會利用自己掌握的代理權，通過採取以下手段以提高自己的薪酬，或者增加更換管理層成本，以實現自身利益最大化：①減少當期研發費用；②利用會計政策調整收入或費用，調節利潤，進行盈餘管理；③增加固定資產投資；④做出不可撤回、降低未來價值的長期投資等。下面筆者就樣本企業在全流通後第一大股東變更、轉移企業控制權期間企業的研發費用變化、長期投資變化和管理層薪酬變化情況作統計分析，探析控制權轉移對管理層行為的影響。

企業研發費用變化情況。152 家樣本公司中，有 108 家上市公司通過指定媒體公布了企業研發費用。與前一年相比，其中 55 家上市公司在第一大股東變更當年減少了研發費用，53 家上市公司在第一大股東變更當年增加了研發

费用,研发费用减少的上市公司占比51%。与前三年均值相比,其中45家上市公司在第一大股东变更当年减少了研发费用,63家上市公司在第一大股东变更当年增加了研发费用,研发费用减少的上市公司占比42%。长期、持续、稳定的研发费用投入是增强企业竞争力、实现企业可持续发展的基础,国家为了鼓励企业进行技术创新,在研发费用的会计处理、税收优惠方面出抬了一系列政策措施,这也导致一些上市公司利用研发费用调节利润、进行盈余管理。在考察样本企业中,有很大比例的企业在控制权转移时减少了研发费用,可能存在部分企业管理层担心第一大股东控制权转移后将被更换,而采取减少研发费用支出、调节利润、进行盈余管理的行为。

长期股权投资变化情况。在152家样本企业中,第一大股东变更当年有51家上市公司进行了长期股权投资,占比33.78%;101家上市公司未进行长期股权投资,占比66.22%。说明中国的上市公司管理层在预期企业控制权转移后将被替换时,做出不可撤回、风险高、降低未来价值的长期投资以增加管理层更换成本的行为较少。

管理层薪酬变化情况。在考察样本中,第一大股东变更当年管理层薪酬较前一年增加的上市公司有95家,占比62.5%;减少的上市公司有36家,占比23.68%;基本不变(管理层薪酬总额上下浮动在10万元之内)的上市公司有21家,占比13.82%。从上述数据可以看出,大多数上市公司在第一大股东变更当年,管理层薪酬都较上一年有所增加,这说明管理层在预期将被更换时,可能存在利用会计政策调整收入或费用,调节利润,增加自身薪酬的行为,这也在一定程度上验证了Dechow(1991)、吕长江(2007)等学者的观点。

综上,通过研发费用、长期投资和管理层薪酬三项支出变化情况对控制权转移企业的管理层行为进行分析,当管理层在意识到由于第一大股东控制权转移,自己将被替换时,倾向于利用减少研发费用支出、利用会计政策调整收入费用等手段,进行盈余管理,实现自身利益最大化,增加管理层更换成本。而由于中国特殊的股权结构和公司治理机制,企业投资决策等决策权往往掌握在股东手中,管理层能利用长期投资决策增加管理层更换成本的行为较少。

7.3 本章小结

从理论上讲,无论是通过协议转让、集合竞价还是大宗交易,原第一大股东都不可能在短期内实现控制权的转移,作为除大股东外同样拥有信息优势的

公司管理層，如果意識到企業控制權轉移後自己將會被替換，可能會利用自己掌握的代理權，提高自己的薪酬，或者增加更換管理層成本，以實現自身利益最大化。通過對樣本數據的考察證實，第一大股東變更期間上市公司的研發費用減少的公司比例較大，這類企業管理層預計自己可能被更換，可能利用研發費用調節利潤，進行盈餘管理，獲取自身利益。中國的上市公司管理層在預計企業控制權轉移後將被替換時，做出不可撤回、風險高、降低未來價值的長期投資以增加管理層更換成本的行為較少。大多數上市公司在第一大股東變更當年，管理層薪酬都較上一年有所增加，這說明管理層在預計將被更換時，可能存在利用會計政策調整收入或費用，調節利潤，增加自身薪酬的行為。

8 第一大股東控制權轉移對中小股東的財務後果

8.1 第一大股東控制權轉移對中小股東利益的影響

在參與公司治理的利益相關者中，大股東與中小股東的代理問題作為第二類委託代理問題，一直以來備受關注。以往文獻認為，中小股東在公司治理中處於弱勢地位，利益容易被大股東侵害，主要原因如下：一是作為理性經濟人的中小股東對公司治理權利的「理智放棄」。中小股東行使對公司重大事務的決策權進行投票決定時，需要付出信息獲取與加工成本、投票成本等，一般而言，中小股東因行使投票決策權而支付的成本是要大於其按現金流權享受到的收益的，因此一個理性的中小股東，特別是小股東會選擇放棄行使投票權；二是在參與股東監督管理層的過程中，中小股東理性地選擇「搭便車」。股東對管理層的監督行動是公司治理的重要內容，但是該行動具有「公共物品」的特徵，在參與股東監督管理層的活動中，每個理性的股東都希望其他股東去監督管理層，使付出成本最小化和獲取收益最大化，最終博弈的結果是大股東參與對管理層的監督，中小股東主動或被動將該監督權委託給了大股東，特別是擁有控股權地位的第一大股東。三是中小股東因擁有較少的現金流權，處於控制權弱勢，在公司的重大決策過程中不具有決定作用。文獻研究證實，不論是股權集中還是股權分散的公司，中小股東由於擁有較少的現金流權，不但無法掌握公司的控制權，而且正常參與公司治理的權利也常常被大股東或管理層通過各種手段予以限制，其在公司治理時，既不能對管理層的代理行為進行有效監督，也無法抵抗大股東的侵害行為。中小股東在公司治理中的弱勢地位，使其權益常常被管理層或擁有控制權地位的第一大股東通過各種手段侵害，導致嚴重的代理問題。

第一大股東控制權轉移對中小股東的影響研究可以從兩個方面入手：一是考察控制權轉移過程中是否存在利益侵害問題及影響因素，二是第一大股東控制權轉移後對公司財務績效的影響。關於第二個方面的內容，本書在下一章研究第一大股東控制權轉移對上市公司的影響時一併論述，本節主要考察第一大股東控制權轉移過程中是否存在對中小股東的利益侵害。第一大股東控制權轉移利益侵害指第一大股東利用特殊的控制權優勢，在控制權轉移時，利用顯性或隱性手段獲取超過現金流權的超額收益，侵害中小股東利益的行為，現有文獻一般用控制權私有收益對該利益侵害進行計量。自從 Grossman 和 Hart（1988）提出了控制權私有收益概念後，對控制權私有收益的內涵、計量、影響因素等方面的研究便成為公司治理研究重點關注的話題之一。Grossman 和 Hart（1988）指出，控制性股東會利用控制權，採用自我交易、利用公司機會、利用內幕交易、制定過度報酬及在職消費等方式，獲取只能自己享有、超過現金流權且其他股東不能享有的收益，對其他股東進行利益侵害，他們將該類收益稱為控制權私有收益。由此可見，控制權私有收益就是控制性股東對其他股東的利益侵害，其主要表現形式有：①利用不正常關聯交易、配股融資發放非正常高額現金股利分配等方式對上市公司進行掏空，轉移上市公司利潤；②低成本或無成本占用上市公司巨額資金，或利用上市公司為控制性股東進行擔保和惡意融資；③為控制性股東委派的高層管理人員發放不合理的高薪，或者授意高管人員在職高消費；④控制性股東利用控制權轉移事件在資本市場上進行內幕交易；⑤以增發配股等方式發行股份。隨著中國資本市場的不斷發展，法律、制度的不斷完善，第一大股東利用不正常關聯交易、低成本或無成本占用上市公司資金、發放非正常高額現金股利等手段獲取控制權私有收益的行為懲罰成本越來越高，因而其轉而利用內幕交易等隱蔽手段獲取控制權私有收益。

　　高股權集中度為上市公司控制性股東的利益侵害、獲取控制權私有收益提供了便利條件。Shleifer 和 Vishny（1997）研究發現當所有權超過一定比例時，大股東就會利用上市公司為自身謀取私利，侵害中小股東利益。Claessens 等（1998）發現股權集中度高的東亞國家上市公司普遍存在大股東侵害小股東利益現象。中國由於特殊的制度環境，也存在控制性股東侵害其他股東利益的事件（唐宗明，等，2002；韓德宗，等，2004；李增泉，等，2004；石水準，2010）。股權分置改革後，第一大股東通過股權交易轉移控制權的事件逐漸增多，相關文獻通過實證研究證實在股權集中度高的上市公司的控制權轉移交易中，大量存在控制權溢價（韓德宗，等，2004；顏淑姬，2010；肖紹平，等，

2012)。不過,也有文獻研究採用了不同的樣本和計算指標,實證後發現大股東股權交易中的控制權溢價也不總是為正,且溢價也會隨著時間的變化而變化。

綜上所述,全流通後,上市公司第一大股東控制權轉移仍較頻繁。研究第一大股東在利用股權交易、轉移控制權的過程中是否存在侵害中小股東利益,以及利益侵害的數量特徵、影響因素,具有以下重大的意義:一是有利於增強投資者信心,提高資本市場融資能力,維護資本市場的穩定;二是有利於實現金融市場的可持續發展,完善的投資者保護制度是金融市場可持續發展的基礎,投資者保護越好,金融市場抗風險能力越強,發展能力也越強;三是有利於提高資本市場的資源配置效率,促進資本市場對實體經濟增長的支持作用。

8.2 中小股東利益侵害的計量模型

自從控制權私有收益的概念被正式提出來之後,一些文獻就著手研究對控制權私有收益進行計量的問題。由於私有收益具有隱蔽性,不易顯性度量,目前較為普遍的計量方法是採用間接法來計量控制權私有收益,常見的方法有大額股權交易溢價法、差別投票權溢價法、累計超額收益衡量法、大股東派出董事比例法等。

8.2.1 大額股權交易溢價法

大額股權交易溢價法是測算控制權私有收益運用最廣泛的方法,其最初由 Barclay 和 Holderness(1989)提出,基本原理為:在控制權轉移時,將大股東控制的大宗交易轉讓價格與一個基準價相比,差額部分就被認為是大股東利用控制權獲得的非正常收益。大多數研究者將大宗交易轉讓公告次交易日資本市場上公司的股票交易價格作為基準比較價格。該方法的計量模型如下:

$$PBC = \frac{P_b - P_e}{P_e}$$

其中:PBC 表示控制權私有收益水準,P_b 為大股東控制的大宗交易轉讓價格,P_e 為大宗交易轉讓公告次交易日資本市場上公司股票的交易價格。

正確運用該方法需要注意如何較為科學地確定比較基準價。因為,該方法以股東控制的大宗交易轉讓價格與一個基準價相比的差額作為大股東控制權私有收益的計量標準,在大股東的交易價格確定的情況下,比較基準價將成為影

響大股東控制權私有利益計算結果的最重要的因素。

8.2.2 差別投票權溢價法

差別投票權溢價法由 Lease、McConnell 和 Mikkelson（1984）在分析美國發行的兩類公開交易的普通股票（現金流權相同，投票權有差異）具有不同溢價時提出的一種方法。該方法的基本原理：對於發行有相同現金流權但不同投票權的股票的公司，有投票權和無投票權這兩種股票之間的價差就是控制權私有收益的測量值。Nenova（2003）提出了差別投票權溢價法計量模型：

$$VP = \frac{P_m(t) - P_l(t)}{1 - K} \times \frac{N_m + N_l K}{2[N_m P_m(t) + N_l P_l(t)]}$$

其中：$P_m(t)$ 和 $P_l(t)$ 是有投票權股票和無投票權股票一週的平均價格，N_m 和 N_l 是兩類股票對應的股份數，K 是無投票權股票與有投票權股票的投票權數的比值。

8.2.3 控制權交易價格和小額股權交易價格差額衡量法

控制權交易價格和小額股權交易價格差額衡量法由 Hanouna、Sarin 和 Shapiro（2001）在研究西方七國併購案例時提出，該方法的原理為：文獻將交易前後投票權都不足 30% 的稱為小額股權交易，交易前投票權不足 30% 但交易後投票權超過 50% 的稱為大額交易（或稱控制性交易），控制權溢價就是兩類交易的價格差距。該方法的計量模型為：

$$\overline{V} = \frac{[\overline{(P/B)_C} - \overline{(P/B)_M}]}{\overline{(P/B)_M}}$$

$$V = \frac{P_C - P_M}{P_M}$$

其中，$\overline{V}$ 為市場總體控制權的價值，$\overline{(P/B)_C}$ 是市場中單次控制性每股交易價與上市公司的每股淨資產的比值 $(P/B)_C$ 的期望值，$\overline{(P/B)_M}$ 是市場中單次小額股權交易價格與上市公司每股淨資產的比值 $(P/B)_M$ 的期望值，V 是單次交易的控制權溢價，P_C 是單次控制性交易的交易價，P_M 為單次小額股權交易的交易價。

中國學者施東暉沿用了上述思路，修正了該模型因未實現同股配對的數據比較可能產生較大誤差的缺點，篩選了中國 1997—2001 年同時發生控制性交易和小額交易的公司樣本，利用改進模型 $V = \frac{P_C - P_M}{P_M} \times 100\%$ 進行計算，通過

同股一一配對，檢驗了中國上市公司的控制權私有收益。

8.2.4 累計超額收益衡量法

累計超額收益衡量法由香港學者 Bai、Liu 和 Song（2002）在研究中國 ST 上市公司的超額收益率時提出的，該方法的原理為：由於上市公司屬於稀缺資源，控股股東不會輕易放棄上市資格，當目標上市公司被宣布 ST（即特別處理）後，大股東或實際控制人會頻繁進行重組等市場運作使其財務狀況得到改善，上市公司的該類行為必將在股價中得到反應，因此 Bai、Liu 和 Song 用目標公司被宣布 ST 前後的累計超額收益來計算控制權私有收益。劉睿智和王向陽（2003）也利用該方法檢驗中國的 ST 上市公司的控制權私有收益。該方法的計量模型為：

$$CAR_{(a,b)} = \sum_{i=a}^{b} \frac{\sum_{j=1}^{n}(r_{j,t} - m_{j,t})}{N}$$

其 $CAR_{(a,b)}$ 表示第 j 個公司的超額收益，(a, b) 表示目標公司被 ST 處理信息宣布的前三個月到信息宣布後的第 18 個月的窗口期，$r_{j,t}$ 是第 j 個公司在 t 月的收益，$m_{j,t}$ 表示市場在 t 月的收益，N 表示公司的樣本量。

8.2.5 大股東派出董事比例法

大股東派出董事比例法源於臺灣，其原理為：將大股東派出公司董事（監事）占全部公司董事（監事）的比例作為大股東控制權的衡量指標，再將控制權比例減去現金流權比例當作大股東獲取超額控制權的比例，以此來衡量控制權私有收益。該方法具有一定的合理性，但是在中國 A 股市場信息披露不充分和大部分公司是國有控股公司的條件下，董事的身分和來源很難鑑別，在實際應用中存在很大的困難。

中國 A 股市場不存在差別投票權類型的股票，因此差別投票權溢價法在中國尚不適用。中國處於信息披露制度的完善過程中，加上目前中國資本市場大多數公司為國有控股公司，大股東派出董事比例法的應用也不適合中國資本市場的實際情況。累計超額收益衡量法是衡量特別處理的上市公司控股股東獲取控制權私有收益的方法，該方法在實際使用中受到諸多條件的限制，因此，該方法的使用範圍大大縮小了。對於控制權交易價格和小額股權交易價格差額衡量法來講，要提高該模型的可信度，在樣本採用上最好採用同一期間同一股票的控制性交易價格和小額股權交易價格進行比較來度量控制權私有收益的大

小，但在實際中，同一期間同一公司同時發生控制性交易和小額股權交易的案例很少，使樣本量選取存在很大的困難，廣泛運用受到限制。

從中國現有文獻看，多數學者在測量一般上市公司控制權私有收益時採用了大額股權交易溢價法，且一些學者在運用該方法的過程中，結合了中國上市公司的實際情況和具體的研究目的，對該方法進行了部分修正。唐宗明和蔣位（2002）、林朝南（2007）等運用模型時用「每股淨資產」代替「股票市場價格」作為比較大股東股權交易價格的基準價。股權分置改革完成後，一些文獻提出股票市場已經基本實現了全流通，二級市場的公開交易價格應該成為計算控制權私有收益的交易價格的主要參照，主要代表為江東瀚（2012）提出的股改前後兩階段的大額股權交易溢價法計量模型。

Dyck 和 Zingales（2003）提出了構建控制權私有收益衡量模型的三個標準：一是交易的產生必須涉及控制權的轉移，二是必須獲得控制性股東的股票價格，三是必須獲知交易價格。本書的樣本數據是在股權分置改革完成，股改產生的限售股基本解禁的前提下選取的，每股淨資產已不適合作為控制權私有收益計算時的基準價。因此，本書借鑑江東瀚（2012）的研究成果，將選用股票公開市場價作為大額股權交易溢價法計量模型中的比較第一大股東控制權轉移的交易價格基準價。為了消除偶然事件對股票價格的影響，本書將股票公開市場價選取時限數據延長，選用第一大股東控制權轉交易信息發布時「第 1 次公告日後一個交易日與公告日前 28 個交易日（共 30 個交易日）證券交易市場上股票價格的算術平均值」來替代由 Barclay 和 Holderness（1989）提出的大額股權交易溢價法模型中「大宗股權轉讓公告次交易日二級市場上股票的成交價格」。

8.3 第一大股東控制權轉移交易溢價分析

樣本數據收集說明：本書以全流通後發生了第一大股東控制權轉移的 152 家上市公司作為樣本，並根據以下原則進行了數據剔除：①第一大股東控制權轉移是自願發生並按照市場交易原則進行股權交易的；②樣本中涉及的股權轉讓行為都已經完成，交易獲得了相關部門的批准，並完成了股權交割；③剔除數據缺失的上市公司、轉讓時為 ST 類的上市公司等。經過篩選，最終選擇了 132 家上市公司作為樣本公司。

本書採用大額股權交易溢價法來計算控制權私有收益，並選用第一大股東

控制權轉移、股權轉讓交易信息發布時「第 1 次公告日後一個交易日與公告日前 28 個交易日（共 30 個交易日）股票交易市場上股票價格的算術平均值」作為計量模型中的「比較大宗股權交易價格基準價」。經計算，得出全流通後樣本公司第一大股東控制權轉移交易的控制權私有收益（詳見表 8-1）

表 8-1　全流通後樣本公司第一大股東
控制權轉移交易的控制權私有收益統計情況（樣本量 132 家）

	最小值（Min）	最大值（Max）	均值（Mean）	標準差（Sta. De）
第一大股東轉讓股份占公司總股份比例（%）	7.93	67.5	27.14	13.12
資產負債率	0.03	0.95	0.39	0.23
淨資產收益率	-0.77	0.66	0.04	0.16
總資產週轉率	0.001	2.45	0.58	0.41
控制權私有收益水準（PBC）	-0.55	2.37	0.19	0.472
股權制衡度	0.05	2.48	0.83	0.624

　　從樣本公司第一大股東控制權轉移時涉及股權交易的股份比例來看，第一大股東轉讓的股份占公司總股份最低的是 7.93%（轉讓股份占總股份比例低於 10% 的僅兩家公司），最高的是 67.5%，一般情況下，超過 5% 的股份轉讓行為就被認為可能引起控制權轉移，研究樣本中第一大股東轉讓股份比例均值達 27.14%，同時，所選樣本的第一大股東轉移股份後其第一大股東地位都發生了變更。因此，無論從何種角度來講，所選樣本上市公司的第一大股東的股權轉讓、第一大股東變更的行為都已導致上市公司的控制權轉移。

　　樣本公司特徵分析。從資本結構來看，第一大股東變更的上市公司資產負債率均值為 0.39；從營運能力指標看，樣本公司的總資產週轉率最低的 0.001，最高為 2.45，均值為 0.41；從盈利能力指標看，樣本公司淨資產收益率最低的為 -0.77，最高的為 0.66，均值為 0.04，說明第一大股東控制權轉移上市公司資產負債率不是很高，債務風險不大，但營運能力、盈利能力較差。所選樣本公司股權制衡度最小值為 0.05，最大值為 2.48，第二至第五股東對第一大股東的制衡均值為 0.83，說明全流通後發生了第一大股東控制權轉移的樣本公司的股權集中度較高，第二至第五大股東難以對第一大股東形成有效制衡。

全流通後第一大股東控制權發生轉移的132家樣本上市公司的控制權私有收益計算結果為：控制權私有收益為正的有85家公司，占比64.39%，控制權私有收益為負的有47家公司，占比35.61%，說明2012—2016年發生控制轉移的大多數公司獲得了正的控制權私有收益，大部分樣本公司第一大股東在轉移控制權時侵害了其他股東的利益。其控制權私有收益最低值為-0.55，最高值為2.37，均值為0.19。說明第一大股東在控制權轉移過程中，大宗股權轉讓價格高於「第1次公告日後一個交易日與公告日前28個交易日（共30個交易日）股票交易市場上股票價格的算術平均值」的19%，最高溢價水準為237%，最低溢價為-55%，這表明第一大股東控制權轉移過程中第一大股東獲取控制權私有收益總體水準為正，但不同樣本獲取控制權私有收益的水準差距較大。

綜上所述，全流通後，第一大股東變更、轉移控制權的上市公司財務風險不大，資產營運能力、盈利能力較差，股權集中度高，第二至第五大股東難以對第一大股東形成有效制衡。經過計算可以看出，原第一大股東在控制權轉移過程中大部分能獲取正的控制權私有收益，會侵害其他股東的經濟利益，但不同的上市公司獲取控制權私有收益的能力存在較大差距。

為了進一步分析不同性質上市公司的第一大股東控制權轉移交易的控制權私有收益狀況，本書對132家樣本公司按上市公司性質進行了分類，將國有企業類上市公司作為一個考察組，將民營企業類和外資企業類等非國有上市公司作為一個考察組，分別對其第一大股東控制權轉移交易的控制權私有收益獲取進行描述性分析，結果如表8-2所示。

表8-2　國有與非國有上市公司第一大股東控制權
轉移交易的控制權私有收益統計情況

公司性質	樣本量（N）	最小值（Min）	最大值（Max）	均值（Mean）	標準差（Sta. De）
國有類上市公司	20	-0.45	0.745	0.068	0.294
非國有類上市公司	112	-0.55	2.37	0.217	0.492

按照上市公司性質分類，國有類上市公司控制權轉移交易樣本共有20家，其中控制權私有收益為正的有12家公司，占比60%，控制權私有收益為負的有8家公司，占比40%；非國有類上市公司控制權轉移交易樣本共有112家，其中控制權私有收益為正的有71家公司，占比63.39%，控制權私有收益為負的有41家公司，占比36.61%；國有類上市公司控制權轉移獲取控制權私有

收益的均值為0.068，非國有類上市公司控制權轉移獲取控制權私有收益的均值為0.217。以上數據說明，國有類上市公司在第一大股東控制權轉移交易時，獲取控制權私有收益要小於非國有類上市公司，非國有類上市公司在控制權轉移過程中對中小股東實施了更多的利益侵害。

8.4　第一大股東控制權轉移利益侵害影響因素的實證分析

根據上節分析結論，本節進一步對全流通後第一大股東控制權轉移時，獲取的控制權私有收益的影響因素作實證分析，以便於其他股東和監管層能更好地識別第一大股東控制權轉移時的利益侵害，保護中小投資者利益。

8.4.1　研究假設、變量選擇與樣本確定

債務約束理論認為，債務還本付息的強制性約束在一定程度上會抑制企業的過度投資行為，也會抑制大股東將現金和其他流動性資產用於謀取控制權私利的行為。因此，公司的負債程度可能會影響第一大股東控制權私有收益的實現：一方面，資產負債率高的上市公司財務風險較高，可操縱利潤空間較小，這會降低第一大股東獲取控制權收益的興趣；另一方面，資產負債率高的上市公司的債權人為了自身利益，會加強對公司行為的約束，包括約束大股東侵害公司利益的行為。Jensen（1986）認為債務將使公司的現金流持續流出，控股股東能占用的資源減少。一些文獻通過以股權分置改革時期的數據為樣本，實證研究表明控制權私利可以在債務的強制性約束力作用下得到抑制（李增泉，等，2004；王化成，2007；王書林，等，2016），二者有顯著的負相關關係。在控制權轉移過程中，第一大股東利用股權交易獲取控制權私有收益，也將受到公司負債程度的影響。因此，本書提出第一個假設：

H1：公司負債程度與第一大股東控制權轉移時獲取的私有收益成反比。

Jensen和meckling（1976）認為大股東持股比例不同，將影響控制權私有收益的獲取。中國文獻基於不同數據，研究得出股權集中度影響控制權私有收益的結論不統一，有文獻認為股權集中度與控制權私有收益正相關，有文獻認為兩者不相關，也有文獻證實兩者呈「N」字形關係。全流通後，第一大股東持股比例較之前有所降低，第一大股東持股比例大多在百分之十幾到百分之四十左右。根據Jensen和meckling（1976）的觀點，在這個階段，由於壕溝效應的影響，大股東利益侵占程度將隨大股東持股比例的增加而增加，而本書中樣

本公司的第一大股東控制權轉移，基本符合壕溝效應的特徵。由此，本書提出第二個假設：

　　H2：全流通後，由於大股東持股比例的整體下降，股權集中度與第一大股東獲取的控制權私有收益正相關。

　　全流通後，中國上市公司股份從存在流通股、非流通股的「股權割裂」狀態到實行全流通的「股權同一」狀態，所有股東股份都可以在二級市場上流通。由此，上市公司股本的大小和股本結構將對大股東在資本市場上操縱股價的難度產生影響。第一大股東轉移控制權獲取私有收益時，上市公司股本越大，大股東進行炒作所需資金、技術要求就越高，其在二級市場操縱股價難度也越大，大股東通過交易手段，操縱股票價格的成本就越高，獲取的投機收益越少。由於目前中國資本市場上仍存在首發限售股和增發限售股，全部股本規模仍不能完全體現上市公司的股價的操縱難度，本書仍用流通股占比來表達某上市公司股價操縱難度。因此，本書提出第三個假設：

　　H3：上市公司流通股比例與第一大股東控制權私有收益負相關。

　　全流通後，中國上市公司股權結構發生了一個重要變化，上市公司的股權制衡度較股權分置改革前有所提高。股權制衡對公司治理的積極作用表現為多個大股東之間監督和制衡。如果上市公司存在多個控股權差異不大的大股東，控制權的壟斷性較弱，第一大股東獨霸公司的局面將會改善，行為將會受到限制。控股股東的權力具有相對性，第一大股東控制權轉移時，控股股東攫取控制權私有收益時難免會損害其他大股東的利益，他的掠奪行為自然會受到其他大股東的監督與限制。由此，本書提出第四個假設：

　　H4：股權制衡度與第一大股東控制權私有收益負相關。

　　公司資產質量和盈利能力可能會對第一大股東獲取控制權私有收益產生影響。但目前文獻對公司盈利能力與大股東控制權私有收益關係的實證結論不一致，有研究認為公司盈利能力越強，控股股東預期的控制權能獲得的私有收益越多。另一些文獻研究認為盈利能力差的企業財務漏洞較多，控股股東正好能借此機會進行掏空（韓德宗，等，2004；餘明桂，等，2006；王書林，等，2016）。本書認為，隨著全流通後法律法規對大股東占款、非正常關聯交易和融資方式獲取現金進行大額現金分紅等行為的限制越來越嚴，第一大股東利用上市公司財務漏洞進行掏空的機會越來越少。而對於公司資產質量較好，盈利能力較強的企業，第一大股東更有意願加強公司的控制，並利用市場交易手段，甚至是失去控制權的股權交易來獲取控制權私有收益。本書用總資產週轉率和淨資產收益率來衡量公司的資產質量和盈利能力，並提出第五個假設：

H5：公司資產質量、盈利能力與第一大股東控制權私有收益正相關。

表 8-3 體現了第一大股東控制權私有收益影響因素變量的情況。

表 8-3　第一大股東控制權私有收益影響因素變量表

變量性質	變量描述	具體指標	符號	公式	符號
因變量	控制權溢價	控制權私有收益	PBC	$PBC=\dfrac{P_b-P_e}{P_e}$	
自變量	債務程度	資產負債率	De	負債總額/資產總額	－
	股權集中度	轉移前第一大股東持股比例	Ds	第一大股東股份/公司總股份	＋
	流通股佔比	流通股佔公司總股份比例	Le	流通股股數份/股份總數	－
	股權制衡度	第二至第五大股東持股佔比	Ba	第二至第五大股東股份總數/第一大股東	－
	營運能力	總資產週轉率	Tat	營業收入/平均資產總額	＋
	盈利能力	淨資產收益率	Roe	淨利潤/平均股東權益	＋
控制變量	公司規模	資產的自然對數	Lta	Ln（公司總資產）	＋
	第一大股東性質	虛擬變量	Qu	國有性質，1；非國有性質，0	＋

數據確定。此處仍以計算第一大股東控制權轉移時獲取控制權私有收益的 132 家樣本公司的相關數據，來進一步分析控制權轉移時控制權私有收益的影響因素。

8.4.2　模型構建

本書採用線性迴歸的方法來研究第一大股東控制權轉移的控制權私有收益影響因素，構建了全流通後第一大股東控制權轉移獲取控制權私有收益與影響因素間的多元迴歸方程：

$PBC = \alpha + X_1 DE + X_2 DS + X_3 LE + X_4 BA + X_5 TAT + X_6 ROE + X_7 LTA + X_8 QU + \mu$

其中：$X_1, X_2, X_3, X_4, X_5, X_6, X_7, X_8$ 為自變量的系數，α 為常數項，μ 為隨機變量。

在迴歸分析時，本書採用 Stepwise 迴歸分析法——前向逐步迴歸（逐步增加自變量）和後向逐步迴歸（將所有自變量加入迴歸方程，然後逐步減少自

變量）結合的方法。

8.4.3 研究結果分析

通過運用 Eviews 軟件對模型迴歸後進行假設檢驗，結果如下：

相關性分析：相關性分析主要分析的是轉移前第一大股東持股比例、第二至第五大股東持股比例、淨資產收益率、總資產週轉率、資產負債率、流通股占公司總股份比例、總資產的自然對數及第一大股東性質與被解釋變量控制權私有收益的相關關係。分析結果如表 8-4 所示。

表 8-4　相關性分析結果

Probability	PBC	DE	DS	BA	LE	TAT	ROE	LTA	QU
PBC	1.000,000								
	—								
DE	-0.137,052	1.000,000							
	0.100,71	—							
DS	0.181,540	-0.036,227	1.000,000						
	0.037,2	0.680,1	—						
BA	-0.064,240	-0.067,912	-0.636,379	1.000,000					
	0.464,3	0.439,1	0.000,0	—					
LE	-0.326,015	0.252,619	-0.047,319	-0.039,908	1.000,000				
	0.000,1	0.003,5	0.590,0	0.649,6	—				
TAT	0.079,893	0.109,206	0.065,738	-0.088,147	-0.095,246	1.000,000			
	0.362,5	0.212,6	0.453,9	0.314,9	0.277,3	—			
ROE	0.283,922	-0.071,172	0.068,316	0.103,129	-0.192,250	0.257,960	1.000,000		
	0.001,0	0.417,4	0.436,4	0.239,3	0.272	0.002,8	—		
LTA	0.235,452	0.106,831	0.048,505	0.090,786	-0.264,540	0.122,636	0.248,031	1.000,000	
	0.006,6	0.222,8	0.580,7	0.300,5	0.002,2	0.161,3	0.004,1	—	
QU	-0.080,473	0.239,992	-0.004,428	-0.049,656	0.205,545	0.086,884	0.076,946	0.070,501	1.000,000
	0.359,0	0.005,6	0.959,8	0.571,8	0.018,1	0.321,9	0.380,5	0.421,8	—

從表 8-4 中可以看出，企業債務程度（資產負債率）、流通股占比（流通股占公司總股份比例）與控制權私有收益呈顯著負相關；而股權集中度（轉移前第一大股東持股比例）、公司規模（總資產的自然對數）、盈利能力（淨資產收益率）與控制權私有收益呈顯著正相關；總資產週轉率與控制權私有收益呈正相關但不顯著；第一大股東性質、股權制衡度（第二至第五大股東持股比例）與控制權私有收益呈負相關，但不顯著。結合前文假設可知，檢驗結果與假設基本相符。

多元迴歸分析：將滿足顯著性檢驗及調整後的判定系數最大的模型作為最

終的迴歸方程，進入方程的自變量都通過 0.05 的顯著性檢驗。具體的分析結果如表 8-5 所示。

表 8-5　多元迴歸分析結果

Variable	Coefficient	Std. Error	t-Statistic	Prob.
μ	0.492,686	0.169,320	2.909,799	0.004,3
DS	0.552,2	0.002,889	1.911,652	0.048,2
LE	−0.582,096	0.171,815	−3.387,915	0.000,9
ROE	0.641,516	0.237,862	2.697,009	0.007,9

異方差 BP 檢驗結果如表 8-6 所示。

表 8-6　異方差 BP 檢驗結果

F-statistic	1.383,146	Prob. F (3, 128)	0.250,9
Obs * R-squared	4.144,745	Prob. Chi-Square (3)	0.246,3
Scaled explained SS	12.983,95	Prob. Chi-Square (3)	0.004,7

根據檢驗結果本書可以發現橫截面數據中容易出現的異方差性在此次實證分析中並不存在，檢驗結論真實可靠。

對第一大股東控制權轉移時獲取控制權私有收益的影響因素的逐步迴歸分析，進一步剔除了對第一大股東控制權私有收益獲取影響因素中的公司總資產對數和資產負債率兩個顯著性檢驗大於 0.05 的變量，最終得到了迴歸方程如下：

PBC＝0.642ROE−0.582LE＋0.552DS＋0.493

在迴歸分析中，淨資產收益率的迴歸系數為 0.642，呈顯著正相關，表明上市公司盈利能力越強，第一大股東控制權轉移時獲取控制權私有收益的可能性越大；流通股占比迴歸系數為−0.582，與控制權私有收益呈負相關，說明全流通後，股權結構發生了變化，第一大股東股權比例降低，其在轉移控制權時攫取控制權私有收益，損害其他大股東的利益，他的掠奪行為受到了其他大股東的監督與限制，這與前文的假設一致；股權集中度系數為 0.552，與控制權私有收益呈正相關，說明股權集中度越高，第一大股東獲取控制權私有收益的可能性越大。

8.5　本章小結

　　全流通後，第一大股東變更、轉移控制權的上市公司財務風險不大，資產營運能力、盈利能力較差，股權集中度高，第二至第五大股東難以對第一大股東形成有效制衡。經過計算可以看出，原第一大股東在控制權轉移過程中大部分能獲取正的控制權私有收益，會侵害其他股東的經濟利益，但不同的上市公司獲取控制權私有收益的能力存在較大差距。進一步分析發現，不同性質的上市公司在控制權轉移時獲取控制權私有收益的數量存在差別，總體上講，國有類上市公司在第一大股東控制權轉移時獲取的控制權私有收益要小於非國有類上市公司。通過對第一大股東控制權私有收益獲取的影響因素進行實證分析發現，上市公司盈利能力越強，第一大股東獲取控制權私有收益的可能性越大；流通股占比越高，第一大股東越難以獲得控制權私有收益；股權集中度越高，第一大股東獲取控制權私有收益的可能性越大。

9 第一大股東控制權轉移對上市公司的財務後果

9.1 第一大股東控制權轉移的市場反應研究

9.1.1 實證方法與樣本選擇

9.1.1.1 第一大股東控制權轉移的市場反應實證研究的事件研究法

現有文獻一般採用事件研究法對控制權轉移的市場反應進行研究。事件研究法是一種統計方法,最早在1933年由Dolley提出並用於研究拆股對股價的影響,Ball等(1968)、Fama(1969)、Brown等(1980)對事件研究法進行了拓展和完善。事件研究法研究第一大股東控制權轉移對上市公司股價的影響時,是將公司第一大股東控制權轉移及相關信息到達證券市場當成一個事件,考察該事件對證券市場上公司股價和成交量的影響。其主要思想為:設定第一大股東控制權轉移事件信息發布日為事件日,設置事件窗口長度即窗口區間,計算該事件窗口區間的日超額收益率和累計超額收益率,同時也計算該時間窗口區間的股票成交量的變化,並用累計超額收益率、股票成交量兩個指標的統計檢驗量衡量事件影響的顯著程度。

一、確定事件研究法的事件與事件窗口

在事件研究法中,事件窗口區間設定是否合適,將對研究結論的正確與否具有決定性影響。本書將上市公司第一大股東控制權轉移事件的第一次公告日作為「事件日」。根據事件研究法的使用要求,這裡的事件日指證券市場參與者或潛在投資者「接收」到第一大股東控制權轉移這一事件即將發生或可能發生的時間點,不是第一大股東控制權轉移事件「實際」發生的時間點。因此,選擇上市公司在公開媒體發布公告日作為事件日,符合研究方法使用的要

求。對於事件研究的區間，國外研究文獻的取值區間一般是取（2,2）至(-30,10)；從中國文獻來看，許多研究考慮到中國證券市場上存在控制權轉移須監管部門審核、內幕信息洩露等實際情況，認為事件研究的窗口區間不能太短，但如果選擇的窗口區間太長，則又包含太多非研究事件因素的干擾，影響研究結論的準確性，因此一般選擇窗口區間為（-30,20）。本書參照國內外運用事件研究法時設定的常規窗口區間，考慮到中國證券市場的背景，以及現在資本市場上的信息傳遞的便捷性，將第一大股東控制權轉移事件研究窗口區間設定為（-20,10），即選擇第一次公告日前20天到第一次公告日後10天為研究事件的窗口區間。

二、超額收益率及累計超額收益率的計算

超額收益率的計算有市場收益模型法、市場調整收益法和均值調整收益法三種方法，Brown（1980,1985）在論文中已論證，如果資本市場中某只股票存在超額收益率，三種方法計算得出的超額收益率基本一致。為了計算方便，本書採用市場調整收益模型計算超額收益率。假定事件所涉及的股票 i 在事件窗口區間內的 t 時刻的實際收益率為 R_t，實際收益率由個股在 t 時刻的收盤價與前一日收盤價相比計算得出；股票在沒有該事件發生的正常收益率假設為 $\overline{R_t}$（$\overline{R_t}$ 可由當日整個市場的正常收益率，或股票 i 的歷史正常收益率表示，或股票 i 的正常預期收益，本書採用當日市場正常收益率），由此，事件所涉股票 i 在時間窗口區內 t 時刻的超額收益率為 AR_t，即：$AR_t = R_t - \overline{R_t}$，則事件區間內的累計超額收益率 CAR 為：

$$CAR_t = \sum_{t=-20}^{t=10} AR_t$$

對 CAR_t 做統計顯著性檢驗。假設 $CAR_t = 0$，如果檢驗結果顯著，則上市公司的股價波動不是由第一大股東控制權轉移事件引起的，即上式中，$t \in [-20,10]$，如果控制權轉移事件發生對股價無影響，那麼統計量 CAR_t 服從自由度為 n-1 的 t 分佈。給定顯著性水準，就可以得到檢驗結果。

三、成交量計算方法

證券市場上股票的成交量和股票價格的變化從不同側面表述了投資者對同一事件在該股票上的反應程度，股票成交量的變化可以反應市場的活躍程度，不同投資者對新信息的不同解讀形成意見分歧，然後反應為成交量的變化。如果投資者對新信息解讀一致，成交量將萎縮。價格的變化則反應了投資者對信息的市場預期的改變，兩者共同構成了事件對上市公司股票的市場反應變化。由此可見，要深入分析第一大股東控制權轉移的市場反應，必須同時考慮所涉

股票的股價和成交量的變化。為研究事件發生期間上市公司股票成交量的異常變化，將事件期內股票 i 的第 t 日成交量 $VOL_{i,t}$ 除以該證券在事件期內的平均成交量 $\overline{VOL_i}$，得到標準化後的成交量指標，以消除公司規模對成交量的影響，然後計算股票 i 第 t 日證券標準化成交量後的平均值 $\overline{SVOL_{i,t}}$，表示為：

$$SVOL_{i,t} = \frac{VOL_{i,t}}{\overline{VOL_i}}, \quad \overline{SVOL_{i,t}} = \frac{1}{N}\sum_{i=1}^{N} SVOL_{i,t}$$

由於 $\overline{SVOL_{i,t}}$ 的平均值為 1，如果投資者對第一大股東控制權轉移事件的信息解讀較為一致，即對市場信息沒有分歧，股票持有者將賣出或者持有股票；對應的，沒有持有股票的潛在投資者將不購入或者搶購股票，無論是惜售還是惜購，反應在股票成交量上則是成交量正常，即 $\overline{SVOL_{i,t}}$ 在 1 的範圍內上下波動。因此通過分析 $\overline{SVOL_{i,t}}$ 是否顯著偏離 1，就可以分析第一大股東控制權轉移前後該股票成交量的異常變化。

9.1.1.2 樣本選擇

樣本數據選擇來自國泰安 CSMAR 數據庫，以滬深兩市 2012—2016 年發生的第一大股東控制權轉讓交易為基礎，並按照以下原則進行了數據篩選：①以原第一大股東地位發生變更作為控制權轉移標準；②控制權轉移是在雙方自願交易的基礎上進行的，剔除了由法律裁定、繼承、離婚析產等被動因素引起的第一大股東控制權轉移；③第一大股東控制權轉讓已經成功，且不存在父子之間、夫妻之間股份轉移導致的第一大股東控制權變更；④在控制權發生轉移前後，本書所選取的事件窗口期內有連續的交易，數據不全的剔除在外；⑤第一大股東控制權轉移時上市公司為非 ST、SST 公司。根據上述標準篩選，從滬深兩市 2012—2016 年發生的第一大股東控制權轉移樣本中，得到有效樣本 132 個。

9.1.2 實證結果及分析

9.1.2.1 總體樣本的研究結果

本書考察了控制權轉移事件發生之前 20 個交易日內和該事件結束之後 10 個交易日內全部 132 家樣本公司的市場反應，表 9-1 列出了不同事件窗口區間全部樣本公司的累計平均超額收益率和相應的 t 檢驗值，圖 9-1 和圖 9-2 分別描繪了 132 家樣本公司的累計超額收益率和成交量的變化，由於成交量有比較大的波動，為了對其進行更全面的分析，把事件期延長到公告後 20 個交易日。

表 9-1　132 家樣本公司的時間窗口區間累計平均超額收益率及相應的 t 檢驗

事件區間	累計平均超額收益率	t 檢驗值	統計顯著性水準
(-20, 10)	0.197, 25	4.200, 099	0.000, 2
(-20, 5)	0.157, 49	3.427, 662	0.002, 1
(-10, 5)	0.158, 51	4.200, 583	0.000, 8
(-5, 5)	0.146, 53	4.707, 925	0.000, 8
(-2, 2)	0.093, 61	4.600, 504	0.01
-2	0.008, 3	2.871, 278	0.004, 8
-1	0.012, 7	3.746, 468	0.000, 3
0	0.026, 4	4.348, 144	0.000, 0
1	0.026, 7	5.174, 694	0.000, 0

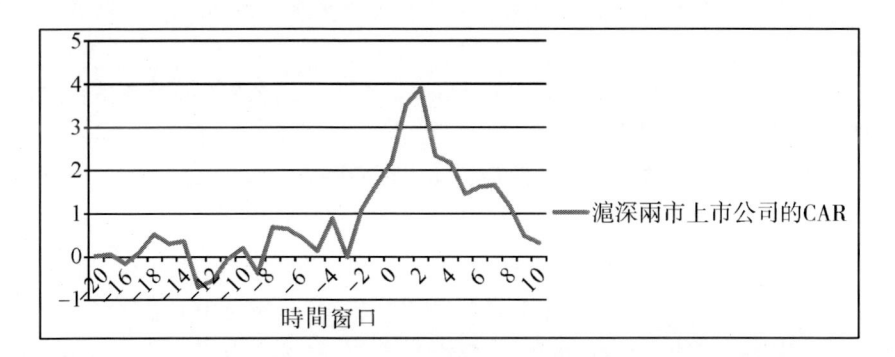

圖 9-1　132 家樣本上市公司在事件窗口區間的累計超額收益率變動趨勢圖

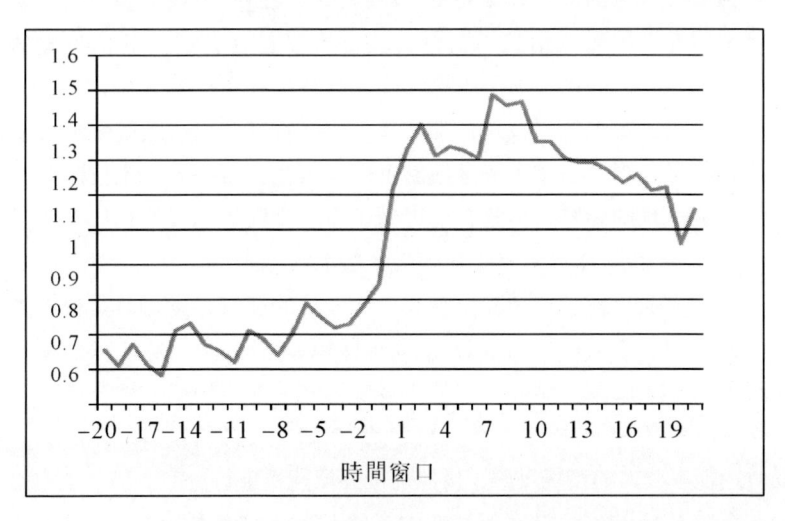

圖 9-2　132 家樣本上市公司在事件窗口區間的標準化交易量的變動趨勢圖

結合表9-1、圖9-1、圖9-2，本書可對第一大股東控制權轉移的市場反應作如下結論與分析：

（1）第一大股東控制權轉移事件通過公開媒體公告後，引起了證券市場上的積極反應，股價和成交量都有所上升。在事件窗口區間，樣本上市公司的股價有正的超額收益，但超額收益不是很大，數據顯示，在第一大股東控制權轉移公告日前的第2個交易日，有0.83%的累計平均超額收益率（5‰統計顯著），並且累計平均超額收益率開始急速攀升，公告前第1個交易日有1.27%的累計平均超額收益率（1‰統計顯著），公告日有2.64%的累計平均超額收益率（1‰統計顯著）。經過市場對該事件的消化，一定期間後（公告後第3個交易日）股價開始明顯下滑，公告後第9個交易日後，股價的累計平均超額收益率迴歸正常。相對股價而言，股票成交量的變化稍延後，公告前1天左右，成交量開始放大，並一直持續到公告後第8個交易日左右，開始逐步下滑，並迴歸正常。

（2）表9-1、圖9-1、圖9-2數據顯示，第一大股東控制權轉移的消息可能被提前洩露。從中國證券市場的實踐看，控制權轉移常常被看作是一種利好消息，從表9-1可以看出，在控制權轉移消息公告發布的前2個交易日，樣本公司的累計平均超額收益率就開始上升，而公告發布的前1個交易日，股票的成交量開始放大，這說明一部分投資者已經獲得了上市公司即將進行控制權轉移的消息，並利用自己的信息優勢獲取超額收益。這也符合中國證券市場的實際情況，中國證券市場投資者以個人投資者為主，個人投資者的數量和交易量遠遠大於機構投資者的數量和交易量。同時，中國證券市場上個人投資者與機構投資者之間存在嚴重的信息不對稱，機構投資者具有明顯的信息優勢。此外，中國證券市場上的第一大股東控制權轉移往往存在行政審批，其報批手續繁瑣，程序複雜，審批流程較長，管理層、政府審批人員、大股東都可能接觸到這些內幕消息，很容易產生消息洩露事件。因此，第一大股東控制權轉移事件對股價和成交量的影響在公告日前得到了市場參與者的反應。

9.1.2.2　國有類樣本上市公司的研究結果

根據第一大股東控制權轉移所涉及上市公司的性質，本書將其分為國有類上市公司和非國有類上市公司（民營和外資類上市公司）兩類，對不同性質的上市公司第一大股東控制權轉移的市場反應作進一步的研究與分析。

本書仍然考察控制權轉移事件發生之前20個交易日內和該事件結束之後10個交易日內樣本公司的市場反應，按照上市公司性質進行分類，將132家樣本公司分為國有類上市公司樣本20家和非國有類上市公司樣本112家。表9-2列出

了國有類上市公司在不同事件窗口區間的累計平均超額收益率和相應的 t 檢驗值，圖 9-3 描繪了 20 家國有類樣本上市公司在事件區間的累計超額收益率。

表 9-2　國有類樣本上市公司在事件窗口區間的累積平均超額收益率及相應的 t 檢驗

事件區間	累計平均超額收益率	t 檢驗值	統計顯著性水準
(−20, 10)	0.230, 8	4.170, 365	0.000, 2
(−20, 5)	0.186, 7	3.450, 717	0.002, 0
(−10, 5)	0.164, 4	3.750, 706	0.001, 9
(−5, 5)	0.137, 3	3.284, 689	0.008, 2
(−2, 2)	0.101	3.205, 471	0.032, 7
(−5, 10)	0.181, 4	4.171, 553	0.000, 8
(−10, 10)	0.208, 5	4.611, 007	0.000, 2

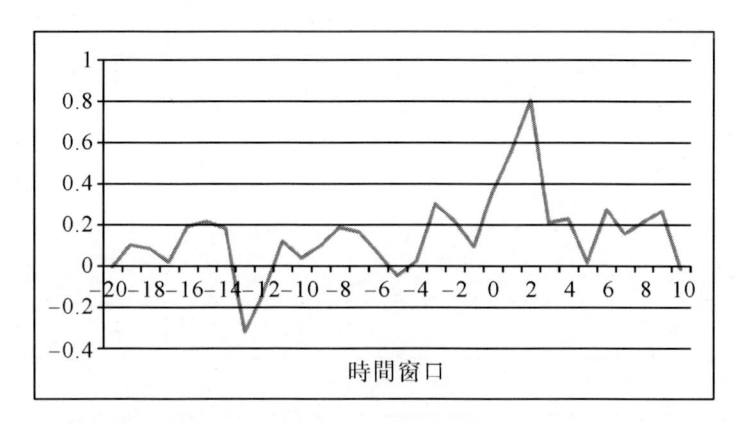

圖 9-3　國有類樣本上市公司在事件窗口區間的累計平均超額收益率變化趨勢

結合表 9-2、圖 9-3，本書對國有類樣本上市公司第一大股東控制權轉移的市場反應作如下結論與分析：

國有類樣本上市公司第一大股東控制權轉移事件通過公開媒體公告後，證券市場上公司累計平均超額收益率上升，股價出現上漲，市場對該事件有積極反應。事件窗口區間內，樣本上市公司的股價有正的累計平均超額收益，但累計平均超額收益小於總體樣本。圖表中數據顯示，在國有類上市公司第一大股東控制權轉移公告日，累計平均超額收益率開始急速上升。到公告後第 2 個交易日左右達到最高，然後開始下降，經過市場對該事件的消化，一定期間後

（公告後第 4 個交易日）迴歸正常。由此可以看出，國有類上市公司的累計平均超額收益率小於總體樣本，從事件公告後累計平均超額收益率的反應時間看，國有類上市公司消息泄漏的可能性也小於總體樣本。

9.1.2.3 非國有類上市公司樣本的研究結果

本書考察了 112 家非國有類上市公司樣本的第一大股東控制權轉移事件發生之前 20 個交易日內和該事件結束之後 10 個交易日內的市場反應。表 9-3 列出了非國有類上市公司在不同事件窗口區間的累計平均超額收益率和相應的 t 檢驗值，圖 9-4 描繪了 112 家非國有類樣本上市公司在事件窗口區間的累計超額收益率變化趨勢圖。

表 9-3 非國有類樣本上市公司在事件窗口區間的
累積平均超額收益率及相應的 t 檢驗

事件區間	累計平均超額收益率	t 檢驗值	統計顯著性水準
(−20, 10)	0.191, 3	3.983, 499	0.000, 4
(−20, 5)	0.152, 3	3.251, 676	0.003, 3
(−10, 5)	0.157, 5	4.069, 779	0.001, 0
(−5, 5)	0.148, 2	4.745, 531	0.000, 8
(−2, 2)	0.092, 3	4.881, 665	0.008, 2
(−5, 10)	0.187, 2	5.455, 486	0.000, 1
(−10, 10)	0.196, 4	4.908, 079	0.000, 1

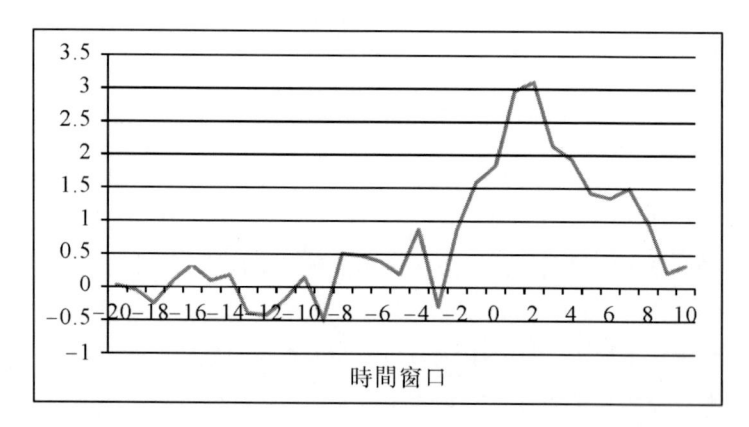

圖 9-4 非國有類樣本上市公司在事件窗口區間的累計平均超額收益率變化趨勢圖

結合表9-3、圖9-4，本書對非國有類樣本上市公司第一大股東控制權轉移的市場反應作如下結論與分析：

非國有類樣本上市公司第一大股東控制權轉移事件通過公開媒體公告後，證券市場上公司累計平均超額收益率上升，股價出現上漲，市場對該事件有積極反應。在事件窗口區間，樣本上市公司的股價有正的累計平均超額收益，且累計平均超額收益明顯大於國有類樣本上市公司。表9-3、圖9-4數據顯示，在非國有類上市公司第一大股東控制權轉移公告日前3個交易日開始，累計平均超額收益率開始急速上升。到公告後第3個交易日左右達到最高，然後開始緩慢下降，經過市場對該事件的消化，一定期間後（公告後第9個交易日左右）迴歸正常。對比國有類樣本上市公司和非國有類樣本上市公司圖表可以看出，非國有類上市公司第一大股東控制權轉移事件的市場反應明顯高於國有類上市公司，非國有類上市公司在事件窗口期間的累計平均超額收益率也明顯高於國有類上市公司，說明市場對非國有類上市公司的控制權轉移預期好於國有類上市公司。此外，從事件公告後累計平均超額收益率的反應時間看，非國有類上市公司消息洩漏的可能性也遠大於國有類上市公司。

9.2　第一大股東控制權轉移與上市公司財務績效

9.2.1　實證方法與樣本選擇

9.2.1.1　樣本選擇

樣本數據選擇來自國泰安CSMAR數據庫，以滬深兩市2012—2016年發生的第一大股東控制權轉讓交易為基礎，並按照以下原則進行了數據篩選：①以原第一大股東地位發生變更作為控制權轉移標準；②控制權轉移是在雙方自願交易的基礎上進行的；③第一大股東控制權轉讓已經成功，且不存在父子之間、夫妻之間股份轉移導致的第一大股東控制權變更；④在控制權發生轉移前後一年，本書所選取的樣本有連續的交易，數據不全的剔除在外；⑤第一大股東控制權轉移當年上市公司為非ST、SST公司。根據上述標準篩選，從滬深兩市2012—2015年發生的第一大股東控制權轉移樣本中，得到有效樣本100個。

9.2.1.2　研究方法及指標選取

本書採用因子分析法（Factor Analysis）來研究第一大股東控制權轉移對財務業績的影響，因子分析法的主要步驟為：①確定待分析的變量是否適合做因子分析，主要的檢驗方法有巴特利特球形檢驗法和KMO檢驗法；②構造因

子變量，確定公共因子的個數，一般選取特徵值大於1或累計貢獻率在一定程度上（本書為70%）的因子；③因子變量的命名解釋，計算主成分荷載，由於一個因子與各變量相關係數常常相差不明顯，難以從中直觀地看出各個因子代表的意義，通常需要進行因子旋轉；④解釋因子，在因子旋轉後，對各因子的潛在含義進行歸納和解釋；⑤計算因子變量得分。

本書選取了涵蓋公司現金獲取能力、償債能力、抗風險能力、發展能力、盈利能力和營運能力六大類財務指標來構建綜合的企業財務績效指標體系，反應第一大股東控制權轉移前後企業財務績效變化，對第一大股東控制權轉移事件的財務績效影響進行綜合、全面、客觀的評價。財務指標分類及具體指標如表9-4所示。提取因子時使用主成分（Principle Components）方法。為了更合理地對因子進行解釋，本書進行了最大方差（Varimax）因子旋轉，取因子的標準為特徵根大於1。因所選樣本控制權轉移發生在不同年份，本書將樣本公司控制權轉移當年作為時間起點，選取前後一年數據為分析參考，並對不同年份的數據進行標準化處理，用 y_{-1}、y_0、y_1 分別表示控制權轉移前一年、控制權轉移當年、控制權轉移後一年，分別進行因子分析，並構造相應的綜合評價函數，計算綜合因子得分。

表9-4 控制權轉移財務綜合指標名稱及含義表

指標類別	選取的財務績效衡量指標			
	名稱	符號	公式	指標釋義
現金獲取能力	淨利潤現金淨含量	x_1	現金淨流量/淨利潤	現金淨流量是根據現金流量計算的，淨利潤是根據權責發生制計算的，比如一家公司收到大量預付款，沒有確認收入，不計算利潤，由於收到現金，所以這個比例會非常高
	主營業務收入現金淨含量	x_2	主營收入現金/主營業務收入	主營業務收到的現金與主營業務收入的比值，比值越大，表明企業的產品、勞務暢銷，市場佔有率高
	全部資產資金回收率	x_3	經營活動現金淨流量/資產總額	反應全部資產用經營活動現金回收需要的期間長短，比值越大，資產利用效果越好，利用資產創造的現金流入越多
	現金流量適合比率	x_4	一定時期經營活動產生的現金淨流量/(同期資本支出+同期存貨淨投資額+同期現金股利)	反應經營活動現金滿足主要現金需求的程度

表9-4(續)

指標類別	選取的財務績效衡量指標			
	名稱	符號	公式	指標釋義
償債能力	利息保障倍數	x_5	息稅前利潤/利息費用	企業生產經營所得息稅前利潤與利息費用相比,倍數越大,說明企業支付利息的能力越強
	資產負債率	x_6	平均負債總額/平均資產總額	長期償債能力指標,用於控制資本結構因素
	流動比率	x_7	流動資產/流動負債	測量企業短期償債能力,該比率越高,償債能力越強
抗風險能力	財務槓桿係數	x_8	普通股每股收益變動率/息稅前利潤變動率	反應公司的財務風險
	經營槓桿係數	x_9	息稅前利潤變動率/產銷量變動率	反應公司的經營風險
發展能力	固定資產增長率	x_{10}	(本年固定資產-上年固定資產)/上年固定資產	反應公司固定資產投入增長狀況
	總資產增長率	x_{11}	(本年總資產-上年總資產)/上年總資產	反應公司總資產的增長情況
	淨資產收益率增長率	x_{12}	(本年淨資產收益率-上年淨資產收益率)/上年淨資產收益率	反應公司淨利潤增長情況
	淨利潤增長率	x_{13}	(本年淨利潤-上年淨利潤)/上年淨利潤	反應公司稅後利潤的增長情況
	主營業務增長率	x_{14}	(本期主營業務收入-上期主營業務收入)/上期主營業務收入	衡量公司產品的生命週期長短,判斷公司發展所處階段
	所有者權益增長率	x_{15}	(本年所有者權益-上年所有者權益)/上年所有者權益	反應公司所有者權益增長情況
盈利能力	總資產收益率	x_{16}	淨利潤/平均資產總額	反應企業總資產利用的綜合效果,指標越高,表明資產利用效率越高
	淨資產收益率	x_{17}	營業利潤/淨資產	反應股東權益的獲利水準,是一個綜合性較強的財務比率
	主營業務利潤率	x_{18}	主營業務利潤/主營業務收入	反應主營業務獲利水準,只有主業突出,企業才能在競爭中具有優勢

表9-4(續)

指標類別	選取的財務績效衡量指標			
	名稱	符號	公式	指標釋義
營運能力	應收帳款週轉率	x_{19}	主營業務收入淨額/應收帳款餘額	反應應收帳款轉化為現金的次數,比率越高,應收帳款收帳期越短,款項回收越快
	存貨週轉率	x_{20}	銷售成本/存貨餘額	企業在一定時期內存貨資產的週轉速度,反應企業購、產、銷的效率。存貨週轉率越高,表明企業存貨資產變現能力越強,存貨及占用在存貨上的資金週轉速度越快
	總資產週轉率	x_{21}	主營業務收入淨額/資產總額	反應資產總額的週轉速度,週轉越快,銷售能力越強

9.2.2 構建綜合評價因子分析模型

9.2.2.1 數據的預處理

對第一大股東控制權轉移前後的財務績效進行評價,要對收集到的數據進行預處理,主要包括指標的同趨勢化處理,把所有的指標方向化一致,因本書所選取的指標多為相對指標,且多為正向化指標,所以只要把適度指標和逆指標轉化為正向指標即可。逆指標正向化處理就是將原始數據取倒數的絕對值,適度指標正向化處理是將原始數據減適度值再取絕對值的倒數。

9.2.2.2 因子模型的構建

因子分析的目的就是構建因子模型,然後根據分析結果進行因子解釋,並對公共因子做進一步分析,因子模型的表達式:X = AF + ε,X($X = x_1$, x_2, ..., x_m,m為財務指標個數)為評價指標變量矩陣,其中F($F = F_1$, F_2, ..., F_n,n為公共因子個數,且n小於m)為不可觀察的公共因子向量,F的各個變量相互獨立,其均值向量E(F) = 0,協方差矩陣Cov(F) = 1;A(A= a_{ij})為因子荷載矩陣,即第i個變量第j主因子的荷載,荷載越大,說明變量在因子上的關係越密切;ε($\varepsilon = \varepsilon_1$, ε_2, ..., ε_m,且相互獨立)為特殊因子向量,是實測變量與估計值之間的殘差,E(ε) = 0。設公共因子F由變量X表示因子得分函數:$F_j = u_{j1}x_1 + u_{j2}x_2 + \cdots + u_{jn}x_n$(j=1, 2, ..., m)。以各因子的方差貢獻率為權,由各因子的線性組合得到綜合評價指標函數:

$$F = \frac{w_1F_1 + w_2F_2 + \cdots + w_mF_m}{w_1 + w_2 + \cdots + w_m}$$

,w為旋轉前或旋轉後因子的方差貢獻率。

9.2.3 實證結果及分析

9.2.3.1 指標描述性統計

本書對三年的各個財務指標進行描述性統計分析,見表9-5,選取各個指標的總體樣本均值作為比較對象,以便直觀地觀察到第一大股東控制權轉移對財務績效的影響。根據表中數據,控制權轉移後,公司的現金獲取能力、償債能力並未有較大變化,抗風險能力得到較大提升,發展能力和盈利能力有一定的提升,但提升幅度很小,應收帳款回收有較大提升,其他的營運指標變化不明顯。因為所考察數據期間較短,所以長期的變化趨勢未能得以體現。總之,從描述性統計分析結果可以看出,第一大股東控制權轉移對企業短期財務績效提升作用不是很明顯,但增強了企業的抗風險能力。

表9-5 第一大股控制權轉移前後財務指標均值比較

名稱	y_{-1}	y_0	y_1
淨利潤現金淨含量	1.119	2.68	0.273
主營業務收入現金淨含量	1.015	0.992	1.022
全部資產資金回收率	0.029	0.049	0.040
現金流量適合比率	0.293	0.512	3.663
利息保障倍數	7.619	5.63	7.894
資產負債率	0.442	0.417	0.417
流動比率	2.503	5.584	2.978
財務槓桿系數	1.365	1.300	1.037
經營槓桿系數	1.699	1.493	1.443
固定資產增長率	1.389	4.351	0.151
總資產增長率	0.082	0.281	0.844
淨資產收益率增長率	2.403	0.533	7.974
淨利潤增長率	1.204	7.14	13.459
主營業增長率	8.174	4.478	0.953
所有者權益增長率	0.037	0.336	1.362
總資產收益率	0.105	0.015	0.050
淨資產收益率	0.323	0.001	0.099

表9-5(續)

名稱	y_{-1}	y_0	y_1
主營業務利潤率	0.809	0.001	0.414
應收帳款週轉率	20.344	51.453	97.244
存貨週轉率	24.271	15.302	21.801
總資產週轉率	0.621	0.567	0.534

9.2.3.2 因子分析

由於數據計算過程重複，計算數據量非常大，本書選第一大股東控制權變更前一年數據為例演示因子分析的綜合得分過程。在做因子分析前，需要對指標進行適度性檢驗，判斷是否適合做因子分析。本書用 KOM 檢驗和 Bartlett 球體檢驗進行驗證。KOM 樣本測度是所有變量的簡單相關係數的平方和與這些變量之間的偏相關係數的平方和之差，相關係數反應的是公共因子起作用的空間，偏相關係數反應的是特殊因子起作用的空間。KOM 的取值在 0~1，KMO 統計量越接近於 1，變量間的相關性越強，偏相關性越弱，因子分析的效果越好。一般認為，KMO 值小於 0.5 時，不適合作因子分析，應考慮重新設計變量結構或者採用其他統計分析方法。如果變量間彼此獨立，則無法從中提取公因子，也就無法作因子分析。Bartlett 球體檢驗判斷如果相關陣是單位陣，則各變量獨立因子分析法無效，Bartlett 球體檢驗的顯著性水準為 5%。運用 SPSS 軟件計算，結果見表 9-6、表 9-7。KMO 值均大於 0.5，Bartlett 球體檢驗的顯著性水準為 0.000，說明本書選取的指標適合做因子分析。

表 9-6　KOM 檢驗和 Bartlett 球體檢驗

Kaiser-Meyer-Olkin Measure of Sampling Adequacy		0.57
Bartlett's Test of Sphericity	Approx. Chi-Square	1,135
	df	210
	Sig.	0.000

表 9-7　指標的相關性檢驗

	控制權轉移前一年	控制權轉移當年	控制權轉移後一年
KMO	0.57	0.52	0.54
Bartlett	1,135	530	378

運用 SPSS 軟件對第一大股東控制權轉移前一年的原始變量進行因子分析，得到表 9-8，表中內容包含 21 個變量的初始特徵值、方差貢獻率、累計貢獻率，提取前 9 個公共因子後的特徵值、方差貢獻率和累計貢獻率，旋轉後的 9 個公共因子的特徵值、方差貢獻率和累計貢獻率。第 1 成分的初始特徵值為 3.702，大於 1，第 2 成分的初始特徵值為 2.471，大於 1，直到第 9 成分的初始特徵值為 1.002，第 10 成分的特徵值小於 1。因此選擇 9 個公共因子，可得到 75.058% 的累計貢獻率，即 9 個公共因子可以解釋 75.058% 的總方差，結果較為理想。

表 9-8　解釋的總方差

成分	初始特徵值 合計	方差貢獻率 %	累積貢獻率 %	提取平方和載入 合計	方差貢獻率 %	累積貢獻率 %	旋轉平方和載入 合計	方差貢獻率 %	累積貢獻率 %
1	3.702	17.631	17.631	3.702	17.631	17.631	3.396	16.170	16.170
2	2.471	11.765	29.396	2.471	11.765	29.396	2.305	10.977	27.147
3	1.997	9.511	38.907	1.997	9.511	38.907	1.846	8.791	35.938
4	1.786	8.503	47.409	1.786	8.503	47.409	1.780	8.476	44.414
5	1.360	6.478	53.887	1.360	6.478	53.887	1.623	7.731	52.145
6	1.266	6.031	59.918	1.266	6.031	59.918	1.305	6.213	58.357
7	1.143	5.444	65.362	1.143	5.444	65.362	1.277	6.081	64.438
8	1.034	4.924	70.286	1.034	4.924	70.286	1.194	5.688	70.126
9	1.002	4.772	75.058	1.002	4.772	75.058	1.036	4.933	75.058
10	0.940	4.475	79.533						
11	0.923	4.397	83.930						
12	0.747	3.555	87.485						
13	0.687	3.272	90.757						
14	0.520	2.474	93.231						
15	0.433	2.064	95.295						
16	0.331	1.576	96.871						
17	0.287	1.368	98.239						
18	0.232	1.104	99.343						
19	0.080	0.382	99.726						
20	0.056	0.266	99.992						
21	0.002	0.008	100.000						

由此可以得到綜合評價函數：

$F = 0.176, 3F_1 + 0.117, 6F_2 + 0.095, 1F_3 + 0.085, 0F_4 + 0.064, 7F_5 + 0.060, 3F_6 + 0.054, 4F_7 + 0.049, 2F_8 + 0.047, 7F_9$

9.2.3.3　因子分析的經濟解釋

旋轉後的因子載荷矩陣見表9-9，根據0.5原則，由表9-9可以看出：公共因子1在全部資產資金回收率、現金流量適合比率、總資產收益率、淨資產收益率上的荷載值較大；公共因子2在財務槓桿系數、淨資產收益率增長率、淨利潤增長率上的荷載值較大；公共因子3在總資產增長率、所有者權益增長率、存貨週轉率上的荷載值較大；公共因子4在資產負債率、流動比率上的荷載較大；公共因子5在主營業務收入現金淨含量、主營業務利潤率上的荷載較大；公共因子6在淨利潤現金淨含量、全部資產資金回收率上的荷載較大；公共因子7在利息保障倍數、主營業務增長率上的荷載較大；公共因子8在固定資產增長率、總資產週轉率上的荷載較大；公共因子9在經營槓桿系數上的荷載較大。

表9-9　荷載成分矩陣

	成分								
	1	2	3	4	5	6	7	8	9
X1	-0.010	-0.035	-0.005	0.100	-0.074	0.806	-0.060	0.113	0.009
X2	-0.140	0.040	-0.153	0.017	-0.774	0.132	0.385	0.047	0.170
X3	-0.520	-0.041	0.353	0.030	-0.015	0.538	-0.088	0.069	0.031
X4	-0.925	-0.027	0.173	-0.023	-0.024	0.085	-0.020	-1.461	0.003
X5	0.281	-0.028	0.370	0.238	-0.019	0.225	-0.501	-0.270	-0.015
X6	0.116	0.084	-0.062	0.836	-0.159	0.010	0.082	-0.149	-0.036
X7	-0.009	-0.047	0.101	-0.794	-0.197	-0.088	-0.044	-0.087	-0.086
X8	-0.023	0.706	-0.101	-0.039	0.059	-0.047	0.029	-0.196	0.105
X9	0.017	-0.022	0.009	0.047	-0.034	0.008	-0.022	0.004	0.983
X10	0.057	-0.022	-0.127	-0.124	0.154	0.239	0.017	0.738	-0.020
X11	-0.154	-0.090	0.872	0.135	0.069	0.066	-0.004	0.104	0.002
X12	0.000	0.946	0.000	0.077	-0.046	0.019	-0.027	0.073	-0.065
X13	0.008	0.931	0.023	0.064	-0.053	0.001	-0.031	0.119	-0.071
X14	0.042	-0.044	0.142	0.142	-0.105	-0.004	0.890	-0.018	-0.036
X15	-0.400	-0.066	0.591	-0.191	0.300	0.088	0.076	-0.073	-0.037
X16	0.970	-0.035	0.030	0.037	0.036	0.027	-0.045	-0.051	0.009
X17	0.975	-0.025	0.022	0.404	0.032	0.026	-0.040	-0.058	0.013
X18	-0.011	0.000	0.064	0.035	0.868	0.014	0.081	0.043	0.063
X19	-0.049	-0.096	0.094	0.404	-0.089	-0.418	-0.199	0.303	0.032

表9-9(續)

	成分								
	1	2	3	4	5	6	7	8	9
X20	0.102	0.038	0.531	−0.284	0.013	−0.079	0.036	−0.033	0.020
X21	0.253	−0.047	−0.254	−0.176	0.225	0.169	−0.076	−0.593	−0.037

註：提取方法為主成分分析法；旋轉法為具有 Kaiser 標準化的正交旋轉法；旋轉在 9 次迭代後收斂。

故有因子分析模型：

$x_1 = -0.010F_1 - 0.035F_2 - 0.005F_3 + 0.100F_4 - 0.074F_5 + 0.806F_6 - 0.060F_7 + 0.113F_8 + 0.009F_9$

……

$x_{21} = 0.253F_1 - 0.047F_2 - 0.254F_3 - 0.176F_4 + 0.225F_5 + 0.169F_6 - 0.076F_7 - 0.593F_8 - 0.037F_9$

為使因子之間的關係更為密切，本書採用 Varimax 法進行因子旋轉，結果見表 9-10。

表 9-10　成分得分系數矩陣

	成分								
	1	2	3	4	5	6	7	8	9
X1	0.038	−0.012	−0.063	0.038	−0.034	0.631	−0.019	0.085	−0.016
X2	−0.007	0.004	−0.018	−0.033	−0.432	0.112	0.209	0.000	0.120
X3	−0.111	−0.002	0.116	0.026	−0.027	0.367	−0.060	0.010	0.019
X4	−0.283	−0.011	0.006	0.024	−0.006	0.009	−0.054	−0.081	−0.001
X5	0.082	−0.006	0.216	0.134	−0.114	0.132	−0.363	−0.198	−0.023
X6	−0.007	0.001	−0.006	0.478	−0.054	0.010	0.063	−0.167	−0.082
X7	0.033	0.005	0.086	−0.457	−0.194	−0.072	−0.063	−0.034	−0.053
X8	−0.029	0.315	−0.031	−0.040	0.072	−0.017	0.044	−0.175	0.133
X9	0.009	0.021	0.018	−0.023	0.026	−0.013	−0.025	−0.005	0.957
X10	0.083	−0.007	−0.107	−0.105	0.118	0.199	0.005	0.653	−0.018
X11	0.039	−0.006	0.494	0.082	−0.034	−0.026	0.028	0.069	0.003
X12	0.013	0.412	0.044	0.005	−0.013	0.023	−0.019	0.058	−0.038
X13	0.021	0.406	0.059	−0.004	−0.022	0.007	−0.025	0.100	−0.044
X14	0.067	−0.010	0.131	0.082	0.037	0.036	0.734	−0.069	−0.051

表9-10(續)

	成分								
	1	2	3	4	5	6	7	8	9
X15	-0.074	0.009	0.279	-0.074	0.151	0.020	0.113	-0.094	-0.010
X16	0.315	-0.006	0.106	-0.016	-0.015	0.061	0.020	0.042	0.012
X17	0.315	-0.001	0.102	-0.019	-0.010	0.063	0.025	0.036	0.017
X18	-0.019	0.024	-0.051	0.056	0.590	0.028	0.183	0.034	0.105
X19	-0.024	-0.064	0.080	0.224	-0.084	-0.366	-0.218	0.256	0.009
X20	0.094	0.053	0.340	-0.169	-0.059	-0.092	0.053	-0.008	0.043
X21	0.009	-0.016	-0.168	-0.071	0.148	0.177	0.012	-0.482	-0.016

註：提取方法為主成分分析法；旋轉法為具有 Kaiser 標準化的正交旋轉法。

由此可得因子得分函數，即公共因子與財務指標之間的線性關係為：

$F_1 = 0.038x_1 - 0.007x_2 - 0.111x_3 - 0.283x_4 + 0.082x_5 - 0.007x_6 + 0.033x_7 - 0.029x_8 + 0.009x_9 + 0.083x_{10} + 0.039x_{11} + 0.013x_{12} + 0.021x_{13} + 0.067x_{14} - 0.074x_{15} + 0.315x_{16} + 0.315x_{17} - 0.019x_{18} - 0.024x_{19} + 0.094x_{20} + 0.009x_{21}$

……

$F_9 = -0.016x_1 + 0.120x_2 + 0.019x_3 - 0.001x_4 - 0.023x_5 - 0.082x_6 - 0.053x_7 + 0.133x_8 + 0.957x_9 - 0.018x_{10} + 0.003x_{11} - 0.038x_{12} - 0.044x_{13} - 0.051x_{14} - 0.010x_{15} + 0.012x_{16} + 0.017x_{17} + 0.105x_{18} + 0.009x_{19} + 0.043x_{20} + 0.016x_{21}$

再把 $F_1, F_2, \cdots, F_9$ 帶入

$F = 0.176, 3F_1 + 0.117, 6F_2 + 0.095, 1F_3 + 0.085, 0F_4 + 0.064, 7F_5 + 0.060, 3F_6 + 0.054, 4F_7 + 0.049, 2F_8 + 0.047, 7F_9$

可以計算出控制權轉移前一年公司的綜合得分，以此類推可以得出控制權轉移當年和後一年的綜合得分。從不同期的綜合得分，可以比較第一大股東控制權轉移對財務績效的影響。在計算因子綜合得分時，權重的確定是關鍵，一般由專家組確定，本書僅從單純的數量上考慮，以因子的方差貢獻率為權重。經過上面構建的得分函數，最終計算出了 100 個樣本第一大股東控制權轉移前一年、當年及後一年的綜合得分均值從接近-0 轉化為接近+0，說明短期內第一大股東控制權轉移對財務績效有提升作用，但不明顯。為了進一步進行分析，我們考察了樣本公司的綜合得分正值比率情況，第一大股東控制權轉移前一年、當年及後一年的綜合得分正值比率分別為 35%、45%、49%，正值率在三年內呈上升趨勢，進一步說明第一大股東控制權轉移對財務績效有一定的提升作用。

結合描述性統計分析結果、因子分析法構建因子模型後計算綜合得分並考察控制權轉移前後綜合得分的均值及綜合得分的正值率等情況，本書認為第一大股東控制權轉移在短期內對公司的財務績效有一定的提升作用，但是作用不明顯。因為數據收集原因，本書暫未能對長期財務績效進行考察。

9.3　本章小結

　　本章從股價和成交量兩個方面考察了第一大股東控制權轉移事件的市場反應。第一大股東控制權轉移事件在中國證券市場上被視為一種利好消息，能引起證券市場上的積極反應，股價和成交量都有所上升；但也存在控制權轉移事件的消息被洩露，部分具有信息優勢的投資者利用信息優勢獲取超額收益的現象。從樣本數據來看，事件期間，總體樣本上市公司存在正的累計平均超額收益率，但超額收益不是很大。進一步對比不同性質樣本上市公司的控制權轉移事件的市場反應，可以看出，非國有類上市公司第一大股東控制權轉移事件的市場反應明顯高於國有類上市公司，非國有類上市公司在事件窗口期間的累計平均超額收益率也明顯高於國有類上市公司，說明投資者對非國有類上市公司的控制權轉移預期好於國有類上市公司。此外，從事件公告後累計平均超額收益率的反應時間看，非國有類上市公司消息泄漏的可能性也遠大於國有類上市公司。通過運用因子分析法、構建模型、計算綜合得分並對樣本公司第一大股東控制權轉移的財務績效影響進行比較分析，可以發現：100個樣本第一大股東控制權轉移前一年、當年及後一年的綜合得分均值從接近-0轉化為接近+0，綜合得分正值比率分別為35%、45%、49%，正值比率在三年內呈上升趨勢。綜合描述性統計分析結果、因子分析法構建因子模型後計算綜合得分並考察控制權轉移前後綜合得分的均值及綜合得分的正值率等情況，本書認為第一大股東控制權轉移在短期內對公司的財務績效有一定的提升作用，但是作用不明顯。

10 研究結論、政策建議、創新之處及研究展望

10.1 主要結論

2011年年底，股權分置改革限售股基本解禁完畢，中國真正進入了全流通時代。第一大股東控制權轉移面臨的市場環境、制度環境和法律環境都發生了根本性變化，中國資本市場逐步發展成為一個與國際趨同的、有效的市場，逐步完善的控制權市場已開始形成，這為本書研究全流通時代控制權轉移的相關問題提供了基礎。本書基於控制權理論、控制權轉移理論、大股東治理理論、財務後果理論，結合中國資本市場現實，運用理論分析與實證分析，對全流通後第一大股東控制權轉移狀況、財務後果進行了深入而系統的研究，得出了以下主要結論：

1. 全流通後第一大股東控制權轉移呈現新的特點：①控制權轉移方式呈現多樣化趨勢。②從是否支付對價來看，第一大股東控制權轉移主要以有償轉讓為主，無償劃撥為輔。③是否通過市場交易方式轉移控制權來看，全流通後第一大股東控制權轉移主要以市場交易為主，非市場交易方式為輔。在以市場交易方式轉移控制權的企業中，第一大股東主要通過協議轉讓、競價交易和大宗交易平臺等途徑進行減持轉移控制權。

2. 全流通後大股東減持頻繁，股權分置改革並未完全達到政策預期。股權分置改革後，上市公司大股東可以通過大宗交易、在二級市場直接出售、協議轉讓、股份收購、政府主導等方式減持持有股份，但是大股東減持股份數量、時限和信息披露將受到嚴格限制。面對監管部門出拾的限制大股東減持的法律法規和規定，一些大股東在遵守規定的同時最大化地減持股份，更有甚者，部分大股東還違規減持、減持頻繁。

3. 全流通後第一大股東控制權轉移的基本情況：全流通後，股權分置改革限售股已基本解禁完畢，「大小非」問題對第一大股東減持的影響基本消除，但大股東減持、第一大股東轉移控制權的現象仍較嚴重，且主要通過市場交易手段轉移公司控制權。在研究樣本企業中，第一大股東控制權轉移的上市公司涉及行業42個，其中計算機、通信和其他電子設備製造業類上市公司發生了最多的控制權轉移，其次為電氣機械及器材製造業；從控制權轉移所涉股份的性質上看，法人投資者、其他法人投資者和社會公眾股（流通A股）投資者占據了上市公司第一大股東控制權轉移的絕大部分比例；從控制權轉移所涉上市公司的性質來看，民營類上市公司第一大股東控制權轉移比國有企業和外資企業更加頻繁。

4. 財務環境對財務行為產生導向作用，而具體公司治理、財務治理的制度和政策的實施，財務管理活動的開展和財務關係的處理，又可經過一定的介質傳導並反作用於其存在的宏觀和微觀財務環境。受 Williamson 的社會福利權衡模型分析框架的啓發，本書運用福利經濟學分析工具，以產品市場和證券市場為切入點，分析了第一大股東控制權轉移對社會總福利的影響。從產品市場資源配置角度來看，第一大股東變更、轉移控制權打破了公司原有的股權結構，對公司的內部治理結構進行改變，如果該過程能夠提高公司資源配置和利用效率，降低企業成本，提高企業的生產效率，那麼就會提高消費者剩餘或生產者剩餘，改善社會福利；否則，就會損害社會福利。從產品市場上市場勢力的角度分析，控制權轉移以後，新第一大股東成功對上市公司進行技術改進、優秀管理理念植入、產業整合或優質資產注入等，形成了規模效應，做大市場規模，提高了社會生產效率，也增加了企業規模。假設先前的市場是充分競爭的市場，公司擴大生產規模後，利用市場影響，提高企業定價能力，形成市場壟斷，生產者利用壟斷地位進行壟斷定價，獲取生產者剩餘，就會剝奪消費者剩餘，影響社會福利。如果公司僅致力於管理和技術的進步，以及社會生產效率的提高和社會平均產品成本的降低，未利用壟斷地位來進行壟斷定價，而是與消費者共享技術進步和效率提高的成果，則可能改善消費者剩餘，提高社會福利。假設先前的市場是壟斷市場，公司規模的擴大以及市場影響的提升，會改變先前壟斷企業的市場份額和產品定價，形成競爭，改善消費者剩餘，提高社會福利。對於資本市場而言，一方面，控制權轉移，如果第一大股東掏空上市公司，則會對社會福利造成損失；另一方面，如果控制權轉移對優化上市公司資源配置的良好預期被資本市場參與者和潛在投資者所認同，在較長期限內對上市公司股價產生積極的市場反應，活躍了資本市場，使資本市場投資者總

的盈利有較大提高，這將使這一期間的社會福利增加；如果該預期不被市場認同，投資者遭受虧損，社會福利將遭受損失。

5. 第一大股東控制權轉移對管理層的財務後果。①全流通後，在中國高度集中的股權結構下，第一大股東控制權轉移往往伴隨著公司管理層的變更。②從股權性質看，社會公眾股所涉企業變更第一大股東後，更易更換管理層，國有股占控股地位的企業控制權轉移和管理層更換都比較少。由於國有股事實上的產權主體「缺位」，在國有股占控股地位的公司中容易形成內部人控制，這就意味著這些公司控制權轉移較少，高層更換的可能性也較低；非國有法人股和公眾股則多由各種法人企業和自然人持有，這些企業更能激勵、監督經理人，控制權變更後也更容易引起管理層變動。③第一大股東控制權轉移後，在更換了管理層的企業中，繼任的董事長、總經理全部來自新的第一大股東派任或聘任外部職業經理人，沒有從公司原有人員中提拔或選任新的管理層。這表明中國真正的經理人市場還未完全建立；同時，全流通後，儘管第一大股東持股比例比股權分置改革前有所降低，但仍普遍存在一股獨大的現象，第一大股東難免會利用擁有的控制權優勢影響管理層的任免，將管理層變為自己的代言人。因此，在原第一大股東將控制權轉移給新的控制方之後，新的控制方就會利用股權優勢更換管理層，並主導了新任管理層的選拔，從外部聘任或直接派任管理層。④從理論上講，無論是通過協議轉讓、集合競價還是大宗交易，原第一大股東都不可能在短期內實現控制權的轉移。作為同樣擁有信息優勢的公司管理層，如果意識到企業控制權轉移後自己可能會被替換，將會利用自己掌握的代理權謀取自身利益最大化。本書發現：樣本企業第一大股東變更期間，近半數上市公司的研發費用減少，原因可能是企業管理層預期到自己可能被更換，利用研發費用調節利潤，進行盈餘管理；中國的上市公司管理層在預期企業控制權轉移後將被替換時，作出不可撤回、風險高、降低未來價值的長期投資以增加管理層更換的成本的行為較少。大多數上市公司在第一大股東變更當年，管理層薪酬都較上一年有所增加，這說明管理層在預期將被更換時，可能存在利用會計政策調整收入或費用，調節利潤，增加自身薪酬的行為。

6. 第一大股東控制權轉移對中小股東的財務後果。①通過計算分析，原第一大股東在控制權轉移過程中大部分能獲取正的控制權私有收益，但不同的上市公司獲取控制權私有收益的能力存在較大差距。由此說明，第一大股東控制權轉移會對其他股東利益產生侵害，影響中小股東的財務利益。②全流通後，第一大股東變更、轉移控制權的上市公司財務風險不大，債務約束對控制權轉移影響不大。樣本公司的資產營運能力、盈利能力較差，股權集中度高，

第二至第五大股東難以對第一大股東形成有效制衡。過分集中的股權結構、「一股獨大」、企業盈利能力差導致大股東權力缺乏監督、通過經營獲取投資收益困難，繼而選擇侵害其他股東利益以實現自身利益最大化。③不同性質的上市公司在控制權轉移時獲取控制權私有收益數量存在差別，總體上講，國有類上市公司在第一大股東控制權轉移時獲取的控制權私有收益要小於非國有類上市公司，可見，非國有企業的投資者利用非正常手段逐利意識更強，加強資本市場非國有企業控制權轉移的市場監管，對保護中小股東利益具有重要的作用。

  7. 第一大股東控制權轉移對上市公司的財務後果。①第一大股東控制權轉移事件在中國證券市場上常常被視為一種利好消息，能引起證券市場上的積極反應，股價和成交量都有所上升；但也存在控制權轉移事件的消息被洩露，部分具有信息優勢的投資者利用信息優勢獲取超額收益的現象。同時，非國有類上市公司第一大股東控制權轉移事件的市場反應明顯高於國有類上市公司，非國有類上市公司在事件窗口期間的累計平均超額收益率也明顯高於國有類上市公司，說明投資者對非國有類上市公司的控制權轉移預期好於國有類上市公司。此外，從事件公告後累計平均超額收益率的反應時間看，非國有類上市公司消息泄漏的可能性也遠大於國有類上市公司。②綜合描述性統計分析結果、因子分析法構建因子模型後計算綜合得分並考察控制權轉移前後綜合得分的均值及綜合得分的正值率等情況，本書認為第一大股東控制權轉移在短期內對公司的財務績效有一定的提升作用，但是作用不明顯。

10.2 對控制權轉移所涉利益相關者的建議

10.2.1 針對第一大股東的建議

  從理論分析和公司治理實踐來看，第一大股東治理是重要的公司治理機制，第一大股東治理既能對管理層進行有效監督，提高決策效率，提升公司價值，又可能對中小股東利益造成侵害。因此在改善公司治理過程中，既要發揮大股東治理的積極作用，又要遏制大股東對利益相關者的利益侵害：①在進行控制權轉移時，第一大股東要強化事前綜合評估機制，確立公司控制權轉移後的產品、產業機構調整目標和公司治理改善目標，讓控制權轉移能真正成為發揮企業協同效應、提升行業整體績效、實現產業優化整合的作用的行為，而不是淪為侵害中小股東和利益相關者的手段。②第一大股東要在公司內部健全和

完善控制權轉移後的公司治理評價體系，細化控制權轉移後公司績效改善的目標，對控制權轉移後公司在產業結構調整、市場佔有率提升、產品質量改進、籌融資能力提高、財務績效改善、公司治理目標的實現等方面進行綜合評價，對標目標任務，採取有效的措施完成控制權轉移確立的目標，真正發揮大股東治理在公司治理中的積極作用。③第一大股東和監管部門要創造條件，引導中小股東積極參與公司治理，建立中小股東監督大股東與管理層的體制機制，減少第一大股東監督管理層的成本。大股東對中小股東的利益侵害主要源於兩個方面：一是大股東監督管理層缺乏利益補償機制，二是集中股權結構下對大股東缺乏有效監督。隨著信息技術的發展，利用現代信息技術手段，降低中小股東參與公司治理的成本，引導中小股東參與公司治理已逐步成為可能。第一大股東可通過建設和完善中小股東投票決策、內部信息披露制度等引導中小股東和其他利益相關者積極參與公司治理，對管理層進行監督，對大股東進行監督，從根本上減少代理成本。④完善公司內部治理機制，強化管理層之間的激勵與監督。公司內部治理包括董事會治理、監事會治理和經理層治理等制度，對於股東而言，建立有效的董事、監事和管理層激勵機制，完善董事會、監事會和管理層相互監督的機制，既可以將董事、監事和管理層的利益函數與股東的利益函數進行捆綁，也可以實現董事、監事和管理層之間的相互監督。比如完善董事會功能，強化獨立董事制度，在獨立董事的權力、責任、薪酬、法律地位等方面予以強化，保證其更加獨立地行使權力；加強監事會功能，建立相應的機制，讓監事會能真正在事前、事中、事後對董事會決策、經理層執行進行有效的、全方位的監督；積極發揮經理層與董事會之間在決策、決策執行方面的相互監督作用，真正做到企業決策科學、執行有力、發展有序、管理有效。

10.2.2 針對證券市場監管者的建議

上市公司控制權轉移涉及利益相關者較多，既包含了公司內部的股東、管理層、員工等，又包含了公司外部的供應商、債權債務人、政府、潛在投資者。因此，必須要有規範完善的市場環境、公平公正的法治環境才能保證控制權交易的順利進行，才能保證控制權市場能夠高效率地發揮作用。政府部門和市場監管部門應在建立和完善市場環境、法治環境、監管環境等方面發揮重要的職能作用：①建立健全交易規則與厘清監管職責結合。經過多年的發展，規範資本市場參與者交易規則、信息披露原則等方面的法律法規和規章制度已逐漸完善，但較國外發達國家的成熟資本市場，中國法律、制度建設還任重道

遠、大股東、國際資本大鱷、管理層等利用不完善的市場規則侵害中小股東利益、影響資本市場長期發展的事件時有發生。所以，市場監管者應進一步加大建立健全控制權交易的市場規則的力度，包括股份轉讓的方式、數量、時間等規則，交易的會計確認規則，交易的信息披露規則，交易的審計規則等。中國的資本市場的控制權轉移存在多頭管理，證監會、證券交易所、財政部、國資委等部門都分別承擔了監督、審批、管理控制權轉移的職責，多頭監管容易導致職責不清、互相推諉責任、政出多門，影響控制權轉移效率等問題，因此，各監管部門既要釐清自己部門的職責邊界，也要釐清監管部門與市場的邊界，劃清行政許可事項、監督證券相關法律法規執行事項等職能，確保證券市場的穩定健康發展，確保控制權交易的順利進行，提高控制權市場的運行效率。②加強資本市場規範運行的立法與嚴格執法相結合。推動立法和嚴格執法是監管第一大股東控制權轉移行為的有效手段。在控制權轉移過程中，利益主體不同，利益訴求差異很大，需要進一步加強證券市場的立法工作，完善控制權轉移的法律環境，全方位監管大股東和管理層的行為，以有效發揮大股東治理的積極作用，發揮控制權轉移功能，發揮管理層的才能，消除不良管理行為，保護利益相關者的合法權益。如盡快推出投資者保護相關的法律，推出對虛假併購、利用控制權轉移侵害利益相關者利益進行處罰的法律，推出投資者利益損害理賠方面的法律等，當投資者利益遭受侵犯時，維護權益能有法可依。另外，中國證券市場上還存在執法不嚴的問題，因此需將完善法律法規和加強執法結合起來，完善中國特色社會主義的法治環境。③將強化信息披露與加大處罰力度結合。為配合修訂後的公司法、證券法對上市公司信息披露提出的更高要求，規範上市公司各方包括第一大股東控制權轉移的信息披露行為，讓投資者能準確地進行投資判斷，證監會於2017年重新修訂了信息披露的規則，對信息披露的內容、時間提出了更高的要求，但一些大股東在減持股份、轉移控制權的過程中，仍不按照規定披露信息，或者披露的信息不完整，因此監管部門應將強化信息披露與加大處罰力度相結合，一方面要求上市公司及大股東強制披露相關信息，並及時對信息進行披露，包括本次控制權轉移主體、對象、數量以及對上市公司的影響等詳細信息，控制權轉移後的投資者關係、主營業務情況等；另一方面，要加大對不按規定披露信息的公司及股東的處罰力度，包括市場禁入、罰款、禁止新增融資等措施，建立中小股東追索民事賠償責任制度。④簡政放權與加強指導相結合。控制權轉移活動是一項市場行為，政府應規範控制權轉移過程中的行政行為和官員行為，鼓勵市場以效率為導向的控制權轉移，盡量減少行政干預，簡政放權，減少行政審批環節，防止「拉郎

配」，也防止審批過多導致洩密事件的發生。政府和監管部門可以從優化產業整合、優化社會資源配置的角度對控制權轉移行為進行指導，這種指導是指完善制度環境，制定管理規範與標準，加強控制權轉移的事中檢查與事後稽查力度，針對降低市場壟斷、降低股權集中度、保護投資者利益和增進社會福利等方面而言，而本該屬於企業選擇和決策、股東選擇和決策的權利應交給企業和股東。

10.2.3 針對公司管理層的建議

有效的控制權市場能約束在位管理層、降低代理成本，也會導致管理層因擔心失去自身原有地位或利益，採取與新第一大股東合謀損害原有股東和中小股東利益、進行盈餘管理獲取更多離職薪酬、進行無效投資以增加更換成本等行為，加重代理成本，或加大控制權轉移的成本費用。解決該類矛盾衝突的重要手段就是通過激勵相容促使管理層與股東利益函數趨於一致，或加強監督管理限制管理層的自利行為。①大力發展經理人市場，形成良好的經營人才供求競爭機制。增加管理層持股與股票期權激勵，限制管理層的股票期權行權條件，通過這些手段將經理人的隱性收益顯性化，將其利益與公司利益進行捆綁，防止管理層的短期行為和過度自利行為。逐步完善管理層在控制權轉移過程中的損失補償機制，如離職考核與補償等，減少管理層對控制權轉移的抵抗。②進一步健全上市公司內部控制制度，形成上市公司權力的監督與制衡，促進上市公司規範運作，從根本上遏制管理層過度追求個人利益的行為。③健全相關法規，對管理層濫用職權侵害公司利益和採取違規違法手段獲取個人利益的行為加強法律追究，建立管理層違法追究與個人誠信管理相結合的制度，加大管理層的違規處罰力度，加大管理層違規成本。④管理層也要注重自身業務素質的提升和職業道德的提高，增強與股東的管理能力及談判能力，促進經理人市場的建立。

10.2.4 針對中小股東的建議

股東與管理層的代理衝突、大小股東的代理問題、法治體系不完善等因素導致中國的中小股東一直在資本市場上處於弱勢，我們在呼籲大股東要在公司治理過程中發揮積極作用，政府與市場監管部門加強監管，悉心呵護資本市場，保護投資者利益的同時，中小投資者本身也要加強自我保護。①要積極參與公司治理，積極參與監督大股東與管理層的行為。目前，市場管理者正致力於創建便捷、低成本的公司治理、公司財務治理參與方式，中小投資者要積極

參與其中，對大股東、管理層的行為進行監督，維護自身利益，不要成為公司治理的「搭便車者」和「懶惰的跟從者」。②在參與市場交易過程中，中小投資者要樹立正確的投資觀念，注重價值投資，進行理性投資，不要盲目跟風，更不要採取投機操作。③中小投資者要加強學習，提高自己的投資知識儲備，提升自己的投資能力。中小投資者要認真學習有關公司管理、財務管理、經濟學等方面的知識，要認真研究公司的基本面，提高發現上市公司的真實價值的能力，不要被市場上一些虛假的消息所蒙蔽，最後損失慘重。④中小股東在面對大股東和管理層侵害而又無能為力時，要及時「用腳投票」，目前資本市場上一些大股東利用控制權轉移對股價提升，採用虛假宣傳、虛假控制權轉讓等方式欺騙市場，侵害中小股東利益，一旦發現大股東或管理者的侵害行為而又沒有其他方式維護自己利益的時候，要立即採取「用腳投票」，降低損失，這既是一種自我保護，也能對大股東和管理層的侵害行為構成威懾。

10.3　本書的創新之處

　　本書在現有文獻的基礎上，對控制權理論、大股東治理理論、控制權轉移理論、財務後果理論進行了文獻回顧、評述和延伸研究，結合中國 A 股市場實際，對第一大股東控制權轉移現狀進行了分析。在此基礎上，運用理論分析和實證分析的方法，從宏觀角度對第一大股東控制權轉移的社會福利影響進行了創新性研究，從微觀的具體對象角度對第一大股東控制權轉移對管理層的財務後果、對中小股東的財務後果、對上市公司的財務後果進行了創新性研究。本書探討並解決了第二類代理問題中的一系列理論與實際問題，也對第一類委託代理問題進行了拓展研究，在一定程度上豐富和完善了大股東治理理論和公司治理理論，並在以下方面有所創新：

　　1. 在 Stephen. A. Zeff 於 1978 年提出「經濟後果學說」的基礎上，為了研究一定環境下，財務事件發生對個人和團體的決策和財務利益的影響，本書嘗試提出了「財務後果」的概念，對財務後果的內涵和外延進行了界定研究，並結合中國 A 股市場上市公司第一大股東控制權轉移實證研究了控制權轉移的財務後果。該研究對股東治理和證券監管具有重要的指導意義，也豐富了控制權轉移財務研究的成果，具有較大的理論價值。

　　2. 傳統財務理論在研究管理層行為時，更多關注了內部治理機制下的管理層代理問題，本書在 LLSV（La Porta, Lopez-de-silanes, Andrei Shleifer,

Robert W. Vishny）的法與金融理論的基礎上，研究了第一大股東控制權變更下的管理層防禦行為、財務行為的動機和手段，豐富了第一類委託代理的研究成果，並對財務治理、公司治理有較大的補充價值。

3. 基於 Williamson 社會福利權衡模型，運用福利經濟學的社會總剩餘概念和帕累托最優狀態概念兩大重要分析工具，從產品市場和資本市場入手，對第一大股東控制權轉移的社會總剩餘改進和帕累托改進狀況進行了理論討論、數理分析，拓展了福利邊界的研究領域，同時也對控制權轉移的社會總效率判別進行了全新的理論與實務解讀，具有一定的理論創新與實踐意義。

4. 運用信息不對稱狀態下的靜態博弈理論，以股權結構的集中分散程度為分類標準，構造博弈模型，對不同股權結構下的委託代理行為進行博弈分析，為大股東治理在解決第一類代理問題中的積極作用進行了新的理論解釋，為不同股權結構的上市公司識別和解決第一類委託代理問題提供了理論依據和解決新思路。

5. 目前文獻在考察股權分置改革效果時，一直以股權分置改革為界限，將市場背景劃分為股權割裂時期和全流通時代。從資本市場發展的歷史階段和現實狀況看，股權分置改革後至 2011 年年底，「大小非」問題、限售股及限售股解禁對資本市場的影響非常大。本書以上市公司股東持有股份是否「同股同權同價」為劃分依據，將中國資本市場發展的歷程分為股權割裂時期、後股權分置改革時期（股權分置改革至 2011 年年底，股權分置限售股基本解禁完畢）和全流通三個階段，根據三個階段的市場環境對第一大股東獲利機制、控制權變更方式等的影響進行分析，細化了大股東治理、大股東控制權轉移財務影響研究的市場背景，使理論探討和政策建議更加具有現實意義。

10.4　研究局限及進一步研究的設想

10.4.1　研究不足

（1）受篇幅限制，本書只對第一大股東控制權轉移的財務後果進行了深入研究，對第一大股東控制權轉移其他方面的研究不足。在對財務後果進行研究時，也僅重點研究了第一大股東控制權轉移對管理層、中小投資者和上市公司的財務後果，而與企業利益緊密相關的其他利益相關者如債權債務人、稅務部門、材料供應商、員工等關於第一大股東控制權轉移的財務後果並未涉及。

（2）由於數據收集的原因，本書在實證分析中，僅用了 2012—2016 年的

數據予以說明，數據時間較短，可能不能充分說明第一大股東控制權轉移的財務後果，特別是全流通後第一大股東控制權轉移對上市公司財務績效的長期影響，缺乏實證數據說明。此外，在論述第一大股東控制權轉移對社會總福利的影響時，由於受數據收集及實證方法的限制，本書僅對第一大股東控制權轉移對社會總福利的影響做了理論上的分析，並未作實證研究，在說服力上稍存缺憾。在研究第一大股東控制權轉移對股價的影響時，只選取了（-20，+10）的時間區間，時間長度不夠，不能很好地反應控制權轉移對股價的影響，得到的結論可能代表性不足。在利用因子分析法分析第一大股東控制權轉移對財務績效的影響時，僅選擇了一些有代表性的指標，得到的結論可能不全面。

10.4.2 研究展望

本書對第一大股東控制權轉移的財務後果相關問題作了詳細研究，得出了一些基本結論，但在全流通市場條件下，第一大股東控制權轉移所涉及的研究範圍非常廣泛，還需在今後繼續深入開展控制權轉移的動機研究、控制權轉移對利益相關者決策和財務利益的長期影響研究，進一步拓展第一大股東控制權轉移對不同的利益相關者的影響研究。

主要參考文獻

一、英文

[1] AGRAWAL. A, WALKING. R. A. Executive careers and compensation surrounding takeover Bids [J]. The Journal of Finance, 1994 (49): 985-1014.

[2] ALEX EDMANS, ITAY GOLDSTEIN, WEI JIANG. The real effects of financial markets: the impact of prices on takeovers [J]. The Journal of Finance, 2012, 67 (3): 933-971.

[3] BERLE, A. MEANS. G. The modern corporation and private property [M]. New York: Macmillian, 1932.

[4] BUHUI QIU, SVETOSLAV TRAPKOV, FADI YAKOUB. Do target CEOs trade premiums for personal benefits? [J]. Journal of Banking and Finance, 2014 (42): 23-41.

[5] BHAUMIK. S. K, SELARKA. E, Does ownership concentration improve M&A outcomes in emerging markets? Evidence from India [J]. Journal of Corporate Finance 2012, 18 (4): 187-200.

[6] CREMERS, K. J. M, V. B NAIR. Governance mechanisms and equity prices [J]. The Journal of Finance, 2005, 60 (6): 2859-2894.

[7] CHERNYKH. L, LIEBENBERG. I. A, MACIAS. A. J. Changing direction: cross border acquisitions by emerging market firms [J]. SSRNEIectronic Journal, 2011: 25-27.

[8] CLAESSENS. The separation of ownership and control in east Asian corporations [J]. Journal of Financial Economics, 2000, 58 (1): 81-122.

[9] COTTER. J. F, M. ZENNER. Managrment wealth affecst tender offers press [J]. The Journal of Finance Economic, 1994 (35): 63-97.

[10] CRAIG. E. LEFANOWICZ, JOHN. R, ROBINSON, REED SMITH. Golden parachutes and managerial incentives incorporate acquisitions: evidence from

the 1980s and 1990s [J]. Journal of Corporate Finance, 2000 (6): 215-239.

[11] COASE. R. H. The nature of the firm [M]. Economica, 1937.

[12] CHARLES. HADLOCK, JOEL HOUSTON, MICHAEL RYNGAERT. The role of managerial incentives in bank acquisitions [J]. Journal of Banking and Finance, 1999, 23 (2): 221-249.

[13] DAVID SPECTOR. Horizontal mergers, entry and efficiency defences [J]. International Journal of Industrial Organization, 2003, 21 (10): 1591-1600.

[14] DEMSETZ HAROLD, KENNETH LEHN. The structure of corporate ownership: causes and consequences [J]. Journal of Politics, 1985 (6): 1155-1177.

[15] DATTA. S, ISKANDAR-DATTA. M, RAMAN. Executive compensation and corporate diversification decisions [J]. The Journal of Finance, 2001 (59): 71-103.

[16] DAVID OFFENBERG. Firm size and the effectiveness of the market for corporate control [J]. Journal of Corporate Finance, 2008, (1): 66-79.

[17] DAVID. J. DENIS, TIMOTHY. A. KRUSE. Managerial discipline and corporate restructuring following performance declines [J]. Journal of Financial Economics, 2000, 55 (3): 391-424.

[18] D. D. GUERCIO, JENNIFER HAWKINS. The motivation and impact of pension fund activism [J]. Journal of Financial Economics, 1999, 52 (3): 293-340.

[19] FACCIO. M, LANG. L. H. P. The ultimate ownership of western european corporations [J]. Journal of Financial Economics, 2002, 65 (3): 365-395.

[20] FREDMAN. E, JOHNSON. S, MITTON T. Propping and Tunneling [J]. Journal of Comparative Economics, 2003, 31 (4): 732-750.

[21] FEROZ AHMED SOOMRO, RIZWAN-UL HAQ, ZAFAR HAYAT KHAN, QIANG ZHANG. Passive control of nanoparticle due to convective heat transfer of Prandtl fluid model at the stretching surface [J]. Chinese Journal of Physics, 2017, 55 (4): 1561-1568.

[22] FAMA EUGENE, MICHAEL JENSEN. Separation of ownership and control [J]. Journal of Law and Economics, 1983 (15): 352-278.

[23] GROSSMAN, HART. One share-one vole and the market for corporate control [J]. Journal of Financial Economics, 1988 (20): 175-202.

[24] GUOHUA JIANG, CHARLES M. C. LEE, HENG YUE. Tunneling through intercorporate loans: The China experience [J]. Journal of Financial Economics, 2010, 98 (1): 1-20.

[25] HOLDERNESS. C. G. The myth of diffuse ownership in the United States [J]. Review of Financial Studies, 2009, 22 (4): 1377-1408.

[26] HEARLY. P, PALEPU. K. G, RUBACK. R. S, Does corporate performance improve after mergers? [J]. Journal of Financial Economics, 1992 (31): 135-175.

[27] HARFORD J. Takeover bid and target directors, Incentives: the impact of a bid on directors』wealth and board seats [J]. Journal of Finance Economics, 2003 (69): 51-83.

[28] HARTZELL, JAY, OFEK, ELI, YERMACK, DAVID. What's in it for me? Personal benefits obtained by CEOs, Whose firms are acquired [C]. Working Paper, 2000.

[29] HEALY. P, PALPU. K, RUBACK. R. Does corporate performance improve after mergers? [J]. Journal of Financial Economics. 1992, 31 (2): 130-175

[30] HANCE. D. SMITH. Education and training for integrated coastal area management: the role of the university system [J]. Ocean and Coastal Management, 2000 (4): 379-387.

[31] HAROLD DEMSET, BELéN VILLALONGA. Ownership structure and corporate performance [J]. Journal of Corporate Finance, 2001 (3): 209-233.

[32] HAROLD DEMSETZ. Comment on「The organization of economic activity」[J]. Small Business Economics, 1991 (1): 67-69.

[33] HENOCK LOUIS. Earnings management and the market performance of acquiring firms [J]. Journal of Financial Economics, 2003, 74 (1): 121-148.

[34] J. A. AL-KHASAWNEH, N. ESSADDAM. Market reaction to the merger announcements of US banks: A non-parametric X-efficiency framework [J]. Journal of International Financial Markets, Institutions & Money, 2012 (3): 167-183.

[35] J. HAROLD MULHERIN, AUDRA. L. BOONE. Comparing acquisitions and divestitures [J]. Journal of Corporate Finance, 2000 (2): 117-139.

[36] JOHNSON. S, R. LAPORTA, F. LOPEZ-DE-SILANES, A. SHLE-

IFER. Tunneling [J]. American Economic Review Papers and Proceedings, 2000 (5): 22-27

[37] JENSEN. M. C, RUBACK. R. S. The market for corporate control : the scientific evidence [J]. The Journal of Finance, 1983 (11): 5-50.

[38] JUN-KOO KANG, ANIL SHIVDASANI. Corporate restructuring during performance declines in Japan [J]. Journal of Financial Economics, 1997, 46 (1): 29-65.

[39] JOSEPH. P, H. FAN, T. J. WONG. Corporate ownership structure and the informativeness of accounting earnings in East Asia [J]. Journal of Accounting and Economics, 2002, 33 (3): 401-425.

[40] J. BUZáS, R. KICSINY. Transfer functions of solar collectors for dynamical analysis and control design [J]. Renewable Energy, 2014, (68): 146-155.

[41] JARRAD HARFORD, KAI LI. Decoupling CEO wealth and firm performance: the case of acquiring CEO [J]. The Journal of Finance, 2007, 62 (2): 917-949.

[42] KAM HON CHU. Economies as an antitrust defense revisited: the welfare trade-offs and safe harbors [J]. International Journal of the Economics of Business, 2014, 21 (1) : 99-119.

[43] KENNETH. M. LEHN, MENGXIN ZHAO. CEO Turnover after Acquisitions: Are Bad Bidders Fired? [J]. The Journal of Finance, 2006, 61 (4): 1759-1811.

[44] KROPF. R. M, ROBINSON. D. T. The market for mergers and the boundaries of the firm [J]. The Journal of Finance, 2008, 63 (3): 1169-1211.

[45] KAPLAN. S. The effects of management buyouts on operating performance and value [J]. The Journal of Finance, 1989, 24 (2): 217-254.

[46] LEL. U, MILLER. D. P.. Does takeover activity cause managerial discipline? evidence from international m&a laws [J]. Review of Financial Studies, 2015, 28 (6): 1588-1622.

[47] MANNE. H. G. Mergers and the market for corporate control [J]. Journal of Political Economy, 1965, 73 (2): 110-120.

[48] MIKE BURKART, FAUSTO PANUNZI. Agency conflicts, ownership concentration, and legal shareholder protection [J]. Journal of Financial Intermediation,

2004, 15 (1): 1-31.

[49] MARIO DOMINGUES SIMõES, T. DIANA L. VAN ADUARD DE MACEDO-SOARES, MARCELO CABUS KLOTZLE AND ANTONIO CARLOS FIGUEIREDO PINTO. Assessment of market efficiency in Argentina, Brazil and Chile: an event study of mergers and acquisition [J]. Brazilion Administration Review, 2012, 9 (2): 229-245.

[50] MARIA GORANOVA, RAVI DHARWADKAR, PAMELA BRANDES. Owners on both sides of the deal: mergers and acquisitions and overlapping institutional ownership [J]. Strategic Management Journal, 2010, 31 (10): 1114-1135.

[51] MARCELO B. DOS SANTOS, VIHANG R. ERRUNZA, DARIUS P. MILLER. Does corporate international diversification destroy value? Evidence from cross-border mergers and acquisitions [J]. Journal of Banking and Finance, 2008, 32 (12): 2716-2724.

[52] MIN DU, AGYENIM BOATENG. State ownership, institutional effects and value creation in cross-border mergers & acquisitions by Chinese firms [J]. International Business Review, 2015, 24 (3): 430-442.

[53] MANUELA, WILFRED. S, RHOADE, DAWNA. L. The US airway group: a post merger analysis [J]. Journal of Air Transport Management, 2016 (4): 138-150.

[54] M. C. JENSEN. Agency costs of free cash flow, corporate finance, and takeovers [J]. The American Economic Review, 1986, 76 (2): 323-329.

[55] MERLE ERICKSON, SHIING-WU WANG. Earnings management by acquiring firms in stock for stock mergers [J]. Journal of Accounting and Economics, 1999, 27 (2): 149-176.

[56] MATTHEW RHODES-KROPF, DAVID T. ROBINSON. The market for mergers and the boundaries of the firm [J]. The Journal of Finance, 2008, 63 (3): 1169-1211.

[57] MAJOR DAVID R. KING, DAN R. DALTON, CATHERINE M. DAILY, JEFFREY G. COVIN. Meta - analyses of post - acquisition performance: indications of unidentified moderators [J]. Strategic Management Journal, 2004, 25 (2): 187-200.

[58] OLIVIER BERTRAND. Effects of foreign acquisitions on R&D activity: Evidence from firm-level data for France [J]. Research Policy, 2009, 38 (6):

1021-2013.

[59] PAVEL G. SAVOR, QI LU. Do stock mergers create value for acquirers? [J]. The Journal of Finance, 2009, 64 (3): 1061-1097.

[60] PAUL A GOMPERS, JOY L ISHII, ANDREW METRICK. Corporate governance and equity prices [J]. Quarterly Journal of Economics, 2003, 118 (1): 107-155.

[61] P. G. BERGER, E. OFEK. Bustup takeovers of value-destroying diversified firms [J]. The Journal of Finance, 1996, 51, (4): 1175.

[62] PETER GEORGE, OLIVER E. WILLIAMSON. The economic institutions of capitalism: firms, markets, relational contracting [J]. The Canadian Journal of Economics, 1987, 20 (2): 442

[63] PATRICIA M. DECHOW, S. P. KOTHARI, ROSS L. WATTS. The relation between earnings and cash flows [J]. Journal of Accounting and Economics, 1998, 25 (2): 133-168.

[64] PAUL DRAPER, KRISHNA PAUDYAL. Corporate takeovers: mode of payment, returns and trading activity [J]. Journal of Business Finance & Accounting, 1999, 26 (5): 521-558.

[65] R. W. MASULIS, CONG WANG, FEI XIE. Corporate governance and acquirer returns [J]. The Journal of Finance, 2007, 62 (4): 1851-1889.

[66] RAFAEL LA PORTA, FLORENCIO LOPEZ - DE - SILANES, ANDREI SHLEIFER. Corporate ownership around the world [J]. The Journal of Finance, 1999, 54 (2): 471-517.

[67] ROBERT. F. BRUNER. Does M&A pay-A survey of evidencefor the decision-maker [J]. Journal of App lied Finance, 2002 (12): 48-69.

[68] RUTH V. AGUILERA, KURT DESENDER, MICHAEL K. BEDNAR, JUN HO LEE. Connecting the dots: bringing external corporate governance into the corporate governance puzzle [J]. The Academy of Management Annals, 2015, 9 (1): 483-573.

[69] SHIJUN CHENG, RAFFI. J. INDJEJIKIAN. The market for corporate control and ceo compensation: complements or substitutes? [J] Contemporary Accounting Research, 2009, 26 (3): 701-728.

[70] Shabable. J. The impact of cross-border mergers and acquisitions on the acquirers R&D—Firm-level evidence [J]. International Journal of Industrial Organi-

zation, 2013, 31 (4): 307-321.

[71] SERVAES. H. The value of diversification during the conglomerate merger wave [J]. The Journal of Finance, 1996, 51 (4): 1201-1225.

[72] SU-FUNG WANG, YI-CHENG SHIH, PEI-LUNG LIN. The long-run performance of Asian commercial bank mergers and acquisition [J]. Modern Economy, 2014 (04): 341-359.

[73] SHIEIFER, A., R. VISHNY. A survey of corporate governance [J]. Journal of Political Economy, 1997, 52 (2): 737-783.

[74] SCHOLES, MYRON. The market for securities: substitution versus price [J]. Journal ofbusiness, 1972 (45): 179-211.

[75] STICKET, SCOTT E. The effect of value line investment survey rank changes on common stock prices [J]. Journal of Financial Economics, 1985 (14): 121-143.

[76] SHLEIFER. A, VISHNY. R. W. Management entrenchment: The case of manager-specific investments [J]. The Journal of Finance, 1989 (25): 123-139.

[77] SCOTT L. BAIER, JEFFREY H. BERGSTRAND. Estimating the effects of free trade agreements on international trade flows using matching econometrics [J]. Journal of International Economics, 2008, 77 (1): 63-76.

[78] THOMAS MOELLER. Let's make a deal! How shareholder control impacts merger payoffs [J]. Journal of Financial Economics, 2004, 76 (1): 167-190.

[79] THOMAS. D. FIELDS, THOMAS. Z. LYS, LINDA VINCENT. Empirical research on accounting choice [J]. Journal of Accounting and Economics, 2001, 31 (1): 255-307.

[80] WILLIAMSON. O. E. Econometrica as an antitrust defense: the welfare tradeoffs [J]. American Economic Review, 1968, 58, (5): 18-36.

[81] J. RICHARD WALSH. Reciprocity in sino-american economic relations [J]. Journal of Northeast Asian Studies, 1988, 7 (2): 20-40.

[82] WALKING. R. A, M. S. LONG. Agency theory, managerial welfare, and takeover bid resistance [J]. The Rand Journal of Economics, 1984 (15): 54-68.

[83] Y. WOODY WU. Management buyouts and earnings management [J]. Journal of Accounting, Auditing & Finance, 1997, 12, (4):. 373-389.

［84］ZEFF. S. A，The Rise of economic consequences ［J］. The Journal of Accounting，1978（10）：56-63.

二、中文

［1］白雪潔，衛婧婧. 企業併購、方式選擇和社會福利影響 ［J］. 經濟管理，2017（1）：32-48.

［2］巴曙松，儲懷英，鄭弘. 全流通市場中的股東行為與市場格局趨勢分析 ［J］. 證券市場導報，2008（10）：4-9.

［3］巴曙松，王勁松，華中煒. 中國金融體制改革進展與趨勢分析 ［J］. 雲南財經大學學報，2008（2）：5-12.

［4］白雲霞，吳聯生，徐信忠. 資產收購與控制權轉移對經營業績的影響 ［J］. 經濟研究，2004（12）：35-44.

［5］白雪潔，於志強. 晉升博弈、競爭衝動與區域性產能過剩 ［J］. 經濟與管理研究，2018，39（1）：78-92.

［6］曹國華，杜晶. 上市公司不同類型股東的大小非減持動因探究——基於最優股權結構模型的研究 ［J］. 金融市場，2011（10）：55-59.

［7］曹樹新，王建瓊. 上市公司控制權變更信息披露的市場敏感性反應實證研究 ［J］. 西南民族大學學報（人文社會科學版），2015（7）：133-139.

［8］陳維，吳世農. 中國創業板上市公司高管和大股東減持股份的動因及後果——從風險偏好轉向風險規避「偏好逆轉」行為研究 ［J］. 經濟管理，2013（6）：43-53.

［9］陳耿，陳秋. 大股東股份減持過程中的市場財富效應檢驗 ［J］. 商場現代化，2009（4）：372-373.

［10］陳文婷，李善民. 制度改善能提高控制權協議轉讓效率嗎？［J］. 證券市場導報，2017（8）：20-27.

［11］陳文婷，李善民. 控制權轉移中大股東持股與利益侵占行為研究 ［J］. 中山大學學報（社會科學版），2015，55（3）：189-199.

［12］崔慧貞. ST公司控制權轉讓對經營績效影響的實證研究 ［J］. 財會通訊，2011（12）：61-63.

［13］曹國華，章丹鋒，林川. 基於主成分分析的大非減持水準影響因素研究 ［J］. 投資研究，2011，30（10）：78-86.

［14］曹國華. CEO變更、公司業績與盈餘管理——基於應計盈餘與真實盈餘的檢驗 ［A］. 中國會計學會教育分會. 中國會計學會2011學術年會論文集 ［C］. 中國會計學會教育分會：中國會計學會，2011：13.

[15] 陳維, 吳世農, 黃飄飄. 政治關聯、政府扶持與公司業績——基於中國上市公司的實證研究 [J]. 經濟學家, 2015 (9): 48-58.

[16] 常進雄. 非流通股價值、股改對價與解禁股減持回報 [J]. 財貿經濟, 2009 (6): 29-34, 135.

[17] 陳信元, 張田餘. 資產重組的市場反應——1997年滬市資產重組實證分析 [J]. 經濟研究, 1999 (9): 47-55.

[18] 蔡寧, 徐夢周. 中國創投機構投資階段選擇及其績效影響的實證研究 [J]. 中國工業經濟, 2009 (10): 86-95.

[19] 岑維, 童娜瓊. 投資效率、公司治理和CEO變更 [J]. 投資研究, 2015, 34 (7): 46-64.

[20] 岑維, 童娜瓊. 管理層過度自信、多元化經營和公司業績 [J]. 當代經濟管理, 2015, 37 (9): 14-19.

[21] 陳西嬋. 企業社會責任信息披露、媒體關注與企業績效 [J]. 財會通訊, 2018 (3): 31-34.

[22] 陳琳, 魏林曉, 喬志林. 控制權轉移與公司績效關係研究——基於中國上市公司的實證解析 [J]. 西安財經學院學報, 2013 (4): 10-15.

[23] 陳玉梅. 大股東治理提高了企業內部控制有效性嗎？ [J]. 財會通訊, 2018 (5): 42-44.

[24] 陳晨, 惠楠. 管理層防禦與企業現金流操控——兼論外部盈餘壓力的調節效應 [J]. 財會通訊, 2018 (3): 113-117.

[25] 鄧可斌, 李智鵬. 中國式分權下的地方政府干預與控制權轉移績效 [J]. 審計與經濟研究, 2014, 29 (4): 89-98.

[26] 費方城. 法馬和詹森的現代公司理論評介 [J]. 外國經濟與管理, 1996 (11): 8-11.

[27] 馮紅卿, 佟岩, 華晨. 上市公司控制權轉移中的應計項盈餘管理及真實盈餘管理 [J]. 會計與經濟研究, 2013, 27 (4): 18-29.

[28] 付強, 郝穎. 終極控制人、控制權轉移與投資效率——基於上市公司併購事件的研究 [J]. 經濟與管理研究, 2012 (11): 5-16.

[29] 郭敏. 國企改革與產權交易研究 [D]. 長沙: 湖南大學, 2004.

[30] 郭敏, 屈豔芳. 企業併購的社會福利效應分析 [J]. 財經科學, 2004 (2): 1-4.

[31] 郭復初. 財務通論 [M]. 上海: 立信會計出版社, 1997: 62.

[32] 谷文林, 任敏, 俞靜. 基於因子分析法的創業板上市公司成長性評

價研究［J］.重慶理工大學學報（自然科學），2018（2）：237-246.

［33］高燕，楊桐，杜為公.全流通背景下非控股大股東「用腳投票」發揮治理效應了嗎？［J］.江西社會科學，2016，36（10）：73-80.

［34］黃志忠，周煒，謝文麗.大股東減持股份的動因：理論與證據［J］.經濟評論，2009（6）：67-73.

［35］韓德宗，葉春華.控制權收益的理論與實證研究［J］.統計研究，2004（2）：42-46.

［36］胡國柳.股權結構與企業理財行為研究［M］.北京：中國人民大學出版社，2006.

［37］傅子恒.股權分置改革全接觸［M］.北京：經濟管理出版社，2006.

［38］黃世忠.上市公司信息質量面臨的挑戰與思考［J］.會計研究，2001（10）：6-11.

［39］霍春輝，王書林.國有企業的控制權轉移效率問題研究——以國有控股上市公司為例［J］.經濟管理，2013（5）：107-118.

［40］何燎原，王平心.上市公司委託理財的特徵、問題及監管建議——基於深市上市公司的實證分析［J］.財政研究，2005（9）：26-28.

［41］哈羅德·德姆塞茨.企業經濟學［M］.梁小民，譯.北京：中國社會科學出版社，1999.

［42］黃志忠.所有權性質與高管現金薪酬結構——基於管理權力論的分析［J］.當代會計評論，2009，2（1）：77-93.

［43］黃建歡，尹築嘉.解禁特徵、市場環境與公司績效：市場反應的影響因素研究［J］.當代經濟科學，2009，31（5）：81-89，127.

［44］黃建歡，尹築嘉，粟瑞.中國股市限售股解禁的減持效應研究［J］.管理科學，2009，22（4）：97-106.

［45］洪登永，俞紅海.高管交易行為、信息不對稱與公司治理［J］.財經理論與實踐，2009，30（5）：37-42.

［46］何麗梅，蔡寧.中國上市公司定向增發長期股價效應的實證研究［J］.北京工商大學學報（社會科學版），2009，24（6）：59-65，72.

［47］侯劍平，介迎疆.機構投資者對上市公司關聯方資產重組市場表現影響——基於事件研究法研究［J］.廣東社會科學，2015（5）：41-50.

［48］黃孝武，吳林秀.不同所有權性質公司定向增發效應比較研究——基於事件研究法的實證分析［J］.海南大學學報（人文社會科學版），2015，

33（6）：39-47.

[49] 韓艾，洪永淼，汪壽陽. 區間事件分析法——次貸危機對中資銀行的影響研究［J］. 管理評論，2009，21（2）：53-61.

[50] 郝雲宏，汪茜，王淑賢. 多個大股東與公司治理研究［J］. 浙江工商大學學報，2016（2）：102-110.

[51] 胡晶晶. 中國家族企業的永續經營與管理層變更［J］. 中國商界，2009（5）：223-224.

[52] 賈明，張喆，萬迪昉. 股改方案、代理成本與大股東解禁股出售［J］. 管理世界，2009（9）：143-165.

[53] 江東瀚. 控制權私有收益計量模型的評述與改進［J］. 重慶大學學報（社會科學版），2012，18（5）：70-76.

[54] 季愷倫. 中國創業板上市公司併購行為的股價效應研究［D］. 上海：東華大學，2016.

[55] 賈炎寧，劉星星. 公司控制權轉移中存在問題的研究［J］. 經濟論壇，2017（8）：71-73.

[56] 蔣寧寧. 上市公司管理層權力對審計質量的影響［J］. 湖南人文科技學院學報，2017，34（5）：56-60.

[57] 蔣東圻. 管理層收購對上市公司績效的影響［J］. 合作經濟與科技，2017（12）：98-99.

[58] 賈慧捷. 大股東掏空行為的董事會治理有效性研究［D］. 哈爾濱：哈爾濱工業大學，2016.

[59] 李增泉，王志偉，孫錚. 隧道挖掘與所有權安排——來自中國上市公司大股東資金占用的經驗證據［C］. 中國第二屆實證會計國際研討會論文集，2003.

[60] 劉峰，賀建剛，魏明海. 控制權、業績與利益輸送：基於五糧液的案例研究［J］管理世界，2004（8）：102-118.

[61] 盧少華，徐萬岷. 權力社會學［M］. 哈爾濱：黑龍江人民出版社，1989：17-19.

[62] 梁萊歆. 現代財務會計理論［M］. 北京：清華大學出版社，2009（9）.

[63] 藍發欽. 股權分置改革後中國上市公司大股東的行為特徵研究［J］. 華東師範大學學報（哲社版），2008（4）：77-83.

[64] 樓瑛，姚錚. 財務績效與上市公司大股東減持關係實證研究［J］.

經濟論壇，2008（12）：115-117.

[65] 李增泉，孫錚，任強. 所有權與現金股利政策［J］. 中國會計與財務研究，2004（4）：48-72.

[66] 呂長江，肖成明. 法律環境、公司治理與利益侵占——基於中美市場股票的比較分析［J］. 中國會計評論，2008（6）：142-162.

[67] 呂長江，趙驕陽. 管理層留任影響控制權變更嗎？［J］. 管理世界，2007（5）：115-124，145.

[68] 劉少波，戴文慧. 中國上市公司募集資金投向變更研究［J］. 經濟研究，2004（5）：88-97.

[69] 李維安. 公司治理評論［M］. 北京：經濟科學出版社，2009.

[70] 李維安. 公司治理學［M］. 2版. 北京：高等教育出版社，2009.

[71] 賴建清. 所有權、控制權與公司績效［M］. 北京：北京大學出版社，2007.

[72] 李香麗，孫紹榮. 中國上市公司控制權市場內幕交易的ARIMA監管模型的實證研究［J］. 西安財經學院學報，2015，28（5）：35-39.

[73] 劉峰，賀建剛. 股權結構與大股東利益實現方式的選擇——中國資本市場利益輸送的初步研究［J］. 中國會計評論，2004（2）：141-158.

[74] 李心丹. 行為金融學［M］. 上海：三聯書店，2004.

[75] 劉亞莉，王微. 大股東減持的市場反應與影響因素——基於市場氛圍的研究［J］. 北京科技大學學報（社會科學版），2010（6）：40-47.

[76] 劉峰，塗國前. 中國上市公司控制權轉移的動機研究［J］. 財經研究，2013（7）：10-15.

[77] 劉茂平. 基於投資者保護視角的中國上市公司控制權私有收益實證分析［J］. 經濟經緯，2008（3）：139-142.

[78] 盧現祥，朱巧玲. 新制度經濟學［M］. 2版. 北京：北京大學出版社，2012.

[79] 梁洪學. 公司控制權的演進及其本質［J］. 江漢論壇，2008（10）：10-14.

[80] Lucian Bebchuk. 如何約束企業高管薪酬？［J］. 董事會，2006（10）：101.

[81] 劉少波. 控制權收益悖論與超控制權收益——對大股東侵害小股東利益的一個新的理論解釋［J］. 經濟研究，2007（2）：85-96.

[82] 劉立燕. 市場化進程、法律保護與超控制權收益關係的實證研究

[J]. 財務與金融, 2012 (4): 88-91.

[83] 劉博, 干勝道. 財務本質新探: 資本生產力論 [J]. 現代管理科學, 2009 (1): 27-28.

[84] 李建標, 王光榮, 李曉義, 等. 實驗市場中的股權結構、信息與控制權收益 [J]. 南開管理評論, 2008 (1): 66-77.

[85] 劉建民, 陳陽. 公司控制權市場國外研究評介及展望 [J]. 商業經濟研究, 2015 (15): 85-87.

[86] 劉宇華. 國有控股企業併購動因理論分析 [J]. 現代管理科學, 2017 (12): 57-59.

[87] 劉峰, 涂國前. 中國上市公司控制權轉移的動機研究 [J]. 財經研究, 2016, 42 (10): 140-154.

[88] 劉睿智, 王向陽. 中國上市公司控制權私有收益的規模研究 [J]. 華中科技大學學報(社會科學版), 2003 (3): 86-90.

[89] 林朝南, 劉星, 郝穎. 所有權安排對大股東控制權私利的影響研究 [J]. 中國管理科學, 2007 (6): 132-139.

[90] 林朝南. 中國上市公司控制權私利影響因素的理論與實證研究 [D]. 重慶: 重慶大學, 2007.

[91] 劉暢, 韓愛華, 沈錫茜. 基於因子分析法的上市公司併購績效評價 [J]. 統計與決策, 2017 (10): 179-181.

[92] 樂新毅. 基於因子分析法企業併購績效分析——以錦江酒店併購法國盧浮為例 [J]. 科技經濟導刊, 2017 (28): 183.

[93] 劉妹, 蔡冬梅. 事件研究併購對中國股市長期績效的影響 [J]. 哈爾濱師範大學自然科學學報, 2017, 33 (1): 55-59.

[94] 呂雨露. 企業控制權轉移對長期投資回報影響機制研究 [D]. 北京: 首都經濟貿易大學, 2017.

[95] 劉博, 干勝道, 王宏昌. 控制權轉移、盈餘管理與業績變化——基於股東特質的視角 [J]. 山西財經大學學報, 2013, 35 (7): 102-113.

[96] 盧瀟雅. 大股東侵佔中小股東利益問題與治理對策 [D]. 天津: 天津財經大學, 2017.

[97] 劉亭立, 楊理嘉, 王志華. 大股東「關係治理」對真實盈餘管理影響的實證分析 [J]. 統計與決策, 2016 (14): 167-170.

[98] 劉鍇, 納超洪. 大股東控制、公司治理與跨國併購決策 [J]. 金融經濟學研究, 2015, 30 (5): 43-54.

[99] 梁上坤, 陳冬華. 大股東會侵犯管理層利益嗎?——來自資金占用與管理層人員變更的經驗證據 [J]. 金融研究, 2015 (3): 192-206.

[100] 劉亞男, 劉國峰, 康紅冬. 企業內部控制的成本收益均衡研究 [J]. 財政監督, 2013 (8): 50-52.

[101] 瑪格麗特·M·布萊爾. 所有權與控制 [M]. 張荣剛, 譯. 北京: 中國社會科學出版社, 1999.

[102] 孟慶斌, 楊俊華, 魯冰. 管理層討論與分析披露的信息含量與股價崩盤風險——基於文本向量化方法的研究 [J]. 中國工業經濟, 2017 (12): 132-150.

[103] 倪君. 中國上市公司控制權轉移績效研究 [D]. 山東: 山東大學, 2012.

[104] 潘林. 大股東支持動機、公司治理與企業績效關係的實證 [J]. 統計與決策, 2016 (11): 176-180.

[105] 錢穎一. 企業的治理結構改革和融資結構改革 [J]. 經濟研究, 1995 (1): 20-29.

[106] 曲雲翠, 戚少麗, 譚志軍. 運用因子分析法探求中國鋼鐵行業上市公司的綜合財務績效 [J]. 經濟研究參考, 2013 (65): 108-112.

[107] 秦溶苑. 基於事件研究法的中國南車和中國北車併購重組的實證分析 [J]. 時代金融, 2015 (29): 238, 241.

[108] 仇冬芳, 劉益平, 沈麗, 等. 基於CCR模型的控制權轉移、股東制衡與公司效率研究——來自上市公司大宗股權轉讓的經驗數據 [J]. 軟科學, 2012, 26 (12): 108-111, 116.

[109] 任志娟. 碳交易對上市公司的影響分析——基於事件分析法的研究 [J]. 東岳論叢, 2012, 33 (11): 136-140.

[110] 任全. 二戰後初期蘇聯對華政策的縮影——中長鐵路控制權的轉移研究 [J]. 當代世界與社會主義, 2014 (4): 162-165.

[111] 舒紹敏, 楊安華, 唐英凱. 中國上市公司併購的短期價值效應度量 [J]. 統計與決策, 2009 (4): 143-144.

[112] 舒紹敏. 股權分置改革、控制權轉移與投資者保護: 基於控制權私有收益的檢驗 [J]. 現代管理科學, 2009 (10): 50-52, 57.

[113] 石水準. 控制權轉移真的改善了企業的績效嗎? [J]. 西安財經學院學報, 2012 (3): 64-66.

[114] 石強. 企業併購績效分析——以中國電力企業為例 [J]. 財政監

督, 2008 (2): 45-47.

[115] 索志林, 李孟楠. 基於因子分析法的畜牧業上市公司高管薪酬與企業績效相關性研究 [J]. 黑龍江畜牧獸醫, 2017 (22): 28-33.

[116] 孫豔芬, 郭志碧. 管理層權力、會計信息質量與投資效率 [J]. 財會通訊, 2016 (30): 23-27.

[117] 唐英凱, 周靜, 舒紹敏. 股權分置改革的投資者保護效應: 基於「法與金融」理論的實證檢驗 [J]. 四川大學學報 (哲學社會科學版), 2012 (6): 141-150.

[118] 唐宗明, 蔣位. 中國上市公司大股東侵害度實證分析 [J]. 經濟研究, 2002 (9): 44-50.

[119] 屠巧平. 公司控制權轉移目標管理層行為的影響因素研究 [J]. 管理評論, 2010, 22 (9): 36-43.

[120] 唐英凱, 蘇紹敏, 楊安華. 法律環境與控制權轉移績效: 法與金融學視角 [J]. 四川大學學報 (哲學社會科學版), 2013 (6): 116-125.

[121] 唐英凱, 李昆. 控制權轉移效率問題研究評述 [J]. 武漢金融, 2013 (10): 44-46.

[122] 唐建新, 胡海燕. 實際控制人性質、控制權轉移與盈餘管理 [J]. 武漢理工大學學報 (社會科學版), 2015, 28 (3): 402-408.

[123] 唐建新, 胡海燕. 控制權轉移、企業性質與雇員薪酬 [J]. 財會通訊, 2014 (3): 39-44.

[124] 譚慶美, 姜明, 劉微. 管理層激勵對盈餘管理行為影響的博弈分析 [J]. 武漢理工大學學報 (信息與管理工程版), 2017, 39 (5): 525-532.

[125] 唐婧清, 劉樹海, 張俊民. 大股東治理體制對現金持有價值的影響——基於「掏空」與「支持」雙重動機視角 [J]. 管理評論, 2016, 28 (7): 53-65.

[126] 吳育輝, 吳世農. 股權集中、大股東掏空與管理層自利行為 [J] 管理科學學報, 2011 (8): 34-44.

[127] 吳育輝. 股權分置改革後第一大股東新的掏空行為研究 [M]. 北京: 北京大學出版社, 2012.

[128] 吳聯生, 白雲霞. 公司價值、資產收購與控制權轉移方式 [J]. 管理世界, 2004 (9): 123-156.

[129] 吳曉求. 股權分置改革後的中國資本市場 [M]. 北京: 中國人民大學出版社, 2006.

[130] 王化成, 佟岩. 控股股東與盈餘質量——基於盈餘反應系數的考察 [J]. 會計研究, 2006 (2): 66-74.

[131] 王菊仙, 馬俊峰. 控制權轉移的財富效應研究 [J]. 技術經濟與管理研究, 2015 (2): 82-85.

[132] 王書林, 薄瀾, 葉喬伊. 不同控制權性質下的大股東私人收益影響因素分析 [J]. 東北大學學報 (社會科學版), 2016, 18 (5): 470-475.

[133] 王化成, 岳寶宏. 信息披露的市場反應與市場有效性——從控制權轉移的視角 [J]. 東南大學學報 (哲學社會科學版), 2009, 11 (3): 44-50, 127.

[134] 王劍敏, 孫伯燦, 王曉雲. 控制權轉移的上市公司財務績效及其影響因素的實證研究 [J]. 重慶大學學報 (社會科學版), 2006 (5): 16-23.

[135] 吳育輝, 吳世農. 股票減持過程中的大股東掏空行為研究 [J]. 中國工業經濟, 2010 (5): 121-130.

[136] 吳育輝, 吳世農. 企業高管自利行為及其影響因素研究——基於中國上市公司股權激勵草案的證據 [J]. 管理世界, 2010 (5): 141-149.

[137] 吳敬璉. 中國社會保障體制改革脈絡 [J]. 經濟論壇, 1998 (18): 4.

[138] 吳敬璉. 中國如何建立現代企業制度 [J]. 工業工程與管理, 1998 (2): 5-7.

[139] 吳聯生, 白雲霞. 公司價值、資產收購與控制權轉移方式 [J]. 管理世界, 2004 (9): 123-130, 156.

[140] 王書林, 霍春輝. 控制權私人收益的內部治理問題研究——基於獨立董事聲譽激勵機制的視角 [J]. 經濟問題, 2012 (3): 60-62.

[141] 王偉. 因子分析法在海爾集團公司財務績效評價中的應用 [J]. 山東農業大學學報 (自然科學版), 2013, 44 (1): 111-116.

[142] 王曉光, 趙慧萍. 基於因子分析法的中國保險公司經營績效研究 [J]. 現代商業, 2013 (3): 67-68.

[143] 王玲, 朱占紅. 事件分析法的研究創新及其應用進展 [J]. 國外社會科學, 2012 (1): 138-144.

[144] 王克敏, 劉博. 公司控制權轉移與盈餘管理研究 [J]. 管理世界, 2014 (7): 144-156.

[145] 王簡, 孟淑芳. 控制權轉移中的盈餘管理研究——對價方式、股權性質對股東行為的影響 [J]. 東北農業大學學報 (社會科學版), 2013, 11

(6): 63-72.

[146] 王培欣, 譚雪. 上市公司控制權轉移的市場反應研究 [J]. 管理科學, 2013, 26 (6): 48-57.

[147] 王斌, 蔡安輝, 馮洋. 大股東股權質押、控制權轉移風險與公司業績 [J]. 系統工程理論與實踐, 2013, 33 (7): 1762-1773.

[148] 王俊驊. 上市公司控制權轉移的財富效應分析 [J]. 財會月刊, 2012 (27): 21-23.

[149] 王思, 宋在科. 管理層權力、生命週期與會計穩健性 [J]. 湖南財政經濟學院學報, 2017, 33 (5): 75-84.

[150] 王敏. 股東與管理層衝突的研究——以萬科控制權之爭為例 [J]. 現代工業經濟和信息化, 2017, 7 (12): 21-22.

[151] 萬叢穎, 張楠楠. 大股東的治理與掏空——基於股權結構調節效應的分析 [J]. 財經問題研究, 2013 (7): 42-49.

[152] 王彩. 大股東資金佔用、投資不足與治理機制的研究 [D]. 天津: 天津商業大學, 2013.

[153] 王奇, 李四海. 公司治理、大股東資金佔用與盈餘質量 [J]. 科學決策, 2012 (8): 47-72.

[154] 伍中信. 產權會計與財權流研究 [M]. 成都: 西南財經大學出版社, 2006.

[155] 肖紹平. 上市公司信息披露、投資者信息識別與博弈均衡 [J]. 中央財經大學學報, 2012 (2): 90-96.

[156] 肖紹平, 卓銘. 上市公司控制權轉移市場反應的實證分析 [J]. 財務與金融, 2012 (1): 71-75.

[157] 徐莉萍, 陳工孟, 辛宇. 產權改革、控制權轉移及其市場反應研究 [J]. 審計研究, 2005 (5): 75-79, 88.

[158] 徐莉萍, 陳工孟, 辛宇. 控制權轉移、產權改革及公司經營績效之改進 [J]. 管理世界, 2005 (3): 126-136.

[159] 許可, 郭煒. 中國股市大小非減持影響因素的實證分析 [J]. 武漢理工大學學報 (信管工程版), 2011 (2): 140-144.

[160] 奚俊芳, 於培友. 中國上市公司控制權轉移績效研究——基於經營業績的分析 [J]. 南開管理評論, 2006 (4): 42-48.

[161] 徐曉松. 論國有控股公司組建及運作的法律規範 [J]. 政法論壇, 1998 (6): 20-24.

[162] 謝林林.上市公司控制權轉移與盈餘管理關係研究[D].南昌:江西財經大學,2017.

[163] 夏喆,劉順.大股東治理機制影響商業銀行經營績效的路徑研究[J].財會月刊,2015(36):25-29.

[164] 謝軍,呂文潔.公司領導結構對管理層變更的影響:來自上市公司的證據[J].上海金融學院學報,2012(3):88-96.

[165] 謝軍,黎亮亮.管理層變更和公司價值:制度原因和經濟後果[J].上海商學院學報,2011,12(2):79-84.

[166] 餘明桂,夏新平,鄒振松.控股股東與盈餘管理——來自中國上市公司的經驗證據[J].中大管理研究,2006,1(1):79-97.

[167] 顏淑姬.關於民營上市公司控制權轉移動因的實證分析[J].財會月刊,2010(15):28-31.

[168] 餘明桂,夏新平.第一大股東、代理問題與關聯交易:對中國上市公司的實證研究[J].南開管理評論,2004(7):33-38.

[169] 閻大穎.中國上市公司第一大股東價值取向對股利政策影響的實證研究[J].南開經濟研究,2004(6):94-100,105.

[170] 於培友,奚俊芳.改善中國上市公司控制權市場效率的政策建議[J].經濟體制改革,2006(1):53-56.

[171] 楊瑞龍,胡琴.企業存在原因的重新思考[J].江蘇社會科學,2000(1):1-7.

[172] 楊瑞龍,楊其靜.對「資本雇傭勞動」命題的反思[J].經濟科學,2000(6):91-100.

[173] 楊瑞龍,周業安.一個關於企業所有權安排的規範性分析框架及其理論含義——兼評張維迎、周其仁及崔之元的一些觀點[J].經濟研究,1997(1):12-22.

[174] 楊瑞龍,周業安.論利益相關者合作邏輯下的企業共同治理機制[J].中國工業經濟,1998(1):38-45.

[175] 楊淑娥.財務管理學研究[M].北京:經濟科學出版社,2008.

[176] Y.巴澤爾.產權的經濟分析[M].段毅才,譯.上海:上海人民出版社,1997.

[177] 遊達明,沈屹東.中國上市公司超控制權收益的實證研究[J].科學與科學技術管理,2008(2):133-137.

[178] 餘瑜,王建瓊.什麼驅動了中國上市公司併購浪潮?[J].中央財

經大學學報, 2013 (9): 71-77, 96.

[179] 於培友, 奚俊芳. 大股東控制與公司控制槓桿 [J]. 管理現代化, 2006 (1): 20-22, 31.

[180] 餘光, 唐國興. 企業購並的動因模型和防禦動因假說 [J]. 數量經濟技術經濟研究, 2000 (9): 35-38.

[181] 餘光, 楊榮. 企業購並股價效應的理論分析和實證分析 [J]. 當代財經, 2000 (7): 70-74.

[182] 俞紅海, 徐龍炳. 股權分置改革有效改善了公司績效嗎?——基於雙重差分模型的估計 [J]. 浙江工商大學學報, 2010 (1): 56-62.

[183] 俞紅海, 徐龍炳. 終極控股股東控制權與全流通背景下的大股東減持 [J]. 財經研究, 2010, 36 (1): 123-133.

[184] 餘明桂, 夏新平, 潘紅波. 控制權私有收益的實證分析 [J]. 管理科學, 2006 (3): 27-33.

[185] 嚴鵬, 夏新平, 餘明桂. 上市公司控股股東對資本結構影響的實證研究 [J]. 武漢理工大學學報 (信息與管理工程版), 2006 (4): 135-139.

[186] 姚苗苗, 姚正海, 李霆威. 媒體關注對股價波動影響的實證研究 [J]. 中國集體經濟, 2018 (1): 91-93.

[187] 雲昕, 辛玲, 劉瑩, 等. 優酷土豆併購案例分析——基於事件分析法和會計指標分析法 [J]. 管理評論, 2015, 27 (9): 231-240.

[188] 楊興. 上市公司併購績效研究方法綜述 [J]. 改革與開放, 2015 (5): 82-84.

[189] 姚東, 餘鵬翼. 家族企業控制權轉移與併購決策問題研究 [J]. 會計之友, 2017 (14): 47-51.

[190] 姚國慶. 管理層政治關聯對盈餘管理的影響研究 [J]. 財會通訊, 2017 (30): 60-66.

[191] 楊文婷. 內部控制、管理層自利與費用粘性 [D]. 天津: 天津財經大學, 2017.

[192] 袁樹民, 王霞. 管理層變更與盈餘管理——基於中國上市公司的實證研究 [J]. 上海金融學院學報, 2010 (3): 65-72.

[193] 鐘文娟, 張建國. 基於中小股東利益保護的控制權轉移效果研究 [J]. 紹興文理學院學報 (社科版), 2008 (5): 94-99.

[194] 張維迎. 產權政府與信譽 [M]. 上海: 三聯書店, 2001.

[195] 周其仁. 產權與制度變遷 [M]. 北京: 北京大學出版社, 2004.

[196] 朱茶芬, 陳超, 李志文. 信息優勢、波動風險與大股東的選擇性減持行為 [J]. 浙江大學學報 (人文社會科學版), 2010 (3): 164-173.

[197] 朱茶芬, 李志文, 陳超. A股市場大股東減持的時機選擇和市場反應研究 [J]. 浙江大學學報 (人文社會科學版), 2011 (3): 159-169.

[198] 張程睿, 王華, 梁斯寧. 首發限售股原股東的減持行為及動因研究 [J]. 經濟管理, 2016 (6): 111-124.

[199] 鄭海英. 上市公司內部控制環境研究——兼論第一大股東與社會公眾股東的權利失衡問題 [J]. 會計研究, 2004 (12): 62-65.

[200] 張祥建, 郭嵐. 大股東控制下的股權再融資與盈餘操縱研究 [J]. 數量經濟技術經濟研究, 2005 (3): 119-126.

[201] 張紅軍. 中國上市公司股權結構與公司績效的理論及實證分析 [J]. 經濟科學, 2000 (4): 34-44.

[202] 鄒高峰. 深市上市公司控制權轉移的市場反應 [J]. 西北農林科技大學學報 (社會科學版), 2004 (3): 86-90.

[203] 張維, 梁朝暉. 中國股票市場流動性與收益動態關係研究 [J]. 系統工程理論與實踐, 2004 (10): 22-26, 85.

[204] 周曉蘇, 唐雪松. 控制權轉移與企業業績 [J]. 南開管理評論, 2006 (4): 84-90.

[205] 朱慧琳, 唐宗明. 上市公司控制權轉讓績效的實證研究 [J]. 經濟學動態, 2009 (11): 65-68.

[206] 張媛春, 鄔東海. 控股股東更換是否會提高公司績效——基於中國上市公司的經驗研究 [J]. 山西財經大學學報, 2011, 33 (1): 88-93.

[207] 張慕瀕. 股權分置改革中的控制權交易績效: 行業差異與成因分析 [J]. 江海學刊, 2009 (3): 97-103+238.

[208] 周其仁. 不承認企業家人力資本價值會怎樣? [J]. 中國企業家, 2005 (5): 56-58.

[209] 周其仁. 產權界定與產權改革 [J]. 科學發展, 2017 (6): 5-12.

[210] 張維迎. 產權安排與企業內部的權力鬥爭 [J]. 經濟研究, 2000 (6): 41-50.

[211] 張文顯. 市場經濟與法制建設三論 [J]. 中國法學, 1993 (3): 12-19.

[212] 曾林陽. 大股東超控制權收益與合理控制權收益實現途徑 [J]. 雲南民族大學學報 (哲學社會科學版), 2008 (4): 87-90.

[213] 張程睿, 黃志忠. CEO 薪酬激勵、盈餘管理與勞動力市場成本 [J]. 華南師範大學學報（社會科學版）, 2015 (5): 107-117.

[214] 張程睿. 內部人動機、公司治理與信息披露質量——基於對深圳上市公司的實證分析 [J]. 經濟與管理研究, 2010 (5): 10-18.

[215] 張程睿. 內部人動機、治理結構與信息披露質量 [A]. 廈門大學會計發展研究中心、廈門大學財務管理與會計研究院、廈門大學會計系. 資本市場會計研究——第八屆會計與財務問題國際研討會論文集 [C]. 廈門大學會計發展研究中心、廈門大學財務管理與會計研究院、廈門大學會計系：廈門大學會計發展研究中心, 2008: 11.

[216] 張新, 祝紅梅. 內幕交易的經濟學分析 [J]. 經濟學（季刊）, 2003 (4): 71-96.

[217] 張新. 從上市公司績效看中國經濟增長的可持續性 [J]. 經濟社會體制比較, 2003 (1): 41-48, 129.

[218] 曾亞敏, 張俊生. 中國上市公司股權收購動因研究：構建內部資本市場抑或濫用自由現金流 [J]. 世界經濟, 2005 (2): 60-68.

[219] 張俊生, 曾亞敏. 董事會特徵與總經理變更 [J]. 南開管理評論, 2005 (1): 16-20.

[220] 張宏亮, 崔學剛. 後股權分置背景下 CEO 更換與投資者保護：動因及效應研究 [J]. 財貿研究, 2010, 21 (6): 120-128.

[221] 鐘瑩. 生物制藥上市企業盈利能力分析——基於因子分析法 [J]. 知識經濟, 2017 (20): 82, 84.

[222] 張婷婷. 浙報傳媒併購邊鋒、浩方案例分析——基於事件分析法和會計指標分析法 [J]. 商業會計, 2017 (12): 33-35.

[223] 張德容, 李勝男. 事件研究法下財務披露管理有效性的實證分析——以年度業績預告披露為例 [J]. 會計之友, 2016 (24): 104-106.

[224] 張憲. 基於事件研究法的上市公司股權激勵效應研究 [J]. 統計與決策, 2016 (21): 166-168.

[225] 章衛東, 羅國民, 陶媛媛. 上市公司員工持股計劃的股東財富效應研究——來自中國證券市場的經驗數據 [J]. 北京工商大學學報（社會科學版）, 2016, 31 (2): 61-70.

[226] 周曉東, 趙欣. A 股上市公司股權激勵公告效應實證研究 [J]. 財會通訊, 2015 (3): 52-55.

[227] 朱峰, 李紅宇, 沈彥如, 等. 基於事件分析法中國 A 股市場創業板

分配方案公告效應研究［J］．現代經濟信息，2012（2）：274-275．

［228］張俊．ST借殼重組股價異動研究及事件分析法的實證檢驗［D］．上海：上海交通大學，2011．

［229］曾祥飛，林鐘高．控制權轉移、內部控制重大缺陷與企業績效——基於企業生命週期視角的實證研究［J］．商業經濟與管理，2017（9）：46-60．

［230］張碩，趙息．資本投向差異與私利攫取——來自中國上市公司控制權轉移的經驗證據［J］．會計研究，2016（12）：44-50，95．

［231］鄭凱麗．上市公司控制權轉移與股價異動——基於事件研究法［J］．時代金融，2016（24）：199-200．

［232］張文．上市公司發生控制權轉移的影響因素分析［J］．技術經濟與管理研究，2015（2）：57-61．

［233］曾昭竈．控制權轉移的內幕交易案例研究——基於私有收益獲取的視角［J］．現代商貿工業，2014，26（17）：153-155．

［234］趙麗昀．國有控制權轉移的績效影響及政策建議［J］．財經界（學術版），2014（15）：153．

［235］趙息，褚洪輝，陳妍慶．管理層能力、內部控制有效性與跨國併購績效［J］．天津大學學報（社會科學版），2018（1）：14-19．

［236］朱未萍，項惠會．基於研發投入的管理層股權激勵與企業績效關係研究［J］．財會通訊，2017（30）：55-59，129．

［237］朱武祥，宋勇．股權結構與企業價值——對家電行業上市公司實證分析［J］．經濟研究，2001（12）：66-72，92．

附錄

表一　2012—2016 年上市公司第一大股東控制權轉移一覽表

證券代碼	股票名稱	所屬行業	減持比例（%）	股份性質	減持方式
300013	新寧物流	倉儲業	30.3	未流通股，流通A股	股東減持
300240	飛力達	倉儲業	17.06	境內法人持有股份	股東減持
000037	深南電A	電力、熱力生產和供應業	16.72	流通A股	股東減持
000591	桐君閣	電力、熱力生產和供應業	49.84	流通A股	協議轉讓
000695	濱海能源	電力、熱力生產和供應業	37.3	流通A股	協議轉讓
002622	永大集團	電氣機械及器材製造業	33.66	境內自然人持有股份	股東減持
300120	堅瑞消防	電氣機械及器材製造業	19.4	境外法人持有股份	股東減持
000533	萬家樂	電氣機械及器材製造業	24.97	流通A股	協議轉讓
000633	合金投資	電氣機械及器材製造業	36.85	境內法人持有股份	協議轉讓
000676	智度投資	電氣機械及器材製造業	29.24	流通A股	協議轉讓
000836	鑫茂科技	電氣機械及器材製造業	24.05	境內法人股，流通A股	協議轉讓
002141	蓉勝超微	電氣機械及器材製造業	21.59	流通A股	協議轉讓
002168	深圳惠程	電氣機械及器材製造業	26.47	境內自然人股，流通A股	協議轉讓
002260	德奧通航	電氣機械及器材製造業	39.94	流通A股	協議轉讓
002606	大連電瓷	電氣機械及器材製造業	42	境內自然人持有股份	協議轉讓

表一（續）

證券代碼	股票名稱	所屬行業	減持比例（%）	股份性質	減持方式
002647	宏磊股份	電氣機械及器材製造業	37.87	境內自然人持有股份	協議轉讓
002668	奧馬電器	電氣機械及器材製造業	56.24	境內法人持有股份	協議轉讓
002677	浙江美大	電氣機械及器材製造業	67.5	境內法人持有股份	協議轉讓
002692	遠程電纜	電氣機械及器材製造業	28.75	境內自然人持有股份	協議轉讓
300208	恒順眾昇	電氣機械及器材製造業	33.13	境內法人持有股份	協議轉讓
600379	寶光股份	電氣機械及器材製造業	19.59	流通A股	協議轉讓
600487	亨通光電	電氣機械及器材製造業	40.71	境內法人持有股份，流通A股	協議轉讓
002723	金萊特	電氣機械及器材製造業	72.86	境內自然人持有股份	遺產繼承
000656	金科股份	房地產業	21.82	境內法人持有股份	股東減持
000042	中洲控股	房地產業	29.75	流通A股	無償劃撥
600604	市北高新	房地產業	41.92	流通股	無償劃撥
600848	自儀股份	房地產業	26.39	流通A股	無償劃撥
000040	寶安地產	房地產業	19.8	流通A股	協議轉讓
000838	財信發展	房地產業	27.42	流通A股	協議轉讓
600641	萬業企業	房地產業	50.54	流通A股	協議轉讓
600817	ST宏盛	房地產業	26.09	國有法人股	協議轉讓
600890	中房股份	房地產業	24.93	流通A股	協議轉讓
002563	森馬服飾	紡織服裝、服飾業	62.69	境內法人持有股份	協議轉讓
002569	步森股份	紡織服裝、服飾業	59.55	境內法人持有股份	協議轉讓
002687	喬治白	紡織服裝、服飾業	35.37	境內法人持有股份	協議轉讓
600398	海瀾之家	紡織服裝、服飾業	23.29	境內法人持有股份，流通A股	協議轉讓
000611	ST蒙發	紡織業	15.54	流通A股	協議轉讓
002070	ST眾合	紡織業	18.15	境內自然人持股，流通A股	協議轉讓
600493	鳳竹紡織	紡織業	28.5	流通A股	協議轉讓
600539	獅頭股份	非金屬礦物製品業	27.94	國有法人股	股東減持
000023	深天地A	非金屬礦物製品業	29.99	境內法人持有股份，流通A股	股東減持

表一(續)

證券代碼	股票名稱	所屬行業	減持比例（%）	股份性質	減持方式
002088	魯陽節能	非金屬礦物製品業	33.03	流通A股	協議轉讓
300093	金剛玻璃	非金屬礦物製品業	21.96	流通A股	協議轉讓
600145	ST國創	非金屬礦物製品業	9.4	流通A股	協議轉讓
002672	東江環保	廢棄資源綜合利用業	28.68	境內自然人持有股份	協議轉讓
002343	慈文傳媒	廣播、電視、電影和影視錄音製作業	12.57	境內自然人持有股份	股東減持
000892	星美聯合	廣播、電視、電影和影視錄音製作業	25.84	境內法人持有股份	協議轉讓
600532	宏達礦業	黑色金屬礦採選業	20.38	流通A股	股東減持
002464	金利科技	互聯網和相關服務	66.67	境外法人持有股份	股東減持
002517	愷英網絡	互聯網和相關服務	57.69	境外法人持有股份	股東減持
000782	美達股份	化學纖維製造業	20.23	流通A股	協議轉讓
002538	司爾特	化學原料及化學製品製造業	47.2	境內法人持有股份	股東減持
000510	金路集團	化學原料及化學製品製造業	5.14	流通A股	股東減持
000408	金谷源	化學原料及化學製品製造業	22.65	流通A股	股東減持
002145	中核鈦白	化學原料及化學製品製造業	40.25	流通A股	司法裁定
002246	北化股份	化學原料及化學製品製造業	50.44	流通A股	無償劃撥
000818	方大化工	化學原料及化學製品製造業	39.14	境內法人持有股份	協議轉讓
000953	河池化工	化學原料及化學製品製造業	42.34	流通A股	協議轉讓
002319	樂通股份	化學原料及化學製品製造業	13	流通A股	協議轉讓
600226	昇華拜克	化學原料及化學製品製造業	34.27	流通A股	協議轉讓
600319	亞星化學	化學原料及化學製品製造業	35	流通A股	協議轉讓
002440	閏土股份	化學原料及化學製品製造業	35.18	境內自然人持有股份	遺產繼承
002192	融捷股份	計算機、通信和其他電子設備製造業	20.79	高管股，流通A股	股東減持

表一(續)

證券代碼	股票名稱	所屬行業	減持比例(%)	股份性質	減持方式
002369	卓翼科技	計算機、通信和其他電子設備製造業	28.97	境內自然人持有股份	股東減持
002417	三元達	計算機、通信和其他電子設備製造業	18.17	境內自然人持有股份	股東減持
300077	國民技術	計算機、通信和其他電子設備製造業	27.5	未流通股	股東減持
300088	長信科技	計算機、通信和其他電子設備製造業	24.86	境外法人持有股份	股東減持
300102	乾照光電	計算機、通信和其他電子設備製造業	16.97	境內自然人持有股份	股東減持
300127	銀河磁體	計算機、通信和其他電子設備製造業	33.58	境內自然人持有股份	股東減持
600288	大恒科技	計算機、通信和其他電子設備製造業	34.52	流通A股	股東減持
600401	ST海潤	計算機、通信和其他電子設備製造業	25.27	境內法人持有股份	股東減持
600745	中茵股份	計算機、通信和其他電子設備製造業	51.71	流通A股	股東減持
600234	山水文化	計算機、通信和其他電子設備製造業	18.82	流通A股	司法裁定
000547	航天發展	計算機、通信和其他電子設備製造業	19.05	流通A股	協議轉讓
000586	匯源通信	計算機、通信和其他電子設備製造業	20.68	流通A股	協議轉讓
000670	盈方微	計算機、通信和其他電子設備製造業	25.99	境內法人持有股份	協議轉讓
000938	紫光股份	計算機、通信和其他電子設備製造業	31.62	流通A股	協議轉讓
002289	宇順電子	計算機、通信和其他電子設備製造業	31.24	境內自然人持有股份	協議轉讓
002389	南洋科技	計算機、通信和其他電子設備製造業	35.82	境內自然人持有股份	協議轉讓
002660	茂碩電氣	計算機、通信和其他電子設備製造業	24.1	境內法人持有股份	協議轉讓
300128	錦富新材	計算機、通信和其他電子設備製造業	52.88	境內法人持有股份	協議轉讓
300250	初靈信息	計算機、通信和其他電子設備製造業	47.85	境內法人持有股份, 流通A股	協議轉讓
600083	博信股份	計算機、通信和其他電子設備製造業	14.09	流通A股	協議轉讓

表一(續)

證券代碼	股票名稱	所屬行業	減持比例(%)	股份性質	減持方式
600525	長園集團	計算機、通信和其他電子設備製造業	35.76	流通A股	協議轉讓
002047	寶鷹股份	建築裝飾和其他建築業	31.88	流通A股	股東減持
002163	中航三鑫	建築裝飾和其他建築業	19.68	高管股,流通A股	股東減持
600209	羅頓發展	建築裝飾和其他建築業	30.29	流通A股	股東減持
000526	銀潤投資	教育	18.18	流通A股	協議轉讓
002514	寶馨科技	金屬製品業	51.47	境外法人持有股份	股東減持
002359	齊星鐵塔	金屬製品業	24.08	境內法人持有股份	協議轉讓
002760	鳳形股份	金屬製品業	28.52	境內自然人持有股份	遺產繼承
603589	口子窖	酒、飲料和精製茶製造業	22.74	境外法人持有股份	股東減持
002387	黑牛食品	酒、飲料和精製茶製造業	46.86	境內自然人持有股份	協議轉讓
600132	重慶啤酒	酒、飲料和精製茶製造業	20	流通A股	協議轉讓
002629	仁智股份	開採輔助活動	13.57	境內自然人持有股份	協議轉讓
600265	景谷林業	林業	24.67	流通A股	協議轉讓
000560	昆百大A	零售業	25.43	境內法人持有股份	協議轉讓
000679	大連友誼	零售業	29.92	流通A股	協議轉讓
600306	商業城	零售業	12.51	流通A股	協議轉讓
000571	新大洲A	煤炭開採和洗選業	12.16	流通A股	協議轉讓
000711	京藍科技	農、林、牧、漁服務業	26.63	流通A股	協議轉讓
300268	萬福生科	農副食品加工業	29.99	境內自然人持有股份	司法裁定
000705	浙江震元	批發業	23.83	國有法人股,流通A股	無償劃撥
600180	瑞茂通	批發業	14.9	流通A股	協議轉讓
600753	東方銀星	批發業	21.04	流通A股	協議轉讓
600811	東方集團	批發業	27.98	流通A股	協議轉讓
002098	潯興股份	其他製造業	35.82	流通A股	協議轉讓
002213	特爾佳	汽車製造業	20.38	高管股,流通A股	股東減持

表一（續）

證券代碼	股票名稱	所屬行業	減持比例（％）	股份性質	減持方式
002328	新朋股份	汽車製造業	32.65	境內自然人持有股份	遺產繼承
000669	金鴻能源	燃氣生產和供應業	17.59	境內法人持有股份，流通A股	協議轉讓
600681	萬鴻集團	燃氣生產和供應業	18.25	境內法人持有股份	協議轉讓
002195	二三四五	軟件和信息技術服務業	17.62	流通A股	股東減持
002373	千方科技	軟件和信息技術服務業	26.64	境內自然人持有股份	股東減持
300302	同有科技	軟件和信息技術服務業	18.63	境內自然人持有股份	股東減持
300002	神州泰岳	軟件和信息技術服務業	13.93	境內自然人持有股份	離婚財產分割
600654	中安消	軟件和信息技術服務業	17.82	流通A股	無償劃撥
002316	鍵橋通訊	軟件和信息技術服務業	38.24	境外法人持有股份	協議轉讓
002649	博彥科技	軟件和信息技術服務業	11.76	境內法人持有股份	協議轉讓
300096	易聯眾	軟件和信息技術服務業	35.63	境內自然人持有股份	協議轉讓
300170	漢得信息	軟件和信息技術服務業	34.2	境內法人持有股份	協議轉讓
600767	運盛醫療	軟件和信息技術服務業	29.03	流通A股	協議轉讓
600892	寶誠股份	軟件和信息技術服務業	19.99	流通A股	協議轉讓
002127	南極電商	商務服務業	29.69	境內法人持有股份，流通A股	股東減持
002027	分眾傳媒	商務服務業	42.89	高管股，流通A股	協議轉讓
600093	易見股份	商務服務業	30.22	流通A股	協議轉讓
000035	中國天楹	生態保護和環境治理業	20.61	流通A股	司法裁定
000826	啓迪桑德	生態保護和環境治理業	44.71	流通A股	協議轉讓
000835	長城動漫	石油加工、煉焦及核燃料加工業	11.81	流通A股	協議轉讓
600381	青海春天	食品製造業	31.26	境內法人持有股份，流通A股	司法拍賣

表一(續)

證券代碼	股票名稱	所屬行業	減持比例(%)	股份性質	減持方式
000605	渤海股份	水的生產和供應業	55.75	國有法人股	無償劃撥
000520	長航鳳凰	水上運輸業	26.72	流通A股	協議轉讓
000008	神州高鐵	鐵路、船舶、航空航天和其他運輸設備製造業	11.36	流通A股	協議轉讓
000913	ST錢江	鐵路、船舶、航空航天和其他運輸設備製造業	41.45	流通A股	協議轉讓
002023	海特高新	鐵路、船舶、航空航天和其他運輸設備製造業	27.76	流通A股	協議轉讓
002686	億利達	通用設備製造業	18.75	境內自然人持有股份	股東減持
300280	南通鍛壓	通用設備製造業	62.5	境內自然人持有股份	股東減持
002122	天馬股份	通用設備製造業	42.86	流通A股	協議轉讓
002468	艾迪西	通用設備製造業	31.9	境外法人持有股份	協議轉讓
000065	北方國際	土木工程建築業	54.41	流通A股	無償劃撥
000681	遠東股份	文化藝術業	15.46	境外法人持有股份,流通A股	股東減持
300198	納川股份	橡膠和塑料製品業	32.34	境內自然人持有股份	離婚財產分割
000509	ST華塑	橡膠和塑料製品業	25.17	募集法人股	協議轉讓
002694	顧地科技	橡膠和塑料製品業	41.07	境內法人持有股份	協議轉讓
600229	青島鹼業	新聞和出版業	34.26	流通A股	無償劃撥
002099	海翔藥業	醫藥製造業	24.53	高管股,流通A股	股東減持
300049	福瑞股份	醫藥製造業	16.21	國有法人股	股東減持
300110	華仁藥業	醫藥製造業	51.87	境內法人持有股份	股東減持
600671	天目藥業	醫藥製造業	12.1	流通A股	司法裁定
000590	ST古漢	醫藥製造業	18.02	流通A股	協議轉讓
000766	通化金馬	醫藥製造業	23.42	流通A股	協議轉讓
000908	景峰醫藥	醫藥製造業	53.86	流通A股	協議轉讓
000989	九芝堂	醫藥製造業	40.35	流通A股	協議轉讓
002007	華蘭生物	醫藥製造業	17.67	流通A股	協議轉讓
002022	科華生物	醫藥製造業	7.93	流通A股	協議轉讓
002058	威爾泰	儀器儀表製造業	26.3	流通A股	股東減持

表一(續)

證券代碼	股票名稱	所屬行業	減持比例(％)	股份性質	減持方式
000603	盛達礦業	有色金屬礦採選業	45.64	境內法人持有股份	股東減持
000506	中潤資源	有色金屬礦採選業	47.17	流通A股	協議轉讓
600766	園成黃金	有色金屬礦採選業	29.8	流通A股	協議轉讓
600392	盛和資源	有色金屬冶煉及壓延加工業	20	流通A股	股東減持
600490	鵬欣資源	有色金屬冶煉及壓延加工業	19.48	流通A股	股東減持
000612	焦作萬方	有色金屬冶煉及壓延加工業	24	流通A股	股東減持
000815	美利紙業	造紙及紙製品業	26.91	流通A股	司法拍賣
300012	華測檢測	專業技術服務業	25.04	境內自然人持有股份	股東減持
002459	天業通聯	專用設備製造業	14.83	未流通股，流通A股	股東減持
002031	巨輪智能	專用設備製造業	20.59	流通A股	協議轉讓
002278	神開股份	專用設備製造業	12.29	流通A股，未流通股	協議轉讓
002499	科林環保	專用設備製造業	27.82	境內自然人持有股份	協議轉讓
002691	冀凱股份	專用設備製造業	64.5	境內法人持有股份	協議轉讓
300103	陝西風鼓	專用設備製造業	35.13	境內自然人持有股份	協議轉讓
600499	科達潔能	專用設備製造業	17.25	流通A股	協議轉讓
600843	上工申貝	專用設備製造業	23.48	流通A股	協議轉讓
000783	長江證券	資本市場服務	14.72	流通A股	協議轉讓
002670	華聲股份	資本市場服務	20.41	境內法人持有股份	協議轉讓
600212	江泉實業	綜合	18.25	流通A股	協議轉讓
000007	全新好	其他	15.17	流通A股	司法拍賣

表二 100家樣本企業第一大股東控制權轉移對財務績效影響的因子分析總得分

（控制權轉移前一年，保留三位小數）

股票代碼	FAC1_1	權重1	FAC2_1	權重2	FAC3_1	權重3	FAC4_1	權重4	FAC5_1	權重5	FAC6_1	權重6	FAC7_1	權重7	FAC8_1	權重8	FAC9_1	權重9	總得分
000669	-0.138	0.176	-0.174	0.118	-0.100	0.095	-0.329	0.085	-0.537	0.065	-0.416	0.060	0.044	0.054	0.609	0.049	-0.398	0.048	-0.129
600093	-0.203	0.176	-0.162	0.118	-0.304	0.095	0.172	0.085	0.418	0.065	0.516	0.060	-0.105	0.054	-0.504	0.049	-0.006	0.048	-0.042
600209	-0.229	0.176	-0.420	0.118	-0.463	0.095	-0.111	0.085	-0.829	0.065	0.736	0.060	0.552	0.054	0.341	0.049	1.089	0.048	-0.054
600319	-0.138	0.176	0.233	0.118	-0.497	0.095	0.822	0.085	-0.201	0.065	-0.028	0.060	0.218	0.054	-0.451	0.049	0.318	0.048	0.016
600392	0.112	0.176	-0.117	0.118	-0.554	0.095	-0.409	0.085	-8.606	0.065	-0.051	0.060	-0.758	0.054	-0.427	0.049	-0.594	0.048	-0.733
000506	-0.191	0.176	-0.143	0.118	-0.183	0.095	0.741	0.085	0.111	0.065	-0.178	0.060	-0.047	0.054	0.157	0.049	-0.457	0.048	-0.025
000611	0.158	0.176	-3.157	0.118	-0.583	0.095	-0.395	0.085	0.327	0.065	-0.991	0.060	-0.193	0.054	0.055	0.049	1.103	0.048	-0.427
000766	-0.036	0.176	0.095	0.118	0.058	0.095	-0.032	0.085	0.332	0.065	-0.486	0.060	-0.534	0.054	0.097	0.049	0.086	0.048	-0.020
000782	-0.246	0.176	0.070	0.118	-0.860	0.095	0.331	0.085	0.294	0.065	1.287	0.060	-0.179	0.054	-1.071	0.049	-0.165	0.048	-0.063
000838	0.423	0.176	-0.431	0.118	1.429	0.095	1.425	0.085	-0.941	0.065	-0.041	0.060	8.815	0.054	-0.169	0.049	-0.348	0.048	0.672
002047	-0.158	0.176	0.165	0.118	-0.728	0.095	-0.347	0.085	0.388	0.065	0.063	0.060	-0.246	0.054	-0.830	0.049	0.039	0.048	-0.131
002195	-0.121	0.176	-0.084	0.118	0.693	0.095	-2.475	0.085	-0.463	0.065	0.183	0.060	-0.267	0.054	-0.170	0.049	-0.142	0.048	-0.224
002260	0.026	0.176	-0.169	0.118	-0.999	0.095	-0.503	0.085	0.345	0.065	-0.478	0.060	0.037	0.054	-0.826	0.049	-0.045	0.048	-0.200
600132	-0.176	0.176	-0.193	0.118	0.475	0.095	0.766	0.085	0.025	0.065	-0.016	0.060	0.105	0.054	-0.095	0.049	0.129	0.048	0.064
600890	0.282	0.176	4.231	0.118	0.280	0.095	-0.499	0.085	-0.134	0.065	-0.419	0.060	-0.467	0.054	1.476	0.049	-0.439	0.048	0.524
000676	0.551	0.176	-0.055	0.118	-0.472	0.095	0.574	0.085	0.191	0.065	0.251	0.060	0.264	0.054	-0.150	0.049	-0.168	0.048	0.121
000711	-0.322	0.176	-0.738	0.118	1.386	0.095	2.776	0.085	-0.715	0.065	-3.441	0.060	-1.674	0.054	2.544	0.049	0.442	0.048	0.026
000835	-0.095	0.176	0.143	0.118	-1.085	0.095	-0.902	0.085	1.129	0.065	-1.654	0.060	-0.167	0.054	-1.629	0.049	0.008	0.048	-0.295
000892	0.224	0.176	0.154	0.118	-1.036	0.095	-2.687	0.085	-0.294	0.065	-0.475	0.060	-0.097	0.054	-1.314	0.049	0.087	0.048	-0.383
000908	0.162	0.176	0.077	0.118	-1.636	0.095	1.598	0.085	-0.613	0.065	-0.284	0.060	-0.131	0.054	-0.218	0.049	0.151	0.048	-0.050
002022	-0.220	0.176	-0.100	0.118	0.081	0.095	-1.300	0.085	-0.167	0.065	0.580	0.060	-0.024	0.054	-0.047	0.049	0.072	0.048	-0.130
002088	-0.121	0.176	-0.012	0.118	-0.205	0.095	-0.524	0.085	0.111	0.065	0.024	0.060	-0.078	0.054	0.055	0.049	0.063	0.048	-0.077
002099	-0.141	0.176	0.137	0.118	-0.304	0.095	0.799	0.085	0.165	0.065	-0.146	0.060	-0.012	0.054	-0.225	0.049	0.418	0.048	0.040
002141	-0.125	0.176	-0.236	0.118	-0.596	0.095	0.187	0.085	0.464	0.065	0.526	0.060	-0.027	0.054	-0.957	0.049	-0.466	0.048	-0.100

表二（續）

股票代碼	FAC1_1	權重1	FAC2_1	權重2	FAC3_1	權重3	FAC4_1	權重4	FAC5_1	權重5	FAC6_1	權重6	FAC7_1	權重7	FAC8_1	權重8	FAC9_1	權重9	總得分
002359	-0.335	0.176	-0.455	0.118	0.769	0.095	-0.425	0.085	0.719	0.065	-4.477	0.060	0.317	0.054	-0.642	0.049	0.094	0.048	-0.309
002369	-0.060	0.176	-0.155	0.118	0.014	0.095	0.170	0.085	0.591	0.065	-0.037	0.060	-0.167	0.054	-0.293	0.049	-0.324	0.048	-0.016
002373	-0.145	0.176	-0.036	0.118	-1.073	0.095	0.006	0.085	-0.509	0.065	-0.179	0.060	0.260	0.054	0.076	0.049	0.324	0.048	-0.142
002459	-0.141	0.176	-0.082	0.118	-1.324	0.095	0.746	0.085	-0.449	0.065	0.309	0.060	-0.053	0.054	0.037	0.049	-0.013	0.048	-0.109
002514	-0.053	0.176	-0.089	0.118	-0.002	0.095	-0.681	0.085	0.081	0.065	-0.251	0.060	-0.045	0.054	0.227	0.049	0.382	0.048	-0.061
002517	-0.031	0.176	-0.159	0.118	0.139	0.095	-0.258	0.085	0.391	0.065	0.100	0.060	-0.251	0.054	0.434	0.049	-0.068	0.048	0.003
300012	-0.265	0.176	-0.031	0.118	0.541	0.095	-0.982	0.085	-0.021	0.065	0.643	0.060	-0.133	0.054	0.057	0.049	0.213	0.048	-0.039
300088	-0.098	0.176	0.145	0.118	0.461	0.095	-0.161	0.085	0.697	0.065	-0.050	0.060	-0.264	0.054	0.000	0.049	0.172	0.048	0.066
300103	-0.027	0.176	-0.089	0.118	0.008	0.095	-0.908	0.085	0.690	0.065	-0.394	0.060	-0.397	0.054	0.129	0.049	-0.180	0.048	-0.095
300170	0.624	0.176	0.422	0.118	2.910	0.095	-3.120	0.085	-0.400	0.065	-0.898	0.060	0.096	0.054	-0.018	0.049	0.261	0.048	0.108
300208	-0.220	0.176	-0.374	0.118	0.118	0.095	0.088	0.085	-0.317	0.065	0.360	0.060	0.075	0.054	0.359	0.049	0.063	0.048	-0.038
300288	-0.086	0.176	-0.333	0.118	-0.468	0.095	0.152	0.085	0.052	0.065	0.108	0.060	0.106	0.054	-0.505	0.049	-0.370	0.048	-0.113
600306	-0.049	0.176	-1.005	0.118	-0.710	0.095	2.609	0.085	-1.109	0.065	-1.865	0.060	-1.066	0.054	1.441	0.049	-0.047	0.048	-0.146
600379	0.029	0.176	-0.089	0.118	-0.388	0.095	-0.021	0.085	0.870	0.065	0.209	0.060	-0.339	0.054	-0.293	0.049	-0.335	0.048	-0.024
600398	-0.228	0.176	-0.124	0.118	0.285	0.095	-0.258	0.085	-0.322	0.065	0.548	0.060	-0.114	0.054	0.319	0.049	8.512	0.048	0.378
600525	-0.179	0.176	-0.095	0.118	0.043	0.095	0.152	0.085	0.100	0.065	0.290	0.060	0.044	0.054	-0.098	0.049	-0.075	0.048	-0.008
600892	-0.187	0.176	-0.120	0.118	-0.138	0.095	0.622	0.085	1.727	0.065	1.157	0.060	-0.069	0.054	-2.446	0.049	-0.046	0.048	0.048
600023	-0.064	0.176	-0.247	0.118	-0.223	0.095	0.748	0.085	0.424	0.065	-0.356	0.060	-0.022	0.054	-0.396	0.049	-0.597	0.048	-0.041
000037	-0.327	0.176	0.406	0.118	-0.497	0.095	0.897	0.085	-0.463	0.065	0.123	0.060	0.022	0.054	0.103	0.049	-0.141	0.048	-0.004
000040	-0.075	0.176	0.056	0.118	-0.091	0.095	0.759	0.085	-0.374	0.065	-0.411	0.060	0.241	0.054	0.150	0.049	-0.193	0.048	0.012
000520	9.691	0.176	-0.167	0.118	-0.016	0.095	0.520	0.085	0.160	0.065	0.092	0.060	-0.465	0.054	-0.525	0.049	0.134	0.048	1.703
000526	0.637	0.176	-0.155	0.118	-1.316	0.095	-1.158	0.085	1.455	0.065	2.409	0.060	0.150	0.054	7.276	0.049	-0.189	0.048	0.467
000547	-0.172	0.176	0.204	0.118	0.739	0.095	-0.753	0.085	0.067	0.065	-0.150	0.060	-0.031	0.054	0.134	0.049	-0.105	0.048	-0.005
000560	-0.138	0.176	-0.235	0.118	-0.402	0.095	0.894	0.085	-0.164	0.065	-0.422	0.060	0.043	0.054	0.134	0.049	-0.026	0.048	-0.042
000586	-0.160	0.176	0.041	0.118	-0.181	0.095	0.365	0.085	0.094	0.065	0.429	0.060	0.038	0.054	-0.421	0.049	-0.271	0.048	-0.009
000590	-0.029	0.176	7.524	0.118	-0.270	0.095	0.574	0.085	-0.079	0.065	-0.469	0.060	0.236	0.054	-0.021	0.049	0.413	0.048	0.901

表二（續）

股票代碼	FAC1_1	權重1	FAC2_1	權重2	FAC3_1	權重3	FAC4_1	權重4	FAC5_1	權重5	FAC6_1	權重6	FAC7_1	權重7	FAC8_1	權重8	FAC9_1	權重9	總得分
000591	−0.083	0.176	−0.189	0.118	−0.692	0.095	1.027	0.085	0.540	0.065	−0.183	0.060	−0.038	0.054	−1.190	0.049	−0.379	0.048	−0.070
000603	−0.756	0.176	−0.127	0.118	1.292	0.095	−0.331	0.085	0.136	0.065	1.393	0.060	0.472	0.054	0.226	0.049	0.027	0.048	0.077
000633	0.201	0.176	−0.042	0.118	−0.541	0.095	−2.049	0.085	−0.596	0.065	−0.953	0.060	−0.321	0.054	0.160	0.049	−0.321	0.048	−0.316
000695	−0.099	0.176	−0.365	0.118	−0.608	0.095	1.008	0.085	−0.103	0.065	2.843	0.060	−0.003	0.054	0.095	0.049	−0.557	0.048	0.110
000783	−0.613	0.176	−0.088	0.118	2.455	0.095	1.283	0.085	−0.359	0.065	0.669	0.060	−0.045	0.054	0.448	0.049	0.120	0.048	0.267
000826	−0.049	0.176	0.019	0.118	0.498	0.095	0.167	0.085	0.803	0.065	−0.333	0.060	−0.182	0.054	−0.004	0.049	−0.045	0.048	0.075
000938	−0.274	0.176	0.552	0.118	1.158	0.095	0.327	0.085	0.121	0.065	0.007	0.060	0.551	0.054	−0.351	0.049	0.331	0.048	0.191
000989	−0.196	0.176	−0.050	0.118	−0.168	0.095	−0.469	0.085	0.239	0.065	−0.168	0.060	0.375	0.054	0.752	0.049	−0.046	0.048	−0.036
002007	−0.051	0.176	−0.102	0.118	0.329	0.095	−3.482	0.085	−0.805	0.065	0.060	0.060	−0.425	0.054	−0.209	0.049	−0.305	0.048	−0.382
002031	−0.179	0.176	−0.086	0.118	1.069	0.095	−0.484	0.085	1.067	0.065	0.117	0.060	−0.033	0.054	−0.602	0.049	−0.283	0.048	0.050
002127	−0.208	0.176	0.578	0.118	−2.144	0.095	−0.323	0.085	0.495	0.065	−0.690	0.060	0.226	0.054	−1.906	0.049	0.445	0.048	−0.270
002163	−0.195	0.176	−0.297	0.118	−0.352	0.095	0.959	0.085	0.169	0.065	−0.364	0.060	−0.027	0.054	0.023	0.049	−0.374	0.048	−0.050
002192	−0.098	0.176	−0.007	0.118	−0.566	0.095	0.581	0.085	−0.408	0.065	−0.273	0.060	0.152	0.054	0.184	0.049	−0.070	0.048	−0.051
002278	−0.072	0.176	−0.183	0.118	0.042	0.095	−0.228	0.085	0.239	0.065	−0.102	0.060	−0.057	0.054	−0.065	0.049	−0.306	0.048	−0.061
002289	−0.105	0.176	1.954	0.118	−0.006	0.095	0.433	0.085	0.353	0.065	−0.317	0.060	−0.051	0.054	0.239	0.049	−0.221	0.048	0.250
002316	−0.262	0.176	−0.010	0.118	−0.478	0.095	0.434	0.085	−0.744	0.065	2.877	0.060	0.318	0.054	−0.089	0.049	0.298	0.048	0.097
002319	−0.116	0.176	−0.177	0.118	−0.637	0.095	−0.036	0.085	0.355	0.065	0.398	0.060	−0.108	0.054	−0.306	0.049	0.025	0.048	−0.078
002387	−0.071	0.176	−0.195	0.118	0.155	0.095	0.108	0.085	−0.018	0.065	−0.290	0.060	0.043	0.054	0.330	0.049	0.127	0.048	−0.006
002417	−0.266	0.176	0.544	0.118	−1.253	0.095	0.496	0.085	−0.472	0.065	−0.227	0.060	0.127	0.054	−0.188	0.049	0.330	0.048	−0.091
002464	−0.223	0.176	−0.867	0.118	−1.066	0.095	−0.859	0.085	0.439	0.065	−0.132	0.060	−0.170	0.054	−1.433	0.049	0.771	0.048	−0.338
002468	−0.086	0.176	−0.212	0.118	−0.244	0.095	0.439	0.085	0.021	0.065	0.622	0.060	−0.021	0.054	0.219	0.049	0.561	0.048	0.049
002563	−0.142	0.176	−0.123	0.118	−0.025	0.095	−0.916	0.085	−0.244	0.065	0.155	0.060	−0.024	0.054	0.095	0.049	−0.162	0.048	−0.131
002569	−0.069	0.176	0.305	0.118	−0.718	0.095	−0.094	0.085	−0.241	0.065	−0.187	0.060	0.061	0.054	0.149	0.049	0.169	0.048	−0.061
002629	−0.221	0.176	−0.435	0.118	−0.954	0.095	−0.601	0.085	−0.084	0.065	1.886	0.060	0.005	0.054	−0.955	0.049	−0.624	0.048	−0.200
002649	−0.182	0.176	−0.083	0.118	0.253	0.095	−0.329	0.085	0.098	0.065	0.434	0.060	−0.153	0.054	0.183	0.049	−0.185	0.048	−0.021
002660	−0.010	0.176	−0.110	0.118	−0.579	0.095	−0.214	0.085	0.576	0.065	0.232	0.060	0.133	0.054	−0.042	0.049	−0.155	0.048	−0.039

表二（續）

股票代碼	FAC1_1	權重1	FAC2_1	權重2	FAC3_1	權重3	FAC4_1	權重4	FAC5_1	權重5	FAC6_1	權重6	FAC7_1	權重7	FAC8_1	權重8	FAC9_1	權重9	總得分
002668	-0.290	0.176	-0.093	0.118	-0.125	0.095	0.265	0.085	0.360	0.065	0.768	0.060	0.142	0.054	-0.576	0.049	-0.126	0.048	-0.009
002670	-0.203	0.176	-0.102	0.118	-0.166	0.095	-0.015	0.085	-0.159	0.065	0.342	0.060	0.025	0.054	0.128	0.049	0.017	0.048	-0.046
002687	-0.196	0.176	-0.066	0.118	0.139	0.095	-0.217	0.085	-0.114	0.065	0.209	0.060	0.113	0.054	0.415	0.049	0.035	0.048	-0.014
002694	0.265	0.176	-0.032	0.118	1.139	0.095	-0.123	0.085	0.121	0.065	-1.021	0.060	0.194	0.054	-0.182	0.049	0.013	0.048	0.089
300013	-0.084	0.176	-0.160	0.118	0.200	0.095	0.304	0.085	0.005	0.065	0.073	0.060	0.051	0.054	0.090	0.049	-0.077	0.048	0.019
300049	-0.154	0.176	-1.116	0.118	0.246	0.095	-0.283	0.085	-0.051	0.065	-0.221	0.060	0.313	0.054	1.222	0.049	-0.807	0.048	-0.137
300096	-0.159	0.176	0.015	0.118	0.139	0.095	-0.524	0.085	-0.062	0.065	0.065	0.060	-0.105	0.054	0.489	0.049	0.120	0.048	-0.034
300120	-0.031	0.176	-0.162	0.118	-0.164	0.095	-0.849	0.085	0.016	0.065	-1.105	0.060	-0.080	0.054	0.291	0.049	-0.053	0.048	-0.171
300128	0.297	0.176	0.124	0.118	4.588	0.095	-0.810	0.085	0.177	0.065	-0.060	0.060	0.538	0.054	0.008	0.049	0.077	0.048	0.476
300250	-0.191	0.176	-0.448	0.118	0.186	0.095	-1.059	0.085	-0.093	0.065	-0.092	0.060	-0.272	0.054	0.465	0.049	-4.005	0.048	-0.353
600083	-0.135	0.176	-0.157	0.118	4.480	0.095	2.442	0.085	-0.497	0.065	2.804	0.060	-3.386	0.054	-1.866	0.049	-0.438	0.048	0.431
600212	0.035	0.176	-0.161	0.118	-0.293	0.095	-0.345	0.085	0.311	0.065	-0.070	0.060	-0.103	0.054	0.183	0.049	0.119	0.048	-0.045
600226	-0.101	0.176	-0.262	0.118	-0.189	0.095	0.069	0.085	0.245	0.065	-0.252	0.060	-0.155	0.054	0.356	0.049	-0.477	0.048	-0.074
600401	-0.260	0.176	0.854	0.118	0.675	0.095	0.523	0.085	0.751	0.065	-0.063	0.060	0.353	0.054	-0.627	0.049	-0.281	0.048	0.183
600487	-0.195	0.176	-0.128	0.118	0.603	0.095	0.613	0.085	0.200	0.065	-0.096	0.060	0.224	0.054	-0.144	0.049	0.097	0.048	0.077
600493	0.060	0.176	-0.079	0.118	-0.512	0.095	0.301	0.085	0.213	0.065	2.340	0.060	-0.200	0.054	0.255	0.049	-0.163	0.048	0.127
600532	-0.244	0.176	-0.099	0.118	0.299	0.095	0.448	0.085	0.068	0.065	0.167	0.060	0.018	0.054	0.469	0.049	-0.187	0.048	0.042
600641	-0.101	0.176	0.066	0.118	0.066	0.095	-0.074	0.085	0.039	0.065	0.278	0.060	0.109	0.054	-0.005	0.049	-0.187	0.048	0.006
600681	-0.206	0.176	0.054	0.118	0.225	0.095	1.787	0.085	0.858	0.065	-1.639	0.060	-0.708	0.054	0.715	0.049	-0.433	0.048	0.076
600753	-0.112	0.176	-0.269	0.118	-0.173	0.095	0.298	0.085	0.842	0.065	-0.679	0.060	-0.389	0.054	0.206	0.049	-0.353	0.048	-0.057
000818	-0.384	0.176	-0.082	0.118	-0.268	0.095	-0.224	0.085	0.584	0.065	-0.034	0.060	-0.529	0.054	-0.135	0.049	-0.115	0.048	-0.127
000953	-0.029	0.176	-0.108	0.118	-1.231	0.095	1.385	0.085	-0.179	0.065	-0.325	0.060	-0.076	0.054	-0.125	0.049	-0.317	0.048	-0.074
002677	-0.263	0.176	-0.168	0.118	0.134	0.095	-0.696	0.085	-0.385	0.065	-0.274	0.060	-0.200	0.054	0.824	0.049	0.045	0.048	-0.122
300102	-0.082	0.176	-1.496	0.118	1.061	0.095	-0.312	0.085	0.463	0.065	-0.472	0.060	0.081	0.054	0.317	0.049	-0.042	0.048	-0.097

表三 100家樣本企業第一大股東控制權轉移對財務績效影響的因子分析總得分

(控制權轉移當年，保留三位小數)

股票代碼	FAC1_1	權重1	FAC2_1	權重2	FAC3_1	權重3	FAC4_1	權重4	FAC5_1	權重5	FAC6_1	權重6	FAC7_1	權重7	FAC8_1	權重8	FAC9_1	權重9	總得分
000669	1.261	0.176	-0.519	0.118	-0.257	0.095	-0.445	0.085	-0.191	0.065	0.272	0.060	-0.753	0.054	0.855	0.049	-6.599	0.048	-0.211
600093	0.269	0.176	-0.165	0.118	-0.026	0.095	-0.042	0.085	-0.102	0.065	0.134	0.060	-0.067	0.054	0.169	0.049	0.111	0.048	0.033
600209	-0.013	0.176	-0.118	0.118	-0.123	0.095	0.078	0.085	-0.205	0.065	-0.927	0.060	-0.189	0.054	-0.513	0.049	-0.403	0.048	-0.145
600319	-1.933	0.176	-0.259	0.118	0.470	0.095	-0.047	0.085	0.010	0.065	-0.086	0.060	-0.163	0.054	1.272	0.049	-0.055	0.048	-0.284
600392	0.888	0.176	-0.056	0.118	0.317	0.095	-0.090	0.085	-0.178	0.065	0.020	0.060	-0.170	0.054	-0.402	0.049	0.284	0.048	0.147
000506	0.320	0.176	-0.275	0.118	-1.328	0.095	0.184	0.085	-0.138	0.065	0.270	0.060	0.466	0.054	0.155	0.049	-0.262	0.048	-0.059
000611	0.171	0.176	-0.463	0.118	-1.091	0.095	-0.469	0.085	-0.041	0.065	-0.767	0.060	-0.131	0.054	-0.179	0.049	1.239	0.048	-0.174
000766	0.015	0.176	0.085	0.118	-0.021	0.095	0.162	0.085	-0.054	0.065	1.360	0.060	0.225	0.054	0.396	0.049	-0.039	0.048	0.133
000782	-0.055	0.176	-0.448	0.118	-0.406	0.095	-0.506	0.085	-0.002	0.065	-0.603	0.060	-0.209	0.054	0.448	0.049	0.523	0.048	-0.145
000838	0.160	0.176	0.063	0.118	1.217	0.095	-0.182	0.085	-0.225	0.065	-0.536	0.060	-0.038	0.054	0.663	0.049	-0.794	0.048	0.082
002047	0.496	0.176	-0.208	0.118	-0.885	0.095	-1.389	0.085	5.221	0.065	1.329	0.060	-0.318	0.054	1.172	0.049	0.149	0.048	0.327
002195	0.509	0.176	-0.251	0.118	-0.167	0.095	-0.209	0.085	-0.051	0.065	-0.294	0.060	-0.117	0.054	-0.845	0.049	0.628	0.048	-0.012
002260	0.323	0.176	-0.469	0.118	-0.447	0.095	-0.340	0.085	-0.027	0.065	-0.268	0.060	-0.306	0.054	-0.030	0.049	0.893	0.048	-0.063
300102	0.517	0.176	-0.037	0.118	-0.327	0.095	0.067	0.085	-0.210	0.065	-0.255	0.060	-0.193	0.054	-0.726	0.049	-0.006	0.048	-0.014
600132	0.212	0.176	-0.352	0.118	0.573	0.095	-0.239	0.085	-0.106	0.065	-0.339	0.060	-0.036	0.054	0.295	0.049	0.049	0.048	0.018
600890	-0.008	0.176	-0.808	0.118	-4.628	0.095	4.460	0.085	-0.258	0.065	-0.443	0.060	0.829	0.054	-0.448	0.049	-1.247	0.048	-0.237
000676	-1.176	0.176	-0.244	0.118	0.416	0.095	-0.191	0.085	0.009	0.065	-0.096	0.060	-0.161	0.054	0.883	0.049	-0.152	0.048	-0.190
000711	-1.487	0.176	-0.297	0.118	0.717	0.095	0.122	0.085	0.317	0.065	0.837	0.060	2.132	0.054	0.841	0.049	-0.823	0.048	-0.029
000835	0.328	0.176	-0.476	0.118	-1.127	0.095	0.106	0.085	-0.092	0.065	-0.686	0.060	-0.347	0.054	-0.744	0.049	0.605	0.048	-0.170
000892	-3.535	0.176	-0.319	0.118	-2.720	0.095	-1.379	0.085	-0.128	0.065	-1.359	0.060	-0.318	0.054	-0.539	0.049	0.409	0.048	-1.151
000908	0.993	0.176	-0.164	0.118	0.202	0.095	-0.227	0.085	-0.059	0.065	-0.548	0.060	-0.384	0.054	0.051	0.049	-1.644	0.048	0.022
002022	1.228	0.176	-0.060	0.118	0.363	0.095	0.129	0.085	-0.222	0.065	-0.057	0.060	-0.014	0.054	-0.780	0.049	-0.012	0.048	0.197
002088	0.314	0.176	-0.226	0.118	-0.213	0.095	-0.192	0.085	-0.111	0.065	-0.196	0.060	-0.068	0.054	-0.421	0.049	0.415	0.048	-0.031
002099	0.004	0.176	1.823	0.118	0.136	0.095	-0.032	0.085	0.107	0.065	0.542	0.060	0.116	0.054	-0.208	0.049	0.173	0.048	0.269

表三（續）

股票代碼	FAC1_1	權重1	FAC2_1	權重2	FAC3_1	權重3	FAC4_1	權重4	FAC5_1	權重5	FAC6_1	權重6	FAC7_1	權重7	FAC8_1	權重8	FAC9_1	權重9	總得分
002141	0.188	0.176	-0.269	0.118	0.326	0.095	-0.056	0.085	-0.008	0.065	1.577	0.060	-0.692	0.054	0.590	0.049	0.439	0.048	0.135
002359	-0.328	0.176	-0.405	0.118	-0.434	0.095	-0.181	0.085	0.170	0.065	0.246	0.060	-0.154	0.054	0.183	0.049	0.697	0.048	-0.102
002369	-0.001	0.176	-0.116	0.118	-0.541	0.095	-0.073	0.085	-0.090	0.065	-0.185	0.060	-0.247	0.054	0.369	0.049	-0.174	0.048	-0.092
002373	0.884	0.176	-0.132	0.118	-0.273	0.095	0.015	0.085	0.094	0.065	3.099	0.060	0.267	0.054	0.040	0.049	-0.549	0.048	0.299
002459	0.006	0.176	0.506	0.118	-0.867	0.095	-0.224	0.085	-0.017	0.065	-0.540	0.060	-0.166	0.054	-0.670	0.049	0.129	0.048	-0.110
002514	0.006	0.176	0.501	0.118	-0.303	0.095	-0.058	0.085	-0.179	0.065	-0.749	0.060	-0.189	0.054	-0.547	0.049	-0.103	0.048	-0.073
002517	-0.378	0.176	-0.292	0.118	-0.343	0.095	-0.133	0.085	-0.036	0.065	-0.182	0.060	0.296	0.054	-0.209	0.049	0.259	0.048	-0.140
300012	0.669	0.176	0.080	0.118	0.115	0.095	0.013	0.085	-0.131	0.065	0.270	0.060	-0.056	0.054	-0.369	0.049	0.440	0.048	0.147
300088	0.266	0.176	0.224	0.118	-0.464	0.095	0.026	0.085	-0.126	0.065	0.292	0.060	0.202	0.054	0.022	0.049	-0.167	0.048	0.045
300103	0.374	0.176	-0.050	0.118	0.160	0.095	-0.048	0.085	-0.168	0.065	0.186	0.060	0.045	0.054	-0.545	0.049	0.209	0.048	0.057
300170	0.593	0.176	-0.013	0.118	-0.450	0.095	0.168	0.085	-0.138	0.065	-0.184	0.060	-0.118	0.054	-0.714	0.049	0.274	0.048	0.026
300208	0.783	0.176	-0.508	0.118	-0.503	0.095	-0.457	0.085	-0.018	0.065	-0.265	0.060	-0.265	0.054	0.270	0.049	1.100	0.048	0.026
600288	0.253	0.176	-0.410	0.118	0.214	0.095	-0.306	0.085	0.099	0.065	-0.090	0.060	7.684	0.054	0.207	0.049	0.131	0.048	0.427
600306	0.029	0.176	-0.607	0.118	0.588	0.095	-0.275	0.085	-0.058	0.065	-0.921	0.060	-0.284	0.054	0.849	0.049	-0.673	0.048	-0.099
600379	0.285	0.176	-0.345	0.118	-0.823	0.095	-0.076	0.085	-0.086	0.065	-0.213	0.060	-0.202	0.054	-0.102	0.049	0.292	0.048	-0.096
600398	0.777	0.176	0.427	0.118	0.682	0.095	-0.091	0.085	-0.167	0.065	-0.934	0.060	-0.301	0.054	0.052	0.049	-0.649	0.048	0.132
600525	0.367	0.176	-0.028	0.118	0.195	0.095	-0.084	0.085	-0.104	0.065	-0.033	0.060	0.211	0.054	0.171	0.049	-0.370	0.048	0.066
600892	0.214	0.176	-0.179	0.118	4.965	0.095	-0.142	0.085	-0.132	0.065	-0.311	0.060	0.030	0.054	0.466	0.049	0.030	0.048	0.475
000023	0.056	0.176	-0.285	0.118	-0.156	0.095	-0.149	0.085	-0.083	0.065	-0.340	0.060	-0.329	0.054	0.584	0.049	-0.297	0.048	-0.080
000037	-3.188	0.176	-0.085	0.118	0.705	0.095	0.472	0.085	-0.557	0.065	-0.080	0.060	-0.181	0.054	1.373	0.049	-0.486	0.048	-0.471
000040	-0.061	0.176	0.056	0.118	0.431	0.095	-0.109	0.085	-0.074	0.065	-0.145	0.060	0.119	0.054	0.757	0.049	-0.840	0.048	0.018
000520	1.221	0.176	-0.412	0.118	-0.940	0.095	-0.031	0.085	0.598	0.065	-1.230	0.060	-0.222	0.054	-0.035	0.049	0.606	0.048	0.054
000526	-0.804	0.176	0.162	0.118	-0.494	0.095	0.241	0.085	-0.361	0.065	0.177	0.060	-0.226	0.054	0.389	0.049	-0.595	0.048	-0.184
000547	-0.406	0.176	8.711	0.118	0.054	0.095	0.001	0.085	-0.300	0.065	-0.266	0.060	0.335	0.054	0.034	0.049	-0.144	0.048	0.936
000560	-0.119	0.176	0.797	0.118	0.335	0.095	-0.103	0.085	-0.093	0.065	0.197	0.060	0.061	0.054	-0.048	0.049	-0.184	0.048	0.094
000586	0.025	0.176	-0.320	0.118	-0.237	0.095	-0.216	0.085	-0.065	0.065	-0.225	0.060	-0.185	0.054	0.237	0.049	0.096	0.048	-0.086

表三（續）

股票代碼	FAC1_1	權重1	FAC2_1	權重2	FAC3_1	權重3	FAC4_1	權重4	FAC5_1	權重5	FAC6_1	權重6	FAC7_1	權重7	FAC8_1	權重8	FAC9_1	權重9	總得分
000590	0.103	0.176	−0.202	0.118	−0.053	0.095	−0.300	0.085	−0.089	0.065	−0.065	0.060	0.148	0.054	0.472	0.049	−0.311	0.048	−0.029
000591	0.156	0.176	−0.050	0.118	−0.141	0.095	0.062	0.085	−0.142	0.065	−0.011	0.060	−0.212	0.054	0.603	0.049	−0.703	0.048	−0.012
000603	2.096	0.176	−0.079	0.118	0.045	0.095	−0.143	0.085	−0.261	0.065	−0.534	0.060	0.009	0.054	−0.384	0.049	0.180	0.048	0.293
000633	−1.868	0.176	−0.543	0.118	2.503	0.095	−0.351	0.085	0.139	0.065	0.022	0.060	−0.574	0.054	−7.681	0.049	−0.979	0.048	−0.631
000695	−0.090	0.176	−0.350	0.118	0.892	0.095	−0.282	0.085	−0.077	0.065	−0.062	0.060	−2.553	0.054	0.641	0.049	−0.531	0.048	−0.138
000783	0.738	0.176	0.167	0.118	0.234	0.095	−0.236	0.085	−0.199	0.065	0.528	0.060	−0.092	0.054	0.904	0.049	−0.747	0.048	0.175
000826	0.429	0.176	0.087	0.118	−0.732	0.095	0.012	0.085	−0.077	0.065	0.258	0.060	−0.155	0.054	0.510	0.049	−0.342	0.048	0.028
000938	0.209	0.176	−0.541	0.118	0.088	0.095	−0.796	0.085	−0.010	0.065	−1.373	0.060	−0.442	0.054	0.309	0.049	1.118	0.048	−0.125
000989	0.988	0.176	1.381	0.118	0.069	0.095	−0.099	0.085	−0.245	0.065	−0.440	0.060	−0.137	0.054	−0.537	0.049	−0.062	0.048	0.256
002007	1.165	0.176	−0.077	0.118	−0.140	0.095	0.005	0.085	−0.263	0.065	−0.264	0.060	−0.094	0.054	−0.916	0.049	0.197	0.048	0.110
002031	0.268	0.176	−0.050	0.118	−0.627	0.095	0.050	0.085	−0.169	0.065	−0.163	0.060	−0.110	0.054	−0.298	0.049	−0.241	0.048	−0.067
002127	0.938	0.176	2.091	0.118	−1.075	0.095	−0.179	0.085	−2.698	0.065	0.152	0.060	0.318	0.054	−0.153	0.049	0.160	0.048	0.146
002163	−0.915	0.176	−0.312	0.118	0.006	0.095	−0.061	0.085	−0.083	0.065	−0.182	0.060	−0.290	0.054	1.003	0.049	−0.271	0.048	−0.198
002192	0.139	0.176	0.448	0.118	−0.214	0.095	0.035	0.085	−0.134	0.065	−0.268	0.060	−0.138	0.054	−0.598	0.049	−0.086	0.048	−0.006
002278	−0.024	0.176	−0.193	0.118	−0.435	0.095	0.010	0.085	−0.001	0.065	−0.336	0.060	−0.189	0.054	−0.351	0.049	−0.171	0.048	−0.123
002289	−3.387	0.176	−0.179	0.118	−0.422	0.095	−0.098	0.085	−1.668	0.065	−0.355	0.060	0.063	0.054	1.791	0.049	0.350	0.048	−0.688
002316	0.067	0.176	−0.143	0.118	0.235	0.095	0.472	0.085	−0.113	0.065	0.449	0.060	0.721	0.054	0.389	0.049	0.005	0.048	0.136
002319	0.022	0.176	−0.022	0.118	0.313	0.095	−0.288	0.085	−0.127	0.065	−0.116	0.060	−0.204	0.054	0.194	0.049	−0.254	0.048	−0.022
002387	−3.802	0.176	−0.237	0.118	0.599	0.095	0.617	0.085	0.155	0.065	−0.189	0.060	−0.082	0.054	0.012	0.049	−0.036	0.048	−0.596
002417	0.025	0.176	−0.227	0.118	0.112	0.095	−0.291	0.085	−0.108	0.065	−0.382	0.060	−0.175	0.054	0.203	0.049	−0.365	0.048	−0.083
002464	−0.249	0.176	0.481	0.118	−0.140	0.095	0.071	0.085	−0.271	0.065	1.504	0.060	−2.071	0.054	0.851	0.049	−0.409	0.048	−0.012
002468	−0.251	0.176	0.146	0.118	1.838	0.095	−0.884	0.085	−0.457	0.065	0.768	0.060	−0.553	0.054	2.196	0.049	3.170	0.048	0.319
002563	0.726	0.176	−0.198	0.118	0.042	0.095	−0.222	0.085	−0.119	0.065	0.015	0.060	−0.066	0.054	−0.375	0.049	0.528	0.048	0.086
002569	0.051	0.176	−0.235	0.118	0.114	0.095	−0.178	0.085	−0.177	0.065	0.098	0.060	−0.076	0.054	−0.333	0.049	0.283	0.048	−0.035
002629	−1.035	0.176	0.003	0.118	0.133	0.095	0.058	0.085	−0.096	0.065	−0.366	0.060	2.304	0.054	−0.657	0.049	0.201	0.048	−0.090
002649	0.791	0.176	−0.479	0.118	−0.415	0.095	0.585	0.085	0.070	0.065	0.575	0.060	−0.259	0.054	−0.370	0.049	4.453	0.048	0.313

表三（續）

股票代碼	FAC1_1	權重1	FAC2_1	權重2	FAC3_1	權重3	FAC4_1	權重4	FAC5_1	權重5	FAC6_1	權重6	FAC7_1	權重7	FAC8_1	權重8	FAC9_1	權重9	總得分
002660	-0.080	0.176	0.273	0.118	-0.193	0.095	-0.006	0.085	-0.140	0.065	-0.841	0.060	-0.241	0.054	0.212	0.049	-0.040	0.048	-0.065
002668	0.420	0.176	-0.186	0.118	0.428	0.095	-0.286	0.085	-0.045	0.065	-0.065	0.060	-0.058	0.054	0.425	0.049	0.451	0.048	0.101
002670	0.434	0.176	-0.369	0.118	0.737	0.095	-0.458	0.085	-0.137	0.065	-0.136	0.060	-0.191	0.054	-0.324	0.049	0.744	0.048	0.056
002687	0.343	0.176	-0.164	0.118	0.088	0.095	-0.074	0.085	-0.114	0.065	-0.071	0.060	-0.140	0.054	-0.394	0.049	0.118	0.048	0.010
002694	0.080	0.176	-0.369	0.118	0.056	0.095	-0.151	0.085	-0.075	0.065	-0.048	0.060	-0.226	0.054	0.371	0.049	0.126	0.048	-0.033
300013	-0.659	0.176	1.244	0.118	-0.175	0.095	0.501	0.085	7.600	0.065	-0.229	0.060	0.005	0.054	-0.467	0.049	-0.199	0.048	0.502
300049	0.342	0.176	0.545	0.118	0.300	0.095	-0.023	0.085	-0.192	0.065	-0.858	0.060	-0.202	0.054	-0.401	0.049	0.127	0.048	0.062
300096	0.091	0.176	-0.094	0.118	0.383	0.095	-0.118	0.085	-0.164	0.065	-1.026	0.060	-0.152	0.054	-0.735	0.049	-0.143	0.048	-0.092
300120	0.120	0.176	-0.268	0.118	-0.036	0.095	-0.255	0.085	-0.084	0.065	0.673	0.060	-0.157	0.054	-0.785	0.049	0.187	0.048	-0.039
300128	0.070	0.176	-0.392	0.118	0.129	0.095	-0.336	0.085	-0.057	0.065	-0.318	0.060	-0.253	0.054	-0.238	0.049	0.505	0.048	-0.074
300250	0.542	0.176	0.635	0.118	-0.318	0.095	-0.017	0.085	-0.023	0.065	1.869	0.060	-0.163	0.054	0.018	0.049	0.552	0.048	0.268
600083	0.413	0.176	-0.411	0.118	-1.890	0.095	-1.047	0.085	-0.064	0.065	-1.713	0.060	-0.298	0.054	0.302	0.049	0.059	0.048	-0.350
600212	-3.095	0.176	-0.186	0.118	-0.017	0.095	0.475	0.085	0.331	0.065	-0.338	0.060	-0.163	0.054	-0.668	0.049	0.277	0.048	-0.556
600226	0.409	0.176	-0.252	0.118	-0.300	0.095	-0.053	0.085	-0.148	0.065	-0.352	0.060	-0.227	0.054	-0.199	0.049	-0.146	0.048	-0.051
600401	0.001	0.176	-0.184	0.118	0.049	0.095	0.025	0.085	-0.057	0.065	0.033	0.060	-0.084	0.054	0.561	0.049	-0.409	0.048	-0.013
600487	0.363	0.176	-0.137	0.118	0.413	0.095	-0.275	0.085	0.092	0.065	2.343	0.060	-0.197	0.054	1.220	0.049	0.674	0.048	0.292
600493	0.154	0.176	-0.282	0.118	-0.082	0.095	-0.168	0.085	-0.078	0.065	-0.203	0.060	-0.180	0.054	-0.112	0.049	0.232	0.048	-0.050
600532	-1.000	0.176	-0.369	0.118	-1.191	0.095	-0.089	0.085	-0.967	0.065	6.994	0.060	-0.062	0.054	-1.630	0.049	-0.235	0.048	-0.076
600641	0.625	0.176	-0.505	0.118	1.200	0.095	-0.166	0.085	0.026	0.065	-0.058	0.060	3.514	0.054	0.112	0.049	-0.469	0.048	0.324
600681	-0.945	0.176	-0.023	0.118	0.812	0.095	-0.181	0.085	-0.075	0.065	-0.613	0.060	-0.246	0.054	0.634	0.049	-1.036	0.048	-0.181
600753	0.430	0.176	-0.066	0.118	2.139	0.095	8.230	0.085	0.337	0.065	-0.221	0.060	-0.683	0.054	0.530	0.049	0.754	0.048	1.005
000818	0.365	0.176	-0.346	0.118	-0.363	0.095	-0.260	0.085	-0.082	0.065	-0.449	0.060	-0.035	0.054	-0.684	0.049	0.529	0.048	-0.076
000953	0.669	0.176	-1.487	0.118	1.927	0.095	-0.220	0.085	0.318	0.065	0.095	0.060	0.019	0.054	0.615	0.049	-0.951	0.048	0.120
002677	1.107	0.176	-0.062	0.118	0.489	0.095	-0.068	0.085	-0.209	0.065	-0.186	0.060	0.109	0.054	-0.509	0.049	0.245	0.048	0.196

表四 100家樣本企業第一大股東控制權轉移對財務績效影響的因子分析總得分
（控制權轉移後一年，保留三位小數）

股票代碼	FAC1_1	權重1	FAC2_1	權重2	FAC3_1	權重3	FAC4_1	權重4	FAC5_1	權重5	FAC6_1	權重6	FAC7_1	權重7	FAC8_1	權重8	FAC9_1	權重9	總得分
000669	-0.156	0.123	0.009	0.096	-0.128	0.089	-0.593	0.078	0.225	0.066	-0.577	0.061	0.064	0.054	-0.208	0.051	-0.144	0.049	-0.111
000093	0.151	0.123	-0.029	0.096	-0.344	0.089	0.081	0.078	0.152	0.066	0.062	0.061	-0.206	0.054	-0.170	0.051	0.027	0.049	-0.013
600209	-0.063	0.123	0.300	0.096	0.345	0.089	0.447	0.078	0.011	0.066	-0.092	0.061	-0.098	0.054	0.136	0.051	-0.598	0.049	0.054
600319	-0.338	0.123	0.143	0.096	-0.262	0.089	-1.003	0.078	0.134	0.066	0.381	0.061	0.090	0.054	-0.563	0.051	0.095	0.049	-0.117
600392	0.360	0.123	0.210	0.096	-0.357	0.089	1.074	0.078	-0.706	0.066	-0.023	0.061	-1.104	0.054	-0.005	0.051	0.652	0.049	0.041
600506	-1.636	0.123	0.378	0.096	0.232	0.089	-0.794	0.078	-0.130	0.066	0.396	0.061	1.124	0.054	0.155	0.051	0.295	0.049	-0.107
000611	-1.448	0.123	0.434	0.096	0.453	0.089	-0.031	0.078	-0.050	0.066	1.960	0.061	3.399	0.054	0.784	0.051	1.400	0.049	0.310
000766	-0.780	0.123	0.052	0.096	-0.059	0.089	-0.424	0.078	0.686	0.066	-0.006	0.061	-0.027	0.054	-0.005	0.051	-0.406	0.049	-0.106
000782	-0.357	0.123	0.810	0.096	-0.494	0.089	-1.032	0.078	0.428	0.066	0.311	0.061	0.098	0.054	0.467	0.051	0.413	0.049	0.006
000838	0.245	0.123	0.253	0.096	0.760	0.089	-0.974	0.078	-0.566	0.066	0.364	0.061	0.632	0.054	-0.578	0.051	-0.025	0.049	0.034
002047	-0.186	0.123	0.203	0.096	-0.108	0.089	-0.098	0.078	-0.680	0.066	-1.433	0.061	-1.540	0.054	-0.471	0.051	-0.205	0.049	-0.270
002195	-0.119	0.123	0.182	0.096	1.590	0.089	1.168	0.078	0.155	0.066	-0.165	0.061	-0.202	0.054	0.367	0.051	0.350	0.049	0.261
002260	-0.232	0.123	0.005	0.096	-0.170	0.089	-0.178	0.078	0.101	0.066	-0.077	0.061	-0.051	0.054	-0.265	0.051	-0.253	0.049	-0.084
300102	-0.490	0.123	0.108	0.096	-0.072	0.089	0.496	0.078	0.254	0.066	0.525	0.061	0.516	0.054	0.461	0.051	0.189	0.049	0.092
600132	0.289	0.123	0.204	0.096	-0.636	0.089	-1.373	0.078	-0.850	0.066	0.260	0.061	0.010	0.054	-0.060	0.051	0.642	0.049	-0.120
600890	-0.893	0.123	0.622	0.096	-0.548	0.089	0.298	0.078	0.022	0.066	-2.729	0.061	-2.051	0.054	0.675	0.051	0.049	0.049	-0.314
000676	0.052	0.123	0.210	0.096	-0.467	0.089	-1.241	0.078	-0.441	0.066	0.542	0.061	0.331	0.054	0.202	0.051	0.356	0.049	-0.062
000711	0.028	0.123	0.250	0.096	-0.091	0.089	5.416	0.078	-0.420	0.066	0.803	0.061	-0.377	0.054	-0.938	0.051	0.741	0.049	0.433
000835	-0.660	0.123	0.183	0.096	-0.177	0.089	-0.808	0.078	0.683	0.066	-1.517	0.061	-1.019	0.054	-0.391	0.051	-0.484	0.049	-0.289
000892	0.929	0.123	0.218	0.096	-0.310	0.089	-0.813	0.078	-0.086	0.066	2.485	0.061	-2.375	0.054	-0.143	0.051	0.263	0.049	0.068
000908	0.514	0.123	-0.010	0.096	-0.107	0.089	-0.202	0.078	-0.030	0.066	-0.086	0.061	-0.325	0.054	0.045	0.051	0.286	0.049	0.028
002022	0.247	0.123	-0.019	0.096	-0.220	0.089	0.893	0.078	0.208	0.066	-0.144	0.061	0.419	0.054	0.201	0.051	0.984	0.049	0.165
002088	-0.083	0.123	0.073	0.096	-0.391	0.089	0.337	0.078	0.551	0.066	-0.169	0.061	-0.557	0.054	0.255	0.051	-0.177	0.049	-0.011
002099	0.242	0.123	-0.059	0.096	-0.321	0.089	0.667	0.078	0.222	0.066	-0.285	0.061	0.234	0.054	-0.014	0.051	0.161	0.049	0.065

表四(續)

股票代碼	FAC1_1	權重1	FAC2_1	權重2	FAC3_1	權重3	FAC4_1	權重4	FAC5_1	權重5	FAC6_1	權重6	FAC7_1	權重7	FAC8_1	權重8	FAC9_1	權重9	總得分
002141	0.252	0.123	0.341	0.096	-0.611	0.089	-0.844	0.078	1.729	0.066	0.147	0.061	-0.297	0.054	0.507	0.051	0.130	0.049	0.082
002359	-0.341	0.123	0.127	0.096	-0.064	0.089	-1.442	0.078	-0.326	0.066	0.375	0.061	0.056	0.054	0.671	0.051	0.541	0.049	-0.083
002369	0.140	0.123	0.269	0.096	-0.612	0.089	-1.057	0.078	-0.096	0.066	-0.110	0.061	-0.619	0.054	0.053	0.051	0.158	0.049	-0.130
002373	0.002	0.123	-0.120	0.096	0.032	0.089	0.282	0.078	0.177	0.066	0.672	0.061	-0.210	0.054	-0.104	0.051	-0.119	0.049	0.044
002459	-2.009	0.123	0.737	0.096	0.014	0.089	0.849	0.078	0.198	0.066	0.506	0.061	-0.093	0.054	0.649	0.051	-0.186	0.049	-0.045
002514	-0.440	0.123	0.068	0.096	-0.212	0.089	0.088	0.078	-0.149	0.066	0.017	0.061	-0.312	0.054	0.120	0.051	-0.018	0.049	-0.080
002517	6.097	0.123	-1.283	0.096	1.380	0.089	-0.284	0.078	0.780	0.066	-1.456	0.061	0.222	0.054	-0.276	0.051	0.119	0.049	0.691
300012	0.386	0.123	0.034	0.096	-0.325	0.089	-0.032	0.078	0.468	0.066	0.543	0.061	-0.103	0.054	0.529	0.051	0.199	0.049	0.115
300088	0.251	0.123	0.058	0.096	-0.602	0.089	0.608	0.078	0.592	0.066	-0.461	0.061	-1.157	0.054	0.000	0.051	0.762	0.049	0.016
300103	-0.557	0.123	0.059	0.096	-0.057	0.089	1.088	0.078	0.129	0.066	0.216	0.061	0.843	0.054	0.124	0.051	1.104	0.049	0.145
300170	0.290	0.123	-0.010	0.096	-0.315	0.089	0.575	0.078	0.211	0.066	-0.127	0.061	0.002	0.054	0.368	0.051	0.224	0.049	0.088
300208	0.911	0.123	-0.268	0.096	-0.438	0.089	-0.080	0.078	0.655	0.066	0.008	0.061	0.158	0.054	-0.221	0.051	-0.243	0.049	0.070
600288	-0.103	0.123	0.100	0.096	-0.270	0.089	-0.798	0.078	0.500	0.066	0.282	0.061	0.097	0.054	0.388	0.051	0.100	0.049	-0.009
600306	1.575	0.123	-0.141	0.096	-1.134	0.089	-1.872	0.078	-1.699	0.066	0.089	0.061	0.394	0.054	-4.179	0.051	-0.776	0.049	-0.406
600379	0.084	0.123	0.062	0.096	-0.483	0.089	-0.326	0.078	1.064	0.066	-0.043	0.061	-0.598	0.054	0.014	0.051	-0.160	0.049	-0.024
600398	0.589	0.123	-0.142	0.096	-0.408	0.089	-0.356	0.078	0.179	0.066	-0.226	0.061	0.291	0.054	-0.781	0.051	2.397	0.049	0.084
600525	-0.085	0.123	-0.005	0.096	-0.099	0.089	-0.212	0.078	0.132	0.066	0.058	0.061	0.022	0.054	-0.006	0.051	0.002	0.049	-0.023
600892	-0.289	0.123	-0.289	0.096	7.143	0.089	-0.168	0.078	1.145	0.066	0.217	0.061	0.142	0.054	1.196	0.051	-0.552	0.049	0.603
000023	-0.293	0.123	0.115	0.096	-0.334	0.089	-0.820	0.078	0.612	0.066	0.212	0.061	-0.289	0.054	0.274	0.051	-0.241	0.049	-0.112
000037	1.731	0.123	-1.061	0.096	-0.239	0.089	-0.053	0.078	-0.003	0.066	0.003	0.061	0.654	0.054	-0.381	0.051	0.300	0.049	0.094
000040	-0.533	0.123	0.180	0.096	0.601	0.089	0.241	0.078	-0.191	0.066	-1.460	0.061	-0.795	0.054	-0.800	0.051	-0.005	0.049	-0.117
000520	0.243	0.123	0.256	0.096	-0.596	0.089	-0.994	0.078	0.123	0.066	0.087	0.061	-1.077	0.054	0.075	0.051	0.093	0.049	-0.114
000526	-2.420	0.123	0.419	0.096	1.715	0.089	-1.495	0.078	0.944	0.066	-0.321	0.061	-0.159	0.054	0.052	0.051	0.205	0.049	-0.116
000547	-0.252	0.123	0.118	0.096	-0.146	0.089	0.490	0.078	0.090	0.066	-0.153	0.061	-0.414	0.054	1.196	0.051	0.162	0.049	0.002
000560	-0.501	0.123	0.218	0.096	-0.001	0.089	0.360	0.078	0.180	0.066	0.463	0.061	-0.260	0.054	0.063	0.051	-7.872	0.049	-0.366
000586	-0.214	0.123	0.231	0.096	-0.230	0.089	-0.608	0.078	-0.021	0.066	0.455	0.061	-0.196	0.054	-0.074	0.051	0.159	0.049	-0.052

表四（續）

股票代碼	FAC1_1	權重 1	FAC2_1	權重 2	FAC3_1	權重 3	FAC4_1	權重 4	FAC5_1	權重 5	FAC6_1	權重 6	FAC7_1	權重 7	FAC8_1	權重 8	FAC9_1	權重 9	總得分
000590	-0.119	0.123	0.494	0.096	-0.240	0.089	-0.317	0.078	-0.300	0.066	0.242	0.061	-0.170	0.054	-0.640	0.051	0.210	0.049	-0.050
000591	-0.341	0.123	0.002	0.096	-0.006	0.089	-0.415	0.078	0.254	0.066	-0.265	0.061	-0.348	0.054	-0.363	0.051	-0.472	0.049	-0.135
000603	0.139	0.123	-0.115	0.096	0.086	0.089	1.029	0.078	0.296	0.066	1.591	0.061	0.297	0.054	0.433	0.051	0.284	0.049	0.263
000633	-0.313	0.123	0.044	0.096	0.648	0.089	2.137	0.078	-0.683	0.066	0.266	0.061	-0.728	0.054	-1.703	0.051	0.307	0.049	0.050
000695	-0.629	0.123	0.145	0.096	-0.073	0.089	-0.710	0.078	2.394	0.066	0.166	0.061	0.109	0.054	-0.187	0.051	-0.621	0.049	0.009
000783	-0.545	0.123	-0.082	0.096	0.083	0.089	-0.427	0.078	-1.139	0.066	0.231	0.061	-0.203	0.054	-0.896	0.051	-0.037	0.049	-0.221
000826	-0.246	0.123	0.011	0.096	-0.233	0.089	-0.374	0.078	-0.087	0.066	-0.708	0.061	-1.015	0.054	-0.582	0.051	-0.496	0.049	-0.237
000938	-0.188	0.123	0.399	0.096	1.012	0.089	0.101	0.078	-0.191	0.066	-6.988	0.061	0.146	0.054	0.658	0.051	0.787	0.049	-0.248
000989	0.541	0.123	-0.102	0.096	-0.303	0.089	0.780	0.078	0.175	0.066	-0.037	0.061	0.456	0.054	0.285	0.051	0.324	0.049	0.155
002007	0.740	0.123	-0.142	0.096	-0.324	0.089	2.590	0.078	-0.131	0.066	-0.389	0.061	-0.272	0.054	-0.144	0.051	0.518	0.049	0.222
002031	-0.493	0.123	0.088	0.096	-0.045	0.089	0.911	0.078	0.572	0.066	0.092	0.061	0.108	0.054	-0.120	0.051	-0.265	0.049	0.045
002127	0.638	0.123	-0.254	0.096	-0.219	0.089	0.849	0.078	-0.057	0.066	-0.054	0.061	0.791	0.054	0.341	0.051	-1.570	0.049	0.078
002163	-0.267	0.123	0.222	0.096	-0.345	0.089	-0.967	0.078	-0.083	0.066	0.173	0.061	-0.428	0.054	-0.657	0.051	-0.327	0.049	-0.186
002192	-0.346	0.123	-0.207	0.096	-0.201	0.089	0.977	0.078	-0.005	0.066	-0.110	0.061	-0.319	0.054	0.194	0.051	-0.232	0.049	-0.029
002278	-1.083	0.123	0.301	0.096	-0.130	0.089	0.322	0.078	-0.189	0.066	-0.361	0.061	-0.002	0.054	0.275	0.051	1.464	0.049	-0.040
002289	-0.084	0.123	0.174	0.096	-0.295	0.089	-0.358	0.078	-1.309	0.066	0.382	0.061	0.266	0.054	-0.639	0.051	2.299	0.049	-0.017
002316	-0.459	0.123	0.023	0.096	-0.077	0.089	-0.563	0.078	-0.176	0.066	0.698	0.061	0.173	0.054	-0.391	0.051	-0.094	0.049	-0.089
002319	-0.552	0.123	0.099	0.096	-0.199	0.089	-0.812	0.078	1.208	0.066	0.140	0.061	0.208	0.054	0.015	0.051	-0.237	0.049	-0.051
002387	-0.655	0.123	-0.080	0.096	-0.063	0.089	-0.263	0.078	-0.361	0.066	0.625	0.061	0.377	0.054	-0.202	0.051	-0.136	0.049	-0.096
002417	-1.430	0.123	0.383	0.096	0.179	0.089	-0.858	0.078	0.244	0.066	0.899	0.061	1.824	0.054	0.452	0.051	0.672	0.049	0.035
002464	0.033	0.123	-0.167	0.096	-0.089	0.089	0.045	0.078	0.415	0.066	0.216	0.061	0.579	0.054	-0.296	0.051	-0.119	0.049	0.034
002468	4.579	0.123	4.698	0.096	1.993	0.089	-0.561	0.078	-0.264	0.066	1.698	0.061	-0.105	0.054	2.005	0.051	-0.540	0.049	1.303
002563	0.440	0.123	0.013	0.096	-0.360	0.089	0.404	0.078	0.101	0.066	0.123	0.061	0.194	0.054	0.173	0.051	0.404	0.049	0.108
002569	-0.322	0.123	0.162	0.096	-0.509	0.089	3.446	0.078	0.600	0.066	0.263	0.061	-0.348	0.054	-0.763	0.051	-1.581	0.049	0.121
002629	-0.092	0.123	0.137	0.096	0.248	0.089	0.813	0.078	1.312	0.066	0.980	0.061	0.893	0.054	0.183	0.051	0.629	0.049	0.322
002649	0.387	0.123	-0.470	0.096	-0.978	0.089	-0.824	0.078	-0.953	0.066	-0.414	0.061	-0.535	0.054	6.466	0.051	-0.520	0.049	0.041

表四(續)

股票代碼	FAC1_1	權重1	FAC2_1	權重2	FAC3_1	權重3	FAC4_1	權重4	FAC5_1	權重5	FAC6_1	權重6	FAC7_1	權重7	FAC8_1	權重8	FAC9_1	權重9	總科分
002660	-0.411	0.123	0.155	0.096	-0.244	0.089	-0.579	0.078	0.093	0.066	-0.311	0.061	-0.537	0.054	-0.120	0.051	-0.137	0.049	-0.157
002668	0.301	0.123	0.060	0.096	-0.460	0.089	-0.687	0.078	0.462	0.066	-0.051	0.061	-0.017	0.054	-0.227	0.051	0.115	0.049	-0.032
002670	-1.236	0.123	-0.194	0.096	4.669	0.089	-0.365	0.078	-2.376	0.066	0.092	0.061	0.067	0.054	-0.848	0.051	0.330	0.049	0.041
002687	-0.112	0.123	0.068	0.096	-0.244	0.089	0.201	0.078	0.402	0.066	0.498	0.061	0.135	0.054	0.316	0.051	0.230	0.049	0.079
002694	-0.161	0.123	0.113	0.096	-0.368	0.089	-0.418	0.078	0.444	0.066	0.002	0.061	-0.315	0.054	-0.200	0.051	-0.183	0.049	-0.081
300013	-0.398	0.123	0.076	0.096	-0.123	0.089	0.056	0.078	0.043	0.066	0.156	0.061	0.225	0.054	0.097	0.051	0.056	0.049	-0.016
300049	0.009	0.123	0.011	0.096	-0.175	0.089	0.715	0.078	0.061	0.066	-0.517	0.061	0.212	0.054	0.068	0.051	0.083	0.049	0.034
300096	-0.161	0.123	0.108	0.096	0.011	0.089	-0.306	0.078	-3.305	0.066	0.360	0.061	-0.502	0.054	-0.568	0.051	0.298	0.049	-0.270
300120	-0.073	0.123	0.261	0.096	-0.333	0.089	1.023	0.078	-0.142	0.066	0.199	0.061	-0.259	0.054	0.305	0.051	0.433	0.049	0.092
300128	-0.136	0.123	0.191	0.096	-0.394	0.089	-0.387	0.078	0.139	0.066	0.088	0.061	-0.481	0.054	0.053	0.051	0.042	0.049	-0.070
300250	0.056	0.123	-0.018	0.096	0.112	0.089	0.879	0.078	0.084	0.066	-0.174	0.061	0.285	0.054	0.374	0.051	0.139	0.049	0.120
600083	-0.024	0.123	-0.010	0.096	-0.331	0.089	-0.167	0.078	1.407	0.066	-0.972	0.061	0.441	0.054	-0.574	0.051	0.311	0.049	-0.004
600212	-0.142	0.123	-0.016	0.096	-0.305	0.089	0.679	0.078	0.217	0.066	1.506	0.061	-1.297	0.054	0.293	0.051	-0.145	0.049	0.052
600226	-0.077	0.123	-0.074	0.096	-0.143	0.089	-0.091	0.078	-0.296	0.066	0.070	0.061	-0.392	0.054	-0.348	0.051	-0.315	0.049	-0.106
600401	-0.960	0.123	-3.575	0.096	-0.062	0.089	-0.758	0.078	0.480	0.066	-0.251	0.061	-1.259	0.054	-0.615	0.051	-0.768	0.049	-0.646
600487	0.499	0.123	0.044	0.096	-0.453	0.089	-0.742	0.078	0.448	0.066	-0.026	0.061	-0.062	0.054	-0.389	0.051	0.058	0.049	-0.026
600493	0.175	0.123	0.071	0.096	-0.387	0.089	-0.131	0.078	0.572	0.066	0.220	0.061	0.096	0.054	0.220	0.051	0.141	0.049	0.058
600532	1.077	0.123	-7.518	0.096	0.747	0.089	-0.154	0.078	-0.270	0.066	1.227	0.061	0.211	0.054	1.676	0.051	0.205	0.049	-0.370
600641	0.343	0.123	0.025	0.096	-1.162	0.089	0.005	0.078	0.602	0.066	-1.686	0.061	6.791	0.054	-1.173	0.051	-1.457	0.049	0.113
600681	0.733	0.123	-0.195	0.096	-0.055	0.089	0.031	0.078	-0.034	0.066	-0.469	0.061	0.129	0.054	-0.161	0.051	-0.389	0.049	0.018
600753	-0.046	0.123	-0.011	0.096	-0.509	0.089	0.616	0.078	-6.262	0.066	-0.492	0.061	1.589	0.054	2.333	0.051	-1.224	0.049	-0.300
000818	0.288	0.123	0.107	0.096	-0.405	0.089	-0.148	0.078	0.648	0.066	0.711	0.061	-0.329	0.054	0.253	0.051	0.316	0.049	0.095
000953	-0.060	0.123	-0.011	0.096	-0.364	0.089	-1.108	0.078	-2.803	0.066	0.173	0.061	-1.028	0.054	-2.617	0.051	-0.201	0.049	-0.501
002677	1.056	0.123	-0.244	0.096	-0.408	0.089	0.430	0.078	0.446	0.066	-0.586	0.061	1.062	0.054	0.239	0.051	0.319	0.049	0.182

國家圖書館出版品預行編目（CIP）資料

第一大股東控制權轉移的財務後果研究 / 李小華 編著. -- 第一版.
-- 臺北市：財經錢線文化，2020.05
　　面；　　公分
POD版

ISBN 978-957-680-433-5(平裝)

1.上市公司 2.組織管理 3.中國

553.9　　　　　　　　　　　　　　　　109006856

書　　名：第一大股東控制權轉移的財務後果研究
作　　者：李小華 編著
發 行 人：黃振庭
出 版 者：財經錢線文化事業有限公司
發 行 者：財經錢線文化事業有限公司
E - m a i l：sonbookservice@gmail.com
粉 絲 頁：　　　　　網　址：
地　　址：台北市中正區重慶南路一段六十一號八樓 815 室
8F.-815, No.61, Sec. 1, Chongqing S. Rd., Zhongzheng
Dist., Taipei City 100, Taiwan (R.O.C.)
電　　話：(02)2370-3310　傳　真：(02) 2388-1990
總 經 銷：紅螞蟻圖書有限公司
地　　址：台北市內湖區舊宗路二段 121 巷 19 號
電　　話:02-2795-3656 傳真:02-2795-4100　　網址：
印　　刷：京峯彩色印刷有限公司（京峰數位）

　　本書版權為西南財經大學出版社所有授權崧博出版事業股份有限公司獨家發行電子書及繁體書繁體字版。若有其他相關權利及授權需求請與本公司聯繫。

定　　價：350 元
發行日期：2020 年 05 月第一版
◎ 本書以 POD 印製發行